城市轨道交通
投资建设造价管理

王　松　王武斌　王艳艳 ◎ 编著

西南交通大学出版社
·成　都·

图书在版编目（CIP）数据

城市轨道交通投资建设造价管理 / 王松，王武斌，王艳艳编著. —成都：西南交通大学出版社，2020.7
ISBN 978-7-5643-7519-5

Ⅰ.①城… Ⅱ.①王… ②王… ③王… Ⅲ.①城市铁路 – 铁路工程 – 建设 – 造价管理 Ⅳ.①U239.5

中国版本图书馆 CIP 数据核字（2020）第 139310 号

Chengshi Guidao Jiaotong Touzi Jianshe Zaojia Guanli
城市轨道交通投资建设造价管理

王松　王武斌　王艳艳　编著

责 任 编 辑	杨 勇
封 面 设 计	GT 工作室
出 版 发 行	西南交通大学出版社 （四川省成都市金牛区二环路北一段 111 号 西南交通大学创新大厦 21 楼）
发行部电话	028-87600564　028-87600533
邮 政 编 码	610031
网　　　址	http://www.xnjdcbs.com
印　　　刷	四川煤田地质制图印刷厂
成 品 尺 寸	185 mm×260 mm
印　　　张	13.5
字　　　数	304 千
版　　　次	2020 年 7 月第 1 版
印　　　次	2020 年 7 月第 1 次
书　　　号	ISBN 978-7-5643-7519-5
定　　　价	98.00 元

图书如有印装质量问题　本社负责退换
版权所有　盗版必究　举报电话：028-87600562

前言 PREFACE

城市轨道交通建设具有复杂性、长期性、专业特殊性等特点，因此城市轨道交通行业的造价管理比一般建设项目更复杂，难度也更大。建设单位是城市轨道交通建设的责任主体，建设单位的造价管理涵盖了项目建设的全过程。建设单位如何管好造价，具有重要现实意义。

本书依据建设单位全过程、全员、全面造价管理的理念分为三大部分十一章。第一章介绍建设单位管理人员必须掌握的基础知识。第二章到第六章依据建设单位全过程造价管理理念介绍城市轨道交通工程实施阶段造价管理。第七章、第八章依据建设单位全员造价管理理念分别介绍了建设单位内部如何进行造价管理、建设单位如何管理主要参与单位的造价工作。第九章到第十一章依据建设单位全面造价管理理念分别介绍了前期配套工程造价管理、运营成本管理、资源开发效益全面造价管理。

本书的主要写作出发点有三：

一是帮助读者对城市轨道交通行业造价管理有比较清晰的认识。本书第一章第二节介绍了城市轨道交通工程项目建设程序，第八章介绍了建设单位如何管理主要参与单位的造价工作，第二章介绍了城市轨道交通项目审批流程及主要咨询工作。

二是帮助读者能够审核城市轨道交通行业初步设计概算。第一章第三节介绍了城市轨道交通工程概算费用组成。同时书中列举了部分行业内的经验造价指标，列举了前期主要咨询费的经济指标，列举了供电系统的经济指标，列举了信号系统的经济指标等。读者通过阅读本书，可初步具备审核初步设计概算的能力。

三是可指导读者在城市轨道交通项目建设中各实施阶段的造价管理工作。本书在各阶段造价管理具体措施方面列举了部分案例，并提出了决策阶段造价控制的"五大原则"、设计阶段造价控制的"五大措施"、招投标阶段造价控制的"五大指南"、施工阶段造价控制的"五大手段"、竣工结算阶段造价控制的"五大步骤"，供读者参考。

本书具体编写情况如下：

常州市轨道交通发展有限公司王松编写了第二、三、四、六、七、八章。

西安铁路职业技术学院王艳艳编写了第九、十、十一章。

西南交通大学王武斌编写了第一、五章。

本书可供城市轨道交通行业建设单位和工程师等阅读和参考，也可以作为大中专院校城市轨道交通专业师生的辅助教材。

由于作者水平有限，书中难免有缺点和疏漏不妥之处，恳请读者批评指正。

编著者

2019年12月于常州

目录 CONTENTS

第一章　城市轨道交通行业造价管理概况 ··· 001
　　第一节　城市轨道交通行业发展历史及造价管理特点 ··················· 001
　　第二节　城市轨道交通工程建设程序 ··· 004
　　第三节　城市轨道交通工程概算费用组成 ··································· 013
　　第四节　城市轨道交通工程工程量计算规范 ································ 021

第一部分　全过程造价管理

第二章　决策阶段造价管理 ·· 029
　　第一节　城市轨道交通审批流程 ··· 029
　　第二节　决策阶段造价控制的"五大原则" ································· 034
　　第三节　"轨道交通模式—系统型式—车辆制式"决策理念 ············ 048
　　第四节　前期咨询费用控制 ··· 050

第三章　设计阶段造价管理 ·· 054
　　第一节　设计阶段的主要内容 ··· 054
　　第二节　设计阶段造价控制的"五大措施" ································· 057
　　第三节　设计概算编制 ··· 065

第四章　招投标阶段造价管理 ·· 074
　　第一节　土建及安装工程招投标阶段造价管理 ····························· 074
　　第二节　机电设备系统采购阶段造价管理 ··································· 085
　　第三节　招投标阶段造价管理的"五大指南" ······························ 091

第五章　施工阶段造价管理 ·· 099
　　第一节　施工阶段造价管理常见的问题与对策 ····························· 099
　　第二节　施工阶段造价控制的"五大手段" ································· 101

第六章　竣工结算阶段造价管理 ·· 110
　　第一节　竣工结算阶段造价控制的"五大步骤" ··························· 110
　　第二节　某城市轨道交通工程竣工结算管理办法 ························· 119

第二部分 全员造价管理

第七章 建设单位内部如何进行造价管理工作 129
- 第一节 建设单位管理的目的与主要任务 129
- 第二节 建设单位领导层造价管理 131
- 第三节 设计管理部门造价管理 132
- 第四节 招标部门造价管理 137
- 第五节 工程管理部门造价管理 141
- 第六节 造价管理部门造价管理 145
- 第七节 财务管理部门造价管理 149

第八章 建设单位如何管理主要参与单位的造价工作 153
- 第一节 如何管理全过程造价咨询单位的造价工作 153
- 第二节 如何管理监理单位的造价工作 157
- 第三节 如何管理设计单位的造价工作 160
- 第四节 如何管理施工单位的造价工作 162

第三部分 全面造价管理

第九章 前期配套工程造价管理 167
- 第一节 征地征收造价管理 167
- 第二节 管线迁改工程特点 170
- 第三节 管线迁改造价管理 173

第十章 运营成本管理 179
- 第一节 运营成本管理概述 179
- 第二节 车辆运营成本管理 181
- 第三节 运营物资管理 187
- 第四节 设备维护保养成本管理 188

第十一章 资源开发效益管理 191
- 第一节 资源开发管理概述 191
- 第二节 TOD与城市轨道交通房地产资源开发 193
- 第三节 城市轨道交通地下商业资源开发 199
- 第四节 城市轨道交通广告资源开发 203

参考文献 207

第一章　城市轨道交通行业造价管理概况

城市轨道交通是在不同类型轨道上运行的大、中量城市公共交通工具，是当代城市中地铁、轻轨、单轨、自动导向、磁悬浮等轨道交通的总称。城市轨道交通行业建设单位进行造价管理工作，必须掌握一定的基础知识。本章分四节依次介绍城市轨道交通行业发展历史及造价管理特点、行业建设程序、行业概算费用组成及行业工程量计算规范。

第一节　城市轨道交通行业发展历史及造价管理特点

本节首先简要介绍世界城市轨道交通与我国城市轨道交通的发展历史，帮助读者了解城市轨道交通行业的发展历程，然后介绍城市轨道交通行业有别于一般建设行业的造价管理特点。

一、世界城市轨道交通发展

自世界上第一条地下铁道于1863年1月10日在伦敦建成以来，城市轨道交通发展至今已有150余年的历史，有近50个国家修建了城市轨道交通。地铁、轻轨、市域快线、市郊铁路等城市轨道交通系统形式都得到了很好的发展，在城市交通中扮演重要角色，为城市客运交通和经济发展做出了重要贡献。城市轨道交通技术也在不断进步，形成了普通轮轨、直线电机、单轨、自动导轨、中低速磁悬浮等多种城市轨道交通车辆制式，安全性、经济性、舒适性不断提高。

纵观世界轨道交通的发展，其大致经历了孕育、诞生、发展、停滞、恢复和繁荣六个阶段。

1. 孕育（1801—1863年）

18世纪60年代至19世纪40年代，第一次工业革命催生了现代蒸汽机的产生。1804年2月29日，世界上第一台轮轨式蒸汽机车——"新城堡号"在英国试验成功。这台机车牵引着 5 节车厢，载着 10 吨货物和 70 名旅客，沿着 16 km 长的铸铁轨道以 8 英里的时速行驶（约合每小时 13 km），为今后轨道交通的诞生打下了技术基础。

2. 诞生（1863—1890 年）

在此期间，地铁和有轨电车首次出现，并在不断的技术创新中得到完善。

1863 年是具有划时代意义的一年，1 月 10 日，世界上第一条地铁线路在英国伦敦正式建成通车。这条地铁采用蒸汽机车牵引，车厢由木材制成，采用煤油灯照明，自此拉开了地铁建设的序幕。

随后的 1879 年，电力驱动机车研究成功，使地下客运环境和服务条件得到了空前的改善，地铁建设显示出强大的生命力。从此以后，世界上一些著名的大都市相继建造地下铁道。

地铁诞生 20 年后，德国发明家维尔纳·冯·西门子（Ernst Werner von Siemens）于 1881 年在德国近郊铺设了第一条电车轨道，有轨电车开始进入人们生活。

初期有轨电车靠一条铁轨通电，另一条铁轨作回路，这种线路铺设危险性很高。出于对供电和安全性的考虑，西门子选择采用将输电线路架高的方式来解决隐患。

3. 发展（1890—1924 年）

毫无疑问，这个时期是轨道交通建设的大发展时期。地铁、有轨电车都有长足发展，而单轨铁路也在这个时期崭露头角。

20 世纪最初的 24 年里，欧洲和美洲的 9 座城市相继修建了地铁。1890 年，伦敦正式建成第一条采用电力机车牵引的地铁，这条电气化铁路也是世界上第一条现代化的客运地铁线。它用电力机车作为动力，使地铁隧道里满布烟雾的局面得到彻底改善，能见度提升，进一步提升了地下铁道运行的可靠性。

4. 停滞（1924—1949 年）

1924 年至 1949 年间，由于第二次世界大战的影响，轨道交通进入发展缓慢的停滞期。但在这段时期，仍有东京、大阪、莫斯科等少数城市的轨道交通有所发展。

日本的城市地铁于 1927 年正式通车，开创了亚洲城市地铁建设的纪元。日本在修建地铁的同时，着重开发了主要车站及其邻近的公众聚集场所，这些场所不仅能促进地下商业中心的建设，而且与地下车站连成一片，成为了名副其实的"地下城"。

5. 恢复（1949—1969 年）

第二次世界大战以后，各国的轨道交通建设逐渐开始恢复发展。旧式有轨电车逐渐淡出舞台，轨道交通技术有了更进一步突破，单轨铁路也获得全新发展。

1960 年以后，日本的地铁与电气化铁路一致，基本上都采用了 1 500 V 直流架空接触网的制式。这样的制式不仅具有经济性，还保障了安全性。

而加拿大蒙特利尔的城市轨道交通主要采用橡胶轮胎走行系统，列车在表面光滑的混凝土轨道上行驶，客运效率、乘坐舒适度和安全性都很高，线路布局充分考虑了与周围环境的协调，乘客换乘其他交通工具极为方便。

北京地铁是中国第一条地铁。1965年7月1日北京地铁一期工程开工，1969年10月1日建成通车，结束了中国没有地铁的历史。

6. 繁荣（1969年至今）

这个阶段，轨道交通建设飞速发展，新的轨道交通形式不断出现，技术在原有的基础上不断得到创新，呈现出一派繁荣景象。磁悬浮列车首次出现，有轨电车改头换面重新登上舞台。

这一时期轨道交通取得了令世人瞩目的成就——磁悬浮技术诞生。磁悬浮列车可以说是自大约200年前斯蒂芬森的"火箭"号蒸汽机车问世以来铁路技术最根本的突破。磁悬浮技术的研究源于德国，进入20世纪70年代以后，德国、日本、美国等发达国家相继开始筹划进行磁悬浮运输系统的开发。

二、我国城市轨道交通发展

我国城市轨道交通的建设，大致可以分为3个发展阶段。第一阶段是从20世纪60年代中期开始，以北京地铁为代表，是在以"战备为主，兼顾交通"的建设原则下建成的。一期工程从苹果园至北京火车站，全线23.6 km，设17座车站，历经51个月的紧张施工，年均进度为5.56 km，于1969年10月1日通车。这是我国第一条地铁。

第二阶段是中国改革开放之后，经济迅速发展，与境外交往日益频繁，国外城市轨道交通的技术信息不断传入，使城市轨道交通建设者的思想观念发生了很大改变，城市轨道交通建设把解决老百姓"乘车难"放到首位，提出了"以交通为主，兼顾人防"的建设原则，同时把城市轨道交通列为发展城市交通现代化、实现多层次交通的战略目标，在观念上产生了很大突破。随着国内城市建设的发展，上海、广州先后着手城市轨道交通工程的可行性研究，20世纪80年代末至90年代初，上海地铁、广州地铁相继开工，其他城市也紧锣密鼓开始筹备和研究，掀起了国内城市轨道交通的建设热潮。但由于在借贷外资和设备引进方面缺乏经验，在建设标准方面也存在较大的空白点，无可约束，盲目性较大，造成城市轨道交通造价急剧上涨，同时车辆和设备大量引进，为日后运营维修、部件更换补充等留下了许多隐患。国务院及时发现上述问题，决心阻止城市轨道交通工程造价急剧上涨的势头，实施全面整顿，暂停审批城市轨道交通新建工程的立项，认真研究我国城市轨道交通建设的投资问题和相关政策，重点研究如何降低城市轨道交通造价，探索我国城市轨道交通车辆和设备国产化的政策和发展途径。

第三阶段是1997年开始，以抓建设标准、抓车辆和设备国产化为建设原则作为新的启动点，以降低城市轨道交通工程造价为目标，相继以上海轨道交通明珠线、深圳地铁1号线、广州地铁2号线和南京地铁1号线为国产化依托项目，探索我国城市轨道交通工程建设发展之路，并借此拉动国民经济主要产业的发展，推动高新科技的发展，为城市轨道交通建设事业带来新的生机和希望。随着各大城市经济实力不断增强，城市轨道交通建设管理水平不断提高，我国进入城市轨道交通建设的高潮期，迈入城市轨道交通网络化建设与运营的时代。

据《城市轨道交通2016年度统计和分析报告》统计：截至2016年年末，中国共30个城市进行轨道交通运营，共计133条线路，运营线路总长度达4 152.8 km。其中：地铁3 168.7 km，占76.3%；其他制式城轨交通运营线路长度984.1 km，占23.7%。截至2016年年末，共有58个城市的城轨线网规划获批（含地方政府批复的14个城市），规划线路总长达7 305.3 km。（以上数据不含港澳台地区。）

三、城市轨道交通工程造价管理的特点

城市轨道交通工程造价管理特点如下：

（1）跨专业领域多。城市轨道交通工程是一项系统工程，涉及土建、机电、铺轨、通信、信号等专业，且这些专业相互交叉和影响。复合型人才方能满足建设管理要求，这对建设单位提出了更高的人才要求。

（2）工期长、不稳定因素多。城市轨道交通建设工期一般为4~5年。其间政策调整、融资形式、材料人工价格波动等因素都将对工程造价产生较大影响。此外，由于建设周期长，资金时间价值的问题也很突出。

（3）设备的国产化率对造价的影响很大。城市轨道交通使用了不少的进口设备，造成总体造价昂贵。但随着我国建设水平的不断提高，使用的国产设备所占比例越来越大，有效地控制了工程造价。

（4）运营周期较长，成本高。城市轨道交通工程是百年工程，且城市轨道交通运营成本占总成本的比例较高，因此城市轨道交通工程造价管理不仅要考虑建设成本，还要以全寿命周期造价管理理念考虑建设方案对运营成本的影响。

（5）造价水平高，投资额巨大。城市轨道交通地下部分每千米造价一般为5亿~7亿元人民币，一条线的投资额达上百亿人民币，造价水平较高。若造价管理不当，将造成巨额损失。

第二节 城市轨道交通工程建设程序

本节从城市轨道交通工程建设程序的含义和内容、决策阶段的工作内容、建设实施阶段的工作内容、项目后评价四个方面阐述城市轨道交通工程项目建设程序。

一、城市轨道交通工程建设程序的含义和内容

城市轨道交通工程建设程序是指工程项目从策划、评估、决策、设计、施工到竣工验收、投入运营使用的整个建设过程,各项工作必须遵循的先后工作次序。工程项目建设程序是工程建设过程客观规律的反映,是工程项目科学决策和顺利实施的重要保证。

按照我国现行规定,城市轨道交通工程项目的建设程序可以分为以下阶段:

(1) 按照国民经济和社会发展长远规划,结合行业和地区发展规划的要求,提出城市轨道交通建设规划。

城市轨道交通建设规划(以下简称"建设规划")是近期建设项目安排的实施性方案。建设规划由国家发展和改革委员会会同住房和城乡建设部组织审核后报国务院审批。

自国办〔2003〕81号文颁布以来,一般情况轨道交通立项审批采用轨道交通近期建设规划代项目建议书和项目工程预可行性研究报告的审批模式。少数建设项目依然沿用老的行政审批模式或根据建设单位特别要求,需编制项目建议书或项目预可行性研究报告。

(2) 在勘察、试验、调查研究及详细技术经济论证的基础上编制可行性研究报告。
(3) 根据咨询评估情况,对工程项目进行决策。
(4) 根据可行性研究报告,编制设计文件。
(5) 初步设计经批准后,进行施工图设计,并做好施工前各项准备工作。
(6) 组织施工,并根据施工进度做好动用前的准备工作。
(7) 按批准的设计内容完成施工安装,经验收合格后正式投产或交付使用。
(8) 运营一年后两年内,进行项目后评价。

二、决策阶段的工作内容

1. 编制城市轨道交通建设规划

【规范性文件】《国务院办公厅关于加强城市快速轨道交通建设管理的通知》(国办发〔2003〕81号)

城轨交通发展直接影响到城市的布局结构和发展方向,应统筹规划、分步实施。所有拟建设城轨交通项目的城市(以下简称拟建城市),应在编制城市总体规划及城市交通发展规划的基础上,根据城市发展要求和财力情况,组织制订城轨交通建设规划,明确远期目标和近期建设任务,以及相应的资金筹措方案。规划由发展改革委会同建设部组织审核后报国务院审批。

国家批复的建设规划明确基本建设方案,确定线路起讫点、基本走向、敷设方式、车站数量、工程投资、建设年限等约束性内容。规划实施中可根据实际情况优化完善建设方案,但约束性内容不得随意变更,基本走向、敷设方式不得发生重大变化,线路长

度、车站数量、直接工程投资（扣除物价上涨因素）的变动不得超过规划方案的15%。投资模式不得发生重大变化。项目不得提前开工和压缩工期。

2. 编制可行性研究报告

可行性研究是对工程项目在技术上是否可行和经济上是否合理进行科学的分析和论证。

省级发展改革部门按照国家批准的建设规划做好项目审核工作，制定和完善审批制度，实行项目公示和信息公开。委托有城市轨道交通专业评估咨询甲级资质的第三方咨询机构开展评估，严格审批要求，明确约束性内容，指导项目实施。项目批复文件抄报国家发展改革委。

【规范性文件】《国家发展改革委关于加强城市轨道交通规划建设管理的通知》（发改基础〔2015〕49号）附件1《城市轨道交通规划编制和评审要点》

纳入建设规划的项目直接开展可行性研究工作。

【规范性文件】《国务院关于发布政府核准的投资项目目录（2014年本）的通知》（国发〔2014〕53号）

城市快速轨道交通项目：由省级政府按照国家批准的规划核准。

1）可行性研究报告编制大纲

（1）项目建设背景。项目建设背景是项目实施的边界条件，包括项目概述、上位规划研究、建设必要性、工程建设条件等。

（2）项目技术条件。项目技术条件是项目实施的总体原则，包括客流量预测、总体技术标准等。

（3）项目建设方案。项目建设方案是项目实施的关键环节，在总体方案基础上，详细研究土建工程方案、设备系统方案和组织实施方案。

（4）项目适应性分析。项目适应性分析是项目实施的重要保障，包括交通衔接、社会稳定、节约能源、环境保护、文物保护、安全评估、防灾与人防等，并根据外部条件对项目建设方案进行反馈。

（5）项目综合分析。项目综合分析是对项目投资、效益、风险等方面开展全面研究，明确结论与建议。

2）可行性研究报告评估重点

（1）必要性。通过对交通需求分析和预测、经济社会发展需求分析、建设时机分析、功能定位分析和建设规模分析等方面的评估，判断项目建设的紧迫性、建设时机的合理性、功能定位的科学性。

（2）合规性。建设项目与建设规划、线网规划和用地控制规划的一致性，与城市总体规划、综合交通规划、相关专项规划、法律法规和规范性文件的符合性。

（3）合理性。分析工程建设条件、交通需求特点以及服务标准等，评估总体技术标准是否适用，总体方案是否科学、协调，各专业技术方案是否完整、可行。

（4）安全可靠性。分析总体技术标准、总体方案、土建工程方案、设备系统方案、组织实施方案等，判断项目建设及运营是否安全可靠。

（5）经济性。分析项目总体技术标准、建设方案、资金筹措方案等，判断工程造价是否合理、投资是否可控、融资方案是否可行。存在多个投资主体时，评估判断投资方案的合规性、可行性，收益分配方案的合理性。

（6）创新性。使用或开发新技术的项目，要评估新技术的可靠性、安全性、经济性，分析新技术研发成本、收益和风险分担等问题，判断新技术的开发和应用是否合理可行。

三、建设实施阶段的工作内容

1. 工程设计

1）工程设计阶段及其内容

城市轨道交通工程项目的设计工作一般划分为两个阶段，即初步设计和施工图设计。

（1）初步设计。这是根据可行性研究报告的要求所作的具体实施方案，目的是阐明在指定的地点、时间和投资控制数额内，拟建项目在技术上的可行性和经济上的合理性，并通过对工程项目所做出的基本技术经济规定，编制项目总概算。

初步设计不得随意改变被批准的可行性研究报告所确定的建设规模、产品方案、工程标准、建设地址和总投资等控制目标。如果初步设计提出的总概算超过可行性研究报告总投资的10%以上或其他主要指标需要变更时，应说明原因和计算依据，并重新向原审批单位报批可行性研究报告。

（2）施工图设计。根据初步设计的要求，结合现场实际情况，完整地表现建筑物外形、内部空间分割、结构体系、构造状况以及建筑群的组成和周围环境的配合。

2）施工图设计文件的审查

根据《住房城乡建设部关于印发城市轨道交通工程施工图设计文件技术审查要点的通知》（建质〔2015〕68号），建设单位应当将施工图送施工图审查机构审查。

2. 建设准备

项目在开工建设之前要切实做好各项准备工作，其主要内容包括：

（1）征地、拆迁和场地平整。
（2）完成施工用水、电、通信、道路等接通工作。
（3）组织招标选择工程监理单位、施工单位及设备、材料供应商。
（4）准备必要的施工图纸。
（5）办理工程质量监督和施工许可手续。

3. 施工安装

工程项目经批准新开工建设，项目即进入施工安装阶段。项目新开工时间，是指工程项目设计文件中规定的任何一项永久性工程第一次正式破土开槽开始施工的日期。

施工安装活动应按照工程设计要求、施工合同及施工组织设计，在保证工程质量、工期、成本及安全、环保等目标的前提下进行，达到竣工验收标准后，由施工单位移交给建设单位。

4. 运营准备

建设单位在运营前应将城市轨道交通工程作为整体向运营单位进行移交，工程移交内容包括工程实体、设备、随机附件、竣工档案等，并同时进行指挥权、管理权、使用权的移交。

运营准备分为试运行和试运营两个阶段。

1）试运行

试运行是指城市轨道交通工程冷、热滑试验成功，系统联调结束，通过不载客列车运行，对运营组织管理和设施设备系统的可用性、安全性和可靠性进行检验。

根据《城市轨道交通技术规范》要求，不载客试运行的时间不少于3个月，试运行最后20日应按照试运营开通时列车运行图行车。

2）试运营

试运营是指城市轨道交通工程所有设施设备验收合格，整体系统可用性、安全性和可靠性经过试运行检验合格后，在正式运营前所从事的载客运营活动。

5. 竣工验收

当工程项目按设计文件的规定内容和施工图纸的要求全部建完后，便可组织验收。竣工验收是投资成果转入使用的标志，也是全面考核工程建设成果、检验设计和工程质量的重要步骤。

根据《住房城乡建设部关于印发城市轨道交通建设工程验收管理暂行办法》（建质〔2014〕42号），城市轨道交通建设工程验收分为单位工程验收、项目工程验收、竣工验收三个阶段（如图1.2-1所示）。

1）单位工程验收

这是指在单位工程完工后，检查工程设计文件和合同约定内容的执行情况，评价单位工程是否符合有关法律法规和工程技术标准，符合设计文件及合同要求，对各参建单位的质量管理进行评价的验收。单位工程划分应符合国家、行业等现行有关规定和标准。

施工单位对单位工程质量自检合格后，总监理工程师应组织专业监理工程师，依据有关法律、法规、工程建设强制性标准、设计文件及施工合同，对施工单位报送的验收资料进行审查后，组织单位工程预验。

单位工程预验合格、遗留问题整改完毕后，施工单位应向建设单位提交单位工程验收报告，申请单位工程验收。验收报告须经该工程总监理工程师签署意见。

单位工程验收由建设单位组织，勘察、设计、施工、监理等各参建单位的项目负责人参加，组成验收小组。

2）项目工程验收

这是指各项单位工程验收合格后、试运营之前，确认建设项目工程是否达到设计文件及标准要求，是否满足城市轨道交通试运行要求的验收。

城市轨道交通建设项目工程验收工作由建设单位组织，各参建单位项目负责人以及运营单位、负责专项验收的城市政府有关部门代表参加，组成验收组。

3）竣工验收

这是指项目工程验收合格后、试运营之前，结合试运行效果，确认建设项目是否达到设计目标及标准要求的验收。

城市轨道交通建设工程竣工验收由建设单位组织，各参建单位项目负责人以及运营单位、负责规划条件核实和专项验收的城市政府有关部门代表参加，组成验收委员会。省、自治区住房城乡建设主管部门应当加强对本行政区域内城市轨道交通建设工程竣工验收的监督。

图 1.2-1　城市轨道交通工程验收程序

四、项目后评价

国外项目后评价的发展可分为 3 个阶段：

第一阶段（1930—1960 年），为项目后评价的初级阶段，该阶段评价的重点是项目的经济评价，费用效益分析法应用在美国的水利和大型公共工程领域。

第二阶段（1960—1970 年），项目后评价的发展阶段，其特点是项目后评价的应用范围由大型的基础设施和公共项目向工业、农业和其他领域发展，由欧美发达国家向国际金融组织和发展中国家推广，同时费用效益分析在方法上有了进一步的深化和完善。

第三阶段（1970 年至今），项目后评价的新阶段。随着社会经济的发展，这一阶段项目后评价的内容不再局限于经济评价，而是侧重于综合考虑社会影响、环境保护和可持续发展等方面。

我国项目后评价工作起步较晚，国家发展和改革委员会在 20 世纪 80 年代初期开始对重点建设项目进行项目后评价工作试点。1998 年国家发展和改革委员会委托中国国际工程咨询公司进行第一批国家重点建设项目的项目后评价，这标志着我国项目后评价工作的正式开始。随着国家公益项目和大型建设项目投资势头的增加，项目后评价工作已经得到了政府和各部门的重视。20 多年来，项目后评价工作在国家经济建设的发展中不断进步和完善，在一些发展成熟的领域已经形成了自己的后评价体系，同时项目后评价的理论研究也在实践中发展、进步和完善。

朱志平、朱嬿、何孝贵（2006）在《城市轨道交通项目项目后评价体系研究》中提出了城市轨道交通项目后评价体系，如图1.2-2所示。

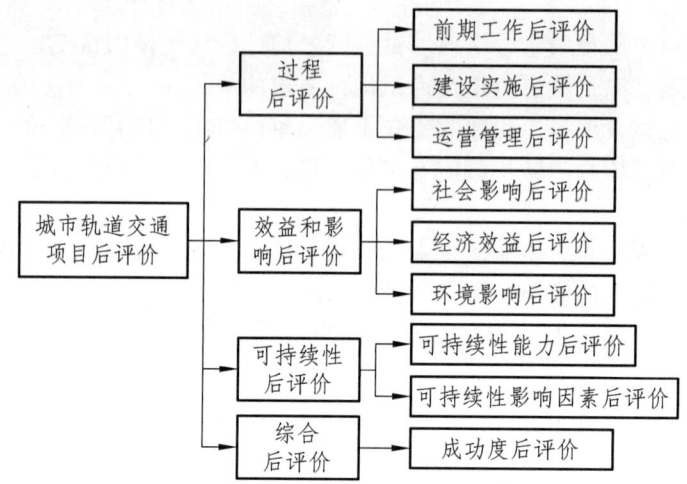

图 1.2-2 城市轨道交通项目后评价体系

1. 过程后评价

过程后评价是对项目立项决策、建设实施及运营管理全过程系统总结与回顾，其任务是全面分析和评价城市轨道交通项目生命周期各阶段、各环节的工作实绩，对比实际情况与评价前的变化，找出其产生的原因，鉴别实际结果偏离预期估计的合理程度，总结各项工作的经验教训，为改善项目运营管理状况提出切实可行的对策与措施。过程后评价的主要内容见表1.2-1。

表 1.2-1 过程后评价主要内容

阶 段	内 容
前期工作	筹备工作，线网规划，可行性研究，风险预测与评估，项目决策，投资融资方案，招投标工作，勘察设计，开工准备等
建设施工	开工，合同管理，工程造价控制，工程质量管理，工程进度控制，施工安全的计划、检查、预防和保障措施，环境保护，项目变更，资金使用，施工技术，竣工验收等
运营管理	运营准备工作，运输计划，运输能力，列车运行组织，车站工作组织，调车工作组织，票务管理，企业安全管理制度，设备安全管理，事故预防体系，事故处理与调查，人力资源安全培训，安全法规执行情况，运营的成本与收益，运营工作可靠性，企业管理模式，顾客满意度等

过程后评价应贯穿项目生命周期的全过程，督促项目实施、收集项目有关信息，及时解决项目实施中的各种问题，为建设和运营管理单位提供帮助。

2. 效益和影响后评价

效益和影响后评价是在城市轨道交通项目投入运营一段时间后，在客流稳定的情况下，运用社会学、经济学和环境学的理论和方法，定性、定量地分析该项目对城市的社会、文化、经济以及自然环境等方面所产生的影响，重点评价该项目对整个城市社会发展的贡献。

1) 社会影响后评价

城市轨道交通项目是公益性很强的城市基础设施，其社会影响主要体现在城市内部，包括文化、交通、安全、生活等各个方面。社会影响后评价是社会学理论和方法在项目后评价中的实际应用，重在人文分析，贯彻社会发展以人为本的观点。社会影响后评价的主要内容见表 1.2-2。

表 1.2-2　社会影响后评价主要内容

目标	内容
城市形象	提高城市形象，加快城市发展，受影响者范围及其反映，城市各层次主体的参与状况
城市交通状况	改善城市交通状况，完善城市交通结构，与其他交通方式的衔接
城市生活质量	提高城市运行效率，完善城市的功能和产业布局，改善居民的生活条件和生活质量，交通事故，社会治安，提高就业水平
城市空间结构	促进城市空间结构变化

社会影响后评价所研究的问题具有多目标、难以量化的特点，评价内容涉及城市各个层次、社会生活各个领域的发展目标，难以定量衡量，因此一般采用综合的、定性的评价方法。

2) 经济效益后评价

城市轨道交通项目的经济效益不仅体现在其自身具有盈利性，更重要的是外部效益非常显著，具有种类繁多、难以辨析的特点。经济效益后评价包括财务后评价和国民经济后评价两部分内容。经济效益后评价以国民经济评价为主，采用定量的评价方法，外部效益是评价的重点和难点。

3) 环境影响后评价

城市轨道交通项目的环境影响主要发生在建设施工阶段和运营管理阶段，环境影响后评价的主要内容见表 1.2-3。

表 1.2-3　环境影响后评价主要内容

目标	内容	
	建设期	运营期
空气污染	运输车辆的废气，弃土弃渣的扬尘，建筑材料释放的有害气体等	
对水环境的影响	施工作业废水，生活污水等	各车站的生产污水、车辆段的含油污水及生活污水等
对土体的影响	地面、土体沉降及变形的影响，地表开挖及填筑造成的水土流失	
电磁辐射		变电所产生的电磁干扰，地面轨道、高架轨道列车运行时产生的电磁干扰等
噪声和振动	各种施工机械和运输车辆产生的噪声和振动等	车站及区间风亭和冷却塔噪声，车辆运行噪声，列车轮轨间的撞击振动等
固态废弃物	工程废弃物，生活垃圾等	生产垃圾，生活垃圾等
城市景观	占用道路，影响市容等	对视觉、自然景观和城市景观协调性的影响等

3. 可持续性后评价

可持续性后评价是随着社会的发展而逐渐被人们所认识的，是可持续发展理论在项目后评价中的具体应用，是项目后评价体系中一个全新的内容。

城市轨道交通项目的可持续性，是指在项目的生命周期内，保持稳定的可持续能力，持续地发挥其社会、经济和环境效益，协调三种效益相互适应，使之达到动态平衡。城市轨道交通项目具有公益性和盈利性双重特性，与其他公交方式相比，不仅能够实现较好的社会效益和经济效益，而且对环境的影响较小，具有较高的可持续性水平，对城市轨道交通系统和城市整体的可持续发展都具有极为重要的意义。可持续性后评价的主要内容见表 1.2-4。

表 1.2-4　可持续性后评价主要内容

目标		内容
可持续能力	发展度	对城市交通状况的贡献，对城市生活质量的贡献，服务交通量，项目自身的盈利能力，项目的外部效益，环境质量控制能力等
	协调度	对城市交通线网的贡献，社会影响、经济效益和环境影响之间的协调，项目的发展质量，用户满意度等
	持续度	科学决策水平，工程质量，经营管理能力，资源有效利用能力等
可持续性影响因素	内部因素	城市轨道交通项目的路线，城市轨道交通公司内部管理体制，管理人员素质，运营状况，服务质量，收费标准等
	外部因素	城市轨道交通线网建设，配套设施建设，城市轨道交通的管理体制，其他公交方式的发展程度，相关政策法规，地区经济发展等

4. 综合后评价

综合后评价是对城市轨道交通项目进行整体评价，对后评价的各项结果进行总结，得出一个综合的结论。综合后评价的方法很多，通常采用成功度评价的方法。成功度评价是依靠评价专家或专家组的经验，针对各项评价结果，对城市轨道交通项目的成功程度做出定性的结论。

第三节 城市轨道交通工程概算费用组成

城市轨道交通工程设计概算是初步设计文件的重要组成部分，是全面反映建设项目投资规模和投资构成的主要文件。设计概算经批准后是编制建设项目投资计划、确定和控制投资的依据，是考核设计方案经济合理性和选择最佳方案的依据，是考核建设项目投资效果的依据。概算的编制应完整反映设计范围内工程项目建设全过程所需的全部费用，符合城市轨道交通工程项目建设、工程造价构成和工程造价管理的要求，有利于合理确定和有效控制城市轨道交通工程造价。

根据建设部、发改委颁发的"关于印发《城市轨道交通工程设计概算编制办法》的通知"（建标〔2017〕89号），我国现行城市轨道交通工程设计概算文件由总概算文件和分层概算文件组成。设计概算的编制按分册概算文件和总概算文件两个层次完成。

分册概算文件由封面、扉页、签署页、编制说明、册综合概算表和单项概算表等组成。总概算文件由封面、扉页、签署页、目录、编制说明、总概算表和综合概算表等组成。

一、概算章节划分与编制的层次

1. 章节划分

概算章节划分具体体现为综合概算章节表，其作用是将概算费用按不同的工程和费用类别，划分为统一的章、节及细目。综合概算章节表应体现统一和协调项目各专业概算的编排顺序，反映项目各工程类别编制的内容。综合概算章、节及细目中各类工程费用的划分，应有利于城市轨道交通工程各项指标的积累和造价信息化管理。

按不同工程和费用类别，将概算费用划分为工程费用、工程建设其他费用、预备费、专项费用四部分，共十九章38节。编制概算应采用统一的章节表。

各章名称详见表1.3-1。

表 1.3-1　各章名称表

章 序	名 称	章 序	名 称
第一章	车站	第十一章	给水与排水、消防
第二章	区间	第十二章	自动售检票
第三章	轨道	第十三章	站内客运设备、站台门
第四章	通信	第十四章	运营控制中心
第五章	信号	第十五章	车辆基地
第六章	供电	第十六章	人防
第七章	综合监控	第十七章	工程建设其他费用
第八章	火灾自动报警、环境与设备监控	第十八章	预备费
第九章	安防及门禁	第十九章	专项费用
第十章	通风、空调与采暖		

2. 分册概算文件

分册概算文件是具体反映建设项目一个单元建筑物群体工程范围内，或一个专业系统工程范围内第一部分工程费用及其构成的文件，包括建筑工程单项概算、设备与安装工程单项概算和册综合概算及说明。

（1）建筑工程单项概算是详细反映各工程类别和某些重大、特殊工点的主要概算费用的文件。编制内容包括：人工费、材料费、施工机械使用费、企业管理费、利润、规费和增值税。

设备与安装工程单项概算是计算需要安装设备的设备费用和安装费用、不需要安装设备的设备费用。

单项概算的编制，应按分册概算文件编制单元范围内划分的各工程类别，结合建设项目的具体情况、工程难易程度及所占投资比重的大小、采用定额的要求分别进行编制。建筑工程单项概算表见表 1.3-2。

表 1.3-2　建筑工程单项概算表

第　页　共　页

工程名称		地下连续墙—主体			工程总量			编号		
所属章节		章　节			概算价值			概算指标		
序号	定额编号	工作项目或费用名称	单位	数量	单价/元	合价/元	其中/元		定额未计价材料	
							人工费	材料费	施工机械使用费	单价	合价
1	1-136	导墙开挖	m³								
2	1-137	现浇混凝土导墙	m³								
3	1-147	钢筋笼制作	t								
		……									

编制　年　月　日　复核　年　月　日　审核　年　月　日　审定　年　月　日

（2）册综合概算表是在分册概算文件编制单元范围内，按"综合概算章节表"的顺序，将单项概算按章、节细目进行汇总编制。册综合概算表见表1.3-3。

表1.3-3 册综合概算表

第 页 共 页

册概算名称									编号		
工程总量		正线千米			概算总额	万元		技术经济指标		万元/正线千米	
章别	节号	工程及费用名称	单位	数量	概预算价值/万元						指标/万元
					Ⅰ 建筑工程费	Ⅱ 安装工程费	Ⅲ 设备购置费	Ⅳ 工程建设其他费用	合计	其中外汇/(万美元)	
		第一部分工程费									
一		车 站									
	1	地下车站（地下二层）									
		一、车站主体									
		（一）明挖地下车站									
		1.主体围护结构									
		（1）地下连续墙									
		2.土方、支撑、降水									
		（1）土石方									
		（2）混凝土支撑									
		（3）钢支撑									
		（4）降水									
		……									

编制 年 月 日　复核 年 月 日　审核 年 月 日　审定 年 月 日

3. 总概算文件

总概算文件是反映整个建设项目的投资规模和投资构成的文件，包括"综合概算表"和"总概算表"等表格及说明。

（1）"综合概算表"，是按"综合概算章节表"的顺序，将所有册综合概算表分章、节及细目进行汇总编制。综合概算表见表1.3-4。

表 1.3-4 综合概算表

第 页 共 页

建设名称			编制范围				编号			
工程总量		正线千米		概算总额	万元		技术经济指标		万元/正线千米	
章别	节号	工程及费用名称	单位	数量	概算价值/万元				合计	指标/万元
					I 建筑工程费	II 安装工程费	III 设备购置费	IV 工程建设其他费用	其中外汇/万美元	
		第一部分								
一		车站								
	1	森林公园站	平方米							
	2	新龙站	平方米							
	3	旅游学院站	平方米							
		……								
二		区间								
	1	阳湖路站~沿江城际	双延米							
	2	沿江城际~科教城南	双延米							
		……								
三		轨道								
	1	铺轨	千米							
		……								

编制 年 月 日　复核 年 月 日　审核 年 月 日　审定 年 月 日

（2）"总概算表"，是根据综合概算表，按"综合概算章节表"顺序，分章进行汇编。总概算表见表 1.3-5。

表 1.3-5 总概算表

第 页 共 页

建设名称			编制范围			编号			
工程总量		正线千米	概算总额		万元	技术经济指标		万元/正线千米	

章别	工程及费用名称	概算价值（万元）					其中外汇/万美元	技术经济指标/（万元/正线千米）	费用比重/%
		Ⅰ 建筑工程费	Ⅱ 安装工程费	Ⅲ 设备购置费	Ⅳ 工程建设其他费用	合计			
第一部分 工程费用									
一	车站								
二	区间								
三	轨道								
四	通信								
五	信号								
六	供电								
七	综合监控								
八	火灾自动报警、环境与设备监控								
九	安防及门禁								
十	通风、空调与采暖								
十一	给水与排水、消防								
十二	自动售检票								
十三	站内客运设备、站台门								
十四	运营控制中心								
十五	车辆基地								
十六	人防工程								
第二部分 工程建设其他费用									
十七	工程建设其他费用								
	以上各章总计								
第三部分 预备费									
十八	预备费								
第四部分 专项费用									
十九	专项费用								
	项目总投资								

编制 年 月 日　复核 年 月 日　审核 年 月 日　审定 年 月 日

4. 编制单元划分

文件编制单元划分主要是依据项目设计分工和项目建设管理的需要。

根据设计项目的特点，对于缺项的工程，总体设计单位可补充概算文件编制单元，也可依据本项目设计和项目建设管理的需要，将几个概算文件编制单元合并，或对概算文件编制单元内容进行调整，但都必须在文件编制中给予明确说明。

二、费用种类

概算费用按投资构成划分，分为下列四部分费用。

（一）第一部分：工程费用

工程费用包括以下内容。

1. 建筑工程费

建筑工程费是指建设工程涉及范围内的车站、区间、轨道、房屋等建（构）筑物、道路、室外管道铺设、大型土石方工程费用等。

2. 安装工程费

安装工程费是指主要生产、辅助生产、公用工程等单项工程中需要的机械设备、电气设备、专用设备、仪器仪表等的安装及配件工程费用，与设备相连的工作台、梯子、栏杆等设施的装设工程费用，附属于被安装设备的管线敷设、绝缘、防腐、刷油、保温、调整和试验工程费用，工艺、供热、供水等各种管道、配件、阀门和供电外线安装等工程费用，为测定安装工程质量，对单台设备进行单机试运转、对系统设备进行系统联动无负荷试运转工作的调试费，以及其他采用安装工程定额的费用。如：通信，信号，供电，综合监控，火灾自动报警，环境与设备监控，安防（含安检）与门禁，通风、空调与供暖，给水与排水，消防，自动售检票，站内客运设备、站台门，运营控制中心，车辆基地，人防防护等采用安装工程定额的费用。

3. 设备购置费

设备购置费是指为建设工程项目购置或自制的达到固定资产标准的设备、工具、器具的费用。由多种材料或经加工为零部件，并按各自用途组成的具有功能、容量、动能传递或转换的机器、容量、成套装置统称为设备。设备分为标准设备和非标准设备。按安装方法又分为需要安装和不需要安装的设备。构成固定资产标准的设备（包括备品备件），虽低于固定资产标准，但属于设计明确列入设备清单的均为设备。

设备应包括本体及附带的配件、备件及附属于设备本体制作成型的梯子、平台、栏杆、管道，以及附属于设备本体的油类、化学药品等，还包括各种计量器、仪表及自动化控制装置、实验室内的仪器及属于设备本体部分的仪器仪表等。

设备购置费以设备原价加设备运杂费计算。

（二）第二部分：工程建设其他费用

工程建设其他费用是指从工程筹建起到工程竣工验收交付使用止的整个建设期间，除建筑安装工程费、设备购置费、预备费和专项费用以外，为保证工程建设顺利完成和交付使用后，能够正常发挥效用而发生的各项费用。如：土地征用及补偿费，临时占地费，建（构）筑物拆迁补偿费，树木及绿化赔偿费，道路恢复费，道路破复费，管线迁改费，交通疏解费，场地准备费，项目建设管理费，建设工程监理与相关服务费，招标代理服务费，前期工作费，研究试验费，勘察设计费，咨询费，引进技术和设备其他费，综合联调及试运行费，专利及专有技术使用费，生产准备及开办费，工程保险费，特殊设备安全监督检验费，安全生产保障费，配合辅助工程费，以及其他费用等。

（三）第三部分：预备费

预备费包括基本预备费和价差预备费。基本预备费是指针对项目实施过程中可能发生难以预料的支出而事先预留的费用。价差预备费是指为在建设期内利率、汇率或价格等因素的变化而预留的可能增加的费用。

（四）第四部分：专项费用

专项费用包括车辆购置费（含车辆监造费）、建设期贷款利息和铺底流动资金。

三、城市轨道交通项目概算费用项目组成

概算费用组成如图 1.3-1。

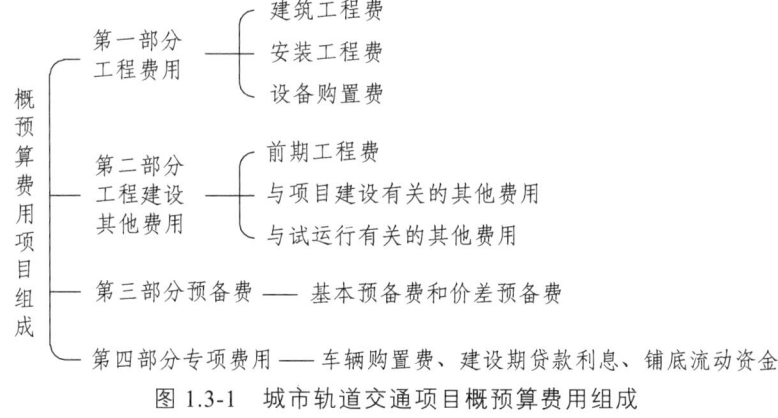

图 1.3-1　城市轨道交通项目概预算费用组成

根据《建筑安装工程费用项目组成》（建标〔2013〕44 号文）建筑安装费用按费用构成要素划分如图 1.3-2。

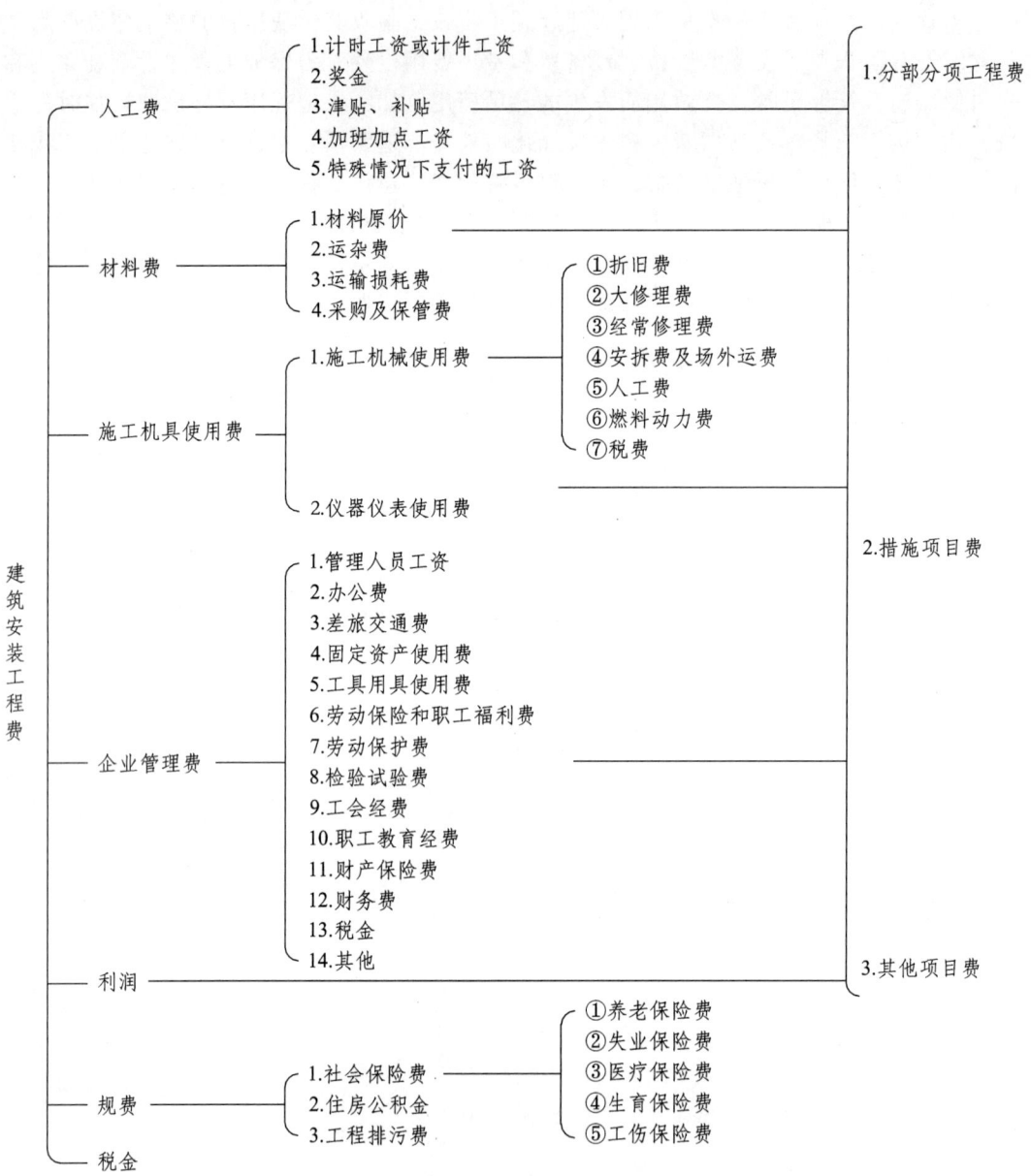

图 1.3-2 建筑安装工程费用项目组成

第四节　城市轨道交通工程工程量计算规范

建设部颁发的《城市轨道交通工程工程量计算规范》（GB 50861—2013）是推行工程量清单计价改革的重要基础。推行工程量清单计价是适应我国工程投资体制和建设管理体制改革的需要，是深化我国工程造价管理改革的一项重要工作，对于规范建设工程发、承包双方的计价行为，维护建设市场秩序，形成工程造价的市场机制将发挥重要的作用。

2013 版清单计价规范由 10 册规范组成：1 册为《建设工程工程量清单计价规范》GB 50500—2013，主要说明如何计价；其余 9 册为工程量计算规范，分别为：

《房屋建筑与装饰工程工程量计算规范》（GB 50854—2013）
《仿古建筑工程工程量计算规范》（GB 50855—2013）
《通用安装工程工程量计算规范》（GB 50856—2013）
《市政工程工程量计算规范》（GB 50857—2013）
《园林绿化工程工程量计算规范》（GB 50858—2013）
《矿山工程工程量计算规范》（GB 50859—2013）
《构筑物工程工程量计算规范》（GB 50860—2013）
《城市轨道交通工程工程量计算规范》（GB 50861—2013）
《爆破工程工程量计算规范》（GB 50862—2013）

一、强制性标准必须执行

《中华人民共和国标准化法》（主席令第十一号）第十四条规定：强制性标准，必须执行。

《工程建设国家标准管理办法》（建设部令第 24 号）第二十九规定：国家标准的编号由国家标准代号、发布标准的顺序和发布标准的年号组成，并应当符合下列统一格式：（一）强制性国家标准的编号为：GB 50***—***；（二）推荐性国家标准的编号为：GB/T 50***—***。因此，从编号可以看出 2013 版清单属国家强制性标准，必须执行。

2013 年住房和城乡建设部公告第 1567 号"住房城乡建设部关于发布国家标准《建设工程工程量清单计价规范》的公告"规定："现批准《建设工程工程量清单计价规范》为国家标准，编号为 GB 50500—2013，自 2013 年 7 月 1 日起实施。其中第 3.1.1、3.1.4、3.1.5、3.1.6、3.4.1、4.1.2、4.2.1、4.2.2、4.3.1、5.1.1、6.1.3、6.1.4、8.1.1、8.2.1、11.1.1 条（款）为强制性条文，必须严格执行。"

二、城市轨道交通工程工程量计算规范一般规定

（1）编制工程量清单应依据：
① 《城市轨道交通工程工程量计算规范》（GB 50861—2013）。
② 国家或省级、行业建设主管部门颁发的计价依据和办法。
③ 建设工程设计文件。
④ 与建设工程项目有关的标准、规范、技术资料。
⑤ 招标文件及其补充通知、答疑纪要。
⑥ 施工现场情况、工程特点及常规施工方案。
⑦ 其他相关资料。

（2）工程量计算除依据《城市轨道交通工程工程量计算规范》（GB 50861—2013）各项规定外，尚应依据以下文件：
① 经审定的施工设计图纸及其说明。
② 经审定的施工组织设计或施工技术措施方案。
③ 经审定的其他有关技术经济文件。

（3）城市轨道交通工程涉及房屋建筑、装饰装修等工程的项目，按照国家标准《房屋建筑与装饰工程计量规范》的相应项目执行，涉及排水、消防、通风空调、车辆段等工程的项目，按照国家标准《通用安装工程计量规范》的相应项目执行；涉及道路、室外给排水等工程的项目，按国家标准《市政工程计量规范》的相应项目执行；采用爆破法施工的石方工程按照国家标准《爆破工程计量规范》的相应项目执行。

（4）工程计量时每一项目汇总的有效位数应遵守下列规定：
① 以"t"为单位，应保留小数点后三位数字，第四位小数四舍五入。
② 以"m、m^2、m^3、kg"为单位，应保留小数点后两位数字，第三位小数四舍五入。
③ 以"个、件、根、组、系统"为单位，应取整数。

（5）城市轨道交通工程工程量计算规范附录。

《城市轨道交通工程工程量计算规范》是在《建设工程工程量清单计价规范》GB 50500—2008 附录 D 隧道工程、地铁工程基础上制定的。内容包括：正文、附录、条文说明三部分。其中正文包括：总则、术语、工程计量、工程量清单编制，共计 38 项条款；附录部分包括附录 A 路基、围护结构工程，附录 B 高架桥工程，附录 C 地下区间工程，附录 D 地下结构工程，附录 E 轨道工程，附录 F 通信工程，附录 G 信号工程，附录 H 供电工程，附录 I 智能与控制系统安装工程，附录 J 机电设备安装工程，附录 K 车辆基地工艺设备，附录 L 拆除工程，附录 M 措施项目 13 个附录，共计 620 个项目。附录项目名称见表 1.4-1。

表 1.4-1 附录项目

序号	附录名称	项目
1	附录 A 路基、围护结构工程	A.1 土方工程
		A.2 石方工程
		A.3 地基处理
		A.4 基坑与边坡支护
		A.5 基床
		A.6 路基排水
2	附录 B 高架桥工程	B.1 桩基工程
		B.2 现浇混凝土
		B.3 预制混凝土
		B.4 箱涵工程
		B.5 砌筑
		B.6 钢筋工程
		B.7 钢结构
		B.8 其他
3	附录 C 地下区间工程	C.1 区间支护
		C.2 衬砌工程
		C.3 盾构掘进
4	附录 D 地下结构工程	D.1 现浇混凝土
		D.2 预制混凝土
		D.3 防水工程
5	附录 E 轨道工程	E.1 铺轨工程
		E.2 铺道岔工程
		E.3 铺道床工程
		E.4 轨道加强设备及护轮轨
		E.5 线路有关工程

续表

序号	附录名称	项 目
6	附录F 通信工程	F.1 通信线路工程
		F.2 传输系统
		F.3 电话系统
		F.4 无线通信系统
		F.5 广播系统
		F.6 闭路电视监控系统
		F.7 时钟系统
		F.8 电源系统
		F.9 计算机网络及附属设备
		F.10 联调联试、试运行
7	附录G 信号工程	G.1 信号线路
		G.2 室外设备
		G.3 室内设备
		G.4 车载设备
		G.5 系统调试
8	附录H 供电工程	H.1 变电所
		H.2 接触网
		H.3 接触轨
		H.4 杂散电流
		H.5 电力监控
		H.6 动力照明
		H.7 电缆及配管配线
		H.8 综合接地
		H.9 感应板安装
9	附录I 智能与控制系统安装工程	I.1 综合监控系统
		I.2 环境与机电设备监控系统（BAS）
		I.3 火灾报警系统（FAS）
		I.4 旅客信息系统（PIS）
		I.5 安全防范系统（SPS）
		I.6 不间断电源系统（UPS）
		I.7 自动售检票（AFC）

续表

序号	附录名称	项 目
10	附录J 机电设备安装工程	J.1 自动扶梯及电梯
		J.2 立转门
		J.3 屏蔽门（或安全门）
		J.4 人防设备及防淹门
11	附录K 车辆基地工艺设备	K.1 车辆段停车列检库工艺设备安装工程
		K.2 车辆段联合检修库设备安装工程
		K.3 车辆段内燃机车库设备安装工程
		K.4 车辆段洗车库、不落轮镟库设备安装工程
		K.5 车辆段空压机站设备安装工程
		K.6 车辆段压缩空气管路设备安装工程
		K.7 车辆段蓄电池检修间设备安装工程
		K.8 综合维修设备安装工程
		K.9 物资总库设备安装工程
12	附录L 拆除工程	L.1 拆除路面及砖石结构工程
		L.2 拆除混凝土工程
13	附录M 措施项目	M.1 围堰及筑岛
		M.2 便道及便桥
		M.3 脚手架
		M.4 支架
		M.5 洞内临时设施
		M.6 临时支撑
		M.7 施工监测、监控
		M.8 大型机械设备进出场及安拆
		M.9 施工排水、降水
		M.10 设施、处理、干扰及交通导行
		M.11 安全文明施工及其他措施项目

全过程造价管理

第一部分

　　工程造价合理控制就是在建设程序的各个阶段合理确定投资估算、设计概算、招标控制价、承包合同价、竣工结算价。

　　本部分用五个章节详细展开决策阶段、设计阶段、招投标与机电设备采购阶段、施工阶段、工程结算阶段建设单位造价管理工作。

　　本书中的"前期咨询工作"指在筹建城市轨道交通时，城市轨道交通建设项目工程可行性研究阶段（含）以前的咨询工作。

第二章　决策阶段造价管理

本章从城市轨道交通审批流程、决策阶段造价控制的五大原则、"轨道交通模式—系统型式—车辆制式"决策理念、前期咨询费用控制四个方面展开决策阶段的造价管理。

第一节　城市轨道交通审批流程

我国轨道交通建设历史不长，项目的前期工作还没有完全实现规范化、标准化。本节从城市轨道交通审批模式的角度来阐述前期工作的内容，具体描述各项前期工作的法律依据及内容。

城市轨道交通审批流程为：城市轨道交通建设规划（国家审批）—可行性研究（省级审批）—初步设计（市级审批）—具备开工条件。

一、城市轨道交通建设规划（国家审批）

《城市轨道交通建设规划》（以下简称"建设规划"）是近期建设项目安排的实施性方案。建设规划由发展改革委会同建设部组织审核后报国务院审批。

【规范性文件】《国务院办公厅关于加强城市快速轨道交通建设管理的通知》（国办发〔2003〕81号）

城轨交通发展直接影响到城市的布局结构和发展方向，应统筹规划、分步实施。所有拟建设城轨交通项目的城市（以下简称拟建城市），应在编制城市总体规划及城市交通发展规划的基础上，根据城市发展要求和财力情况，组织制订城轨交通建设规划，明确远期目标和近期建设任务，以及相应的资金筹措方案。规划由发展改革委会同建设部组织审核后报国务院审批。

国家批复的建设规划明确基本建设方案，确定线路起讫点、基本走向、敷设方式、车站数量、工程投资、建设年限等约束性内容。规划实施中可根据实际情况优化完善建设方案，但约束性内容不得随意变更，基本走向、敷设方式不得发生重大变化，线路长度、车站数量、直接工程投资（扣除物价上涨因素）的变动不得超过规划方案的15%。投资模式不得发生重大变化。项目不得提前开工和压缩工期。

1. 建设规划审批程序

建设规划审批程序见图2.1-1。

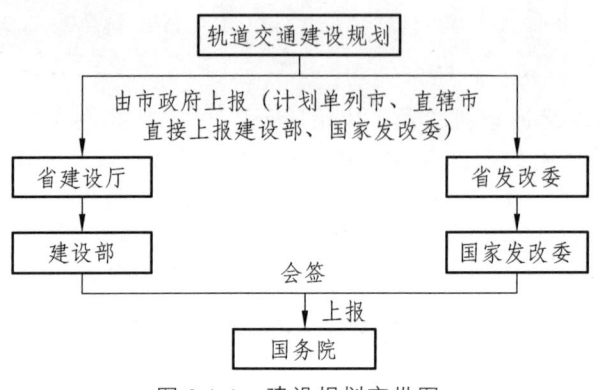

图 2.1-1　建设规划审批图

2. 建设规划附件

与建设规划密切相关的几项需要另行委托的咨询服务见表2.1-1。

表 2.1-1　主要咨询服务一览表

序号	咨询项目名称	工作内容
1	城市轨道交通线网规划	定量测试的多方案比选，构建与城市用地形态、空间结构和客流分布等相适应的网络布局，提出各规划期出行结构、线网规模和密度等指标
2	城市轨道交通用地控制性详细规划	含车站、区间、综合换乘枢纽、车辆基地及向往主变电所用地的落实
3	客流预测	近期建设的各线客流
4	环境影响评价	建设规划专题文件

其他如资金承诺文件、投融资方案、对上轮建设规划情况总结、征地拆迁及安置、专家评审意见等可由建设单位或市相关职能部门自行组织完成的建设规划附件文件，本节不再赘述。

1）城市轨道交通线网规划

线网规划是城市轨道交通长远发展的总体设计，是建设规划的重要依据。基于定量测试的多方案比选，构建与城市用地形态、空间结构和客流分布等相适应的网络布局，提出各规划期出行结构、线网规模和密度等指标。确保线网规模合理，功能层次分明，满足不同年限的发展要求。

2）城市轨道交通用地控制性详细规划

城市轨道交通用地控制性详细规划中的工程方案应达到城市轨道交通预可行性研究深度，轨道交通用地控制应纳入城市控制性详细规划中。

【规范性文件】《国务院办公厅关于加强城市快速轨道交通建设管理的通知》（国办发〔2003〕81号）

对规划建设城轨交通项目的线路，要搞好沿线土地规划控制，编制专项土地控制规划，防止新建建筑物对线路的侵占。

【规范性文件】《国家发展改革委关于加强城市轨道交通规划建设管理的通知》（发改基础〔2015〕49号）

编制与线网规划相对应建设用地专项控制性规划，做好用地预留和控制，并与城市控制性详细规划紧密结合、相互协调。确定线路、场站、资源共享、大型交通接驳等设施用地范围，纳入城市规划管理体系。

3）客流预测

客流预测作为建设规划的专题文件，应以五年内交通调查数据为基础，利用交通预测模型开展客流预测专题研究，满足规划方案比选、线路系统规模确定和经济分析等要求。预测内容包括城市交通需求，轨道交通线网客流，建设线路初、近、远期客流等，分析客流总量和结构特征，对客流预测结果进行敏感性分析和风险分析。

4）环境影响评价

【行政法规】《规划环境影响评价条例》（中华人民共和国国务院令第559号）

第二条 国务院有关部门、设区的市级以上地方人民政府及其有关部门，对其组织编制的土地利用的有关规划和区域、流域、海域的建设、开发利用规划（以下称综合性规划），以及工业、农业、畜牧业、林业、能源、水利、交通、城市建设、旅游、自然资源开发的有关专项规划（以下称专项规划），应当进行环境影响评价。……

建设规划批复后，地方政府应严格控制规划，避免新建的建筑物在规划红线以内，从而导致在城市轨道交通建设时增大拆迁量增加造价。

二、可行性研究（省级审批）

省级发展改革部门按照国家批准的建设规划做好项目审核工作，制定和完善审批制度，实行项目公示和信息公开。省级发展改革部门委托有城市轨道交通专业评估咨询甲级资质的第三方咨询机构开展评估，严格审批要求，明确约束性内容，指导项目实施。项目批复文件抄报国家发展改革委。

【规范性文件】《国家发展改革委关于加强城市轨道交通规划建设管理的通知》（发改基础〔2015〕49号）附件1《城市轨道交通规划编制和评审要点》

纳入建设规划的项目直接开展可行性研究工作。

【规范性文件】《国务院关于发布政府核准的投资项目目录（2014年本）的通知》（国发〔2014〕53号）

城市快速轨道交通项目：由省级政府按照国家批准的规划核准。

1. 可行性研究审批流程

可行性研究审批流程如图 2.1-2。

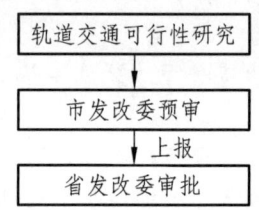

图 2.1-2　可行性研究审批流程图

2. 可行性研究报告专题附件

与可行性研究报告密切相关的几项需要另行委托的咨询服务见表 2.1-2。

表 2.1-2　主要咨询服务一览表

序号	咨询项目名称	工作内容
1	节能评估	节能分析、研究和措施落实，确保节能工作取得显著成效
2	环境影响评价	对项目实施后可能造成的环境影响进行分析、预测和评估，提出预防或减轻不良环境影响措施的评价过程
3	项目用地预审	宏观层面对土地利用进行方向性的把握
4	地质灾害危险性评估	查明建设工程及其附近的地质环境条件和地质灾害分别与发育特征，对建设工程诱发或加剧地质灾害的可能性和建设工程遭受地质灾害的危险性进行评价，进而根据工程建设可能发生地质灾害的因素和条件，提出拟采取的防治措施和建议
5	社会稳定风险分析	查找并列出风险点、风险发生的可能性及影响程度，提出防范和化解风险的方案措施，提出采取相关措施后的社会稳定风险等级建议
6	客流预测	进行客流预测、客流特征分析、客流敏感性分析等工作

其他如国产化方案、招标方案等可由建设单位自行组织完成的可行性研究附件文件，本节不再赘述。

1）节能评估

【法律】《中华人民共和国节约能源法》

第十五条　国家实行固定资产投资项目节能评估和审查制度。不符合强制性节能标准的项目，建设单位不得开工建设；已经建成的，不得投入生产、使用。政府投资项目不符合强制性节能标准的，依法负责项目审批的机关不得批准建设。具体办法由国务院管理节能工作的部门会同国务院有关部门制定。

【规范性文件】《国务院关于加强节能工作的决定》（国发〔2006〕28号）

第二十三条　建立固定资产投资项目节能评估和审查制度。有关部门和地方人民政府要对固定资产投资项目（含新建、改建、扩建项目）进行节能评估和审查。……

【规范性文件】《全国人大财政经济委员会办公室关于节能评估审查是否属于行政许可事项的复函》

根据行政许可法，上述规定符合设定行政许可的要求和条件。在实际工作中，国家发改委为落实节能法的要求，将节能评估和审查作为项目审批、核准和开工建设的强制性前置条件，节能评估和审查制度与环境评估等一样，已成为固定资产投资项目审批核准制度的重点环节。

2）环境影响评价

【法律】《环境影响评价法》

第二十二条　建设项目的环境影响报告书、报告表，由建设单位按照国务院的规定报有审批权的生态环境主管部门审批。

海洋工程建设项目的海洋环境影响报告书的审批，依照《中华人民共和国海洋环境保护法》的规定办理。

审批部门应当自收到环境影响报告书之日起六十日内，收到环境影响报告表之日起三十日内，分别作出审批决定并书面通知建设单位。

国家对环境影响登记表实行备案管理。

审核、审批建设项目环境影响报告书、报告表以及备案环境影响登记表，不得收取任何费用。

3）项目用地预审

【法律】《中华人民共和国土地管理法》

第五十二条　建设项目可行性研究论证时，自然资源主管部门可以根据土地利用总体规划、土地利用年度计划和建设用地标准，对建设用地有关事项进行审查，并提出意见。

【行政法规】《中华人民共和国土地管理法实施条例》（国务院令第256号）

第二十二条第一款第（一）项　建设项目可行性研究论证时，由土地行政主管部门对建设项目用地有关事项进行审查，提出建设项目用地预审报告；可行性研究报告报批时，必须附具土地行政主管部门出具的建设项目用地预审报告。

4）地质灾害危险性评估

【行政法规】《地质灾害防治条例》（国务院令第394号）

第二十一条　在地质灾害易发区内进行工程建设应当在可行性研究阶段进行地质灾

害危险性评估,并将评估结果作为可行性研究报告的组成部分;可行性研究报告未包含地质灾害危险性评估结果的,不得批准其可行性研究报告。

编制地质灾害易发区内的城市总体规划、村庄和集镇规划时,应当对规划区进行地质灾害危险性评估。

5)社会稳定风险分析

【规范性文件】《国家发展改革委重大固定资产投资项目社会稳定风险评估暂行办法》(发改投资〔2012〕2492号)

第三条 项目单位在组织开展重大项目前期工作时,应当对社会稳定风险进行调查分析,征询相关群众意见,查找并列出风险点、风险发生的可能性及影响程度,提出防范和化解风险的方案措施,提出采取相关措施后的社会稳定风险等级建议。

社会稳定风险分析应当作为项目可行性研究报告、项目申请报告的重要内容并设独立篇章。

6)客流预测

工可阶段的客流预测,应在开展项目沿线现状交通和土地利用调查的基础上,进行客流预测、客流特征分析、客流敏感性分析等工作。重点强化高峰小时客流、平均运距、客流均衡性、换乘系数、跨区OD等特征指标分析和风险性分析。

三、初步设计(市级审批)

轨道交通项目初步设计内容包括设计说明书、设计图纸、主要设备及材料表、工程概算书等。

初步设计审批流程如图2.1-3。

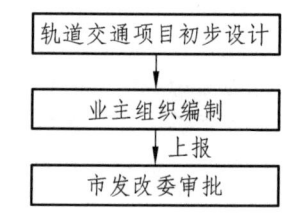

图2.1-3 初步设计审批流程图

第二节 决策阶段造价控制的"五大原则"

项目决策阶段是对不同建设方案进行技术经济分析、比较、选择及做出判断和决定的过程,是全面论证方案可行性的过程,是对拟建项目的可行性进行技术经济论证的过程。项目投资决策是项目实施的依据，正确的项目决策是项目更好地实施和运营的前提。因此，是否能做出正确的项目决策，影响着整个项目建设的成败与否，也是工程造价高低及项目运营收益的直接依据，所以说前期阶段的决策是确定最终工程造价的前提和依据，应给予极大的重视。

本节从超前规划适时建设、确定经济适用的建设标准、线网进行资源共享规划、选择合适的列车编组及运营模式、提高车辆和机电设备的国产化水平五个方面展开城市轨道交通工程决策阶段的造价控制措施。

一、超前规划、适时建设

1. 超前规划是提高运营效率、降低城市轨道交通工程造价的首要措施

提高运营效率是建设资源节约型城市轨道交通的核心。要实现城市轨道交通快速、高密度运送旅客，提高服务水平，充分发挥固定设施和移动设施的使用效率，必须提前做好前期规划、设计工作。超前规划包括"线网规划"和"网络系统规划"等重要内容。

线网规划与城市发展有着密切关系，其影响深远，规划要有一定深度，通过审定后要作为城市建设法规，要有严肃性，不能随意变更，如线路走向、站位等。线路敷设方式是地下还是高架，对建设成本、建设周期、运营成本、能源消耗等影响很大，在规划时就应该为建高架线创造条件。地下线线位、车站站位（尤其是地下车站）直接影响工程造价，应超前规划并做好沿线土地的控制工作。客流预测、行车密度等与车站建设规模密切相关，远期行车密度直接影响列车编组、车站站台长度等问题，应该考虑目前国外先进经验和远期（建成通车后25年）科技发展，尤其对远期设计应采用高标准，为远期提高行车密度创造条件，为远期提高服务水平和发展留有余量，不能采用扩大建设规模、加大建设投资来提高运量，而应该依靠科技创新来实现。轨道交通换乘车站、枢纽车站这些线网换乘节点直接影响线网运营效率，应超前规划。

网络系统的规划涉及供电方式和车辆制式的选择、网络运营管理模式和票务管理模式的确定、控制中心设置以及综合考虑资源共享等内容。供电方式是第三轨还是接触网，系统制式是A型车、B型车还是直线电机、跨座式单轨、中低磁悬浮，都应结合本地区的实际情况和具体特点进行优选。所有这些工作都需要提前进行、超前规划，才能为后期的实施提供可能性和预留条件，为降低投入、提高运营效率创造条件。

2. 适时建设是城市轨道交通线路发挥最大效益的重要举措

城市轨道交通线网中哪条线路先建、哪条后建，一条线路中哪些区段先建、哪些区段后建，都有建设时序问题，应结合客流预测结果、城市土地开发利用等条件来确

定。目前，在城市轨道交通建设中存在着不考虑一条线在不同区段客流发育状况差别，一次性建成几十公里线路，导致建成后某些区段客流量小、满载率低、效益差，造成资源闲置和浪费。一条线路可以根据客流预测结果确定建设时序，初始建设客流量大的区段，在城市发展规模扩大的过程中，适当超前延长线路，以满足交通的需求和提高运营效率。

二、确定经济适用的建设标准

1. 建设标准应以满足运营需求为主

当前我国城市交通的实际情况是乘车难、乘车拥挤已到了非常严重的程度，在一定程度上制约了城市发展，同时我国又缺乏建设资金，技术装备水平不高。因此，我们在城市轨道交通建设过程中，应从实际出发，在满足客流需求基础上采用安全、可靠、实用、经济的轨道交通建设标准，以解决乘车难、乘车拥挤的实际问题，满足早晚高峰大量通勤出行需求为主，而不应过高追求高标准和高水平。

2. 确定经济适用建设标准的必要性

在投、融资阶段，明确的标准能够使得信息准确传达，提高投资者的信心，有利于吸引资金，缩短融资过程，降低管理成本。在标准明确的情况下，投资者可以更为准确地判断投资项目的风险，建设单位也能够通过明确的信息合理分配有限的资金。

在规划阶段，标准能够降低决策风险，并提高城市轨道交通运营效益。城市轨道交通的建设规模、线网布置、车站设置等对项目的造价有着重要的影响，通过建立符合国情和市场行情的标准，可以在很大程度上降低城市轨道交通造价。线网规划合理、建设规模适当，可为城市轨道交通在运营阶段的客流量和较低的运营成本提供保证。

在项目准备阶段，标准能够保证招、投标工作的合理性，使建设单位、承包商的利益最大化。通过确定的标准，建设单位能够将项目信息通过招标文件准确地传达给承包商，承包商也能够通过标准判断项目的可投性，并从理性角度编制投标文件。在招标过程中，建设单位可以依据标准确定条件符合的中标方，降低项目的投资风险。

在设计阶段，标准能够保证结构设计的安全、可靠、耐久及经济，并能够降低城市轨道交通运营阶段的维修成本。合理结构形式、结构尺寸、建筑材料及设计方法的采用能够提高人力、物力的使用效率，提高城市轨道交通项目建设的效益。标准化设计能够降低设计成本和缩短设计时间，能够通过标准化提高结构构件的可替换性，方便维修、养护，从而降低维修成本。

在施工阶段，标准能够保证施工质量、安全和进度，降低施工成本。通过标准化，提高材料物资的周转性，利于土木工程建设的工厂化，保证了结构的施工质量和进度。

在竣工验收阶段，标准能够提供明确的判断依据，保证投资的有效性。工程质量对工程造价有着重要影响。标准能够清晰界定需验收工程的质量，以便建设单位能够依据验收结果及时作出能否接收已完工工程决定，或采取补救的判断，降低投资方的风险。另外，通过标准还能够提高管理效率，达到"向管理要效益"的目的。首先，标准可以明确城市轨道交通项目执行过程中参与各方的权利和义务，敦促参与各方自觉履行合同；其次，标准可以作为项目执行过程中管理制度的确立依据，如设计原则、质量监督检查、安全管理等。

3. 供电系统决策阶段研究内容

以供电系统为例，决策阶段主要研究内容如下：
- 外部电源方案：外部电源方案的方式（集中、分散、混合），外部电源的落实。
- 供电系统方案：主变电所的设置（数量及容量）、中压网络的构成及其电压等级的选择。
- 牵引供电系统方案：牵引网系统的电压（直流 1 500 V 或 750 V）的确定、牵引变电所的设置（数量及容量）、牵引网悬挂方式的选择（接触轨或架空网）。
- 电力监控与综合监控系统的关系界定。
- 杂散电力腐蚀防护及综合接地方案。

1）外部电源方案

城市轨道交通的供电电源要求安全可靠，通常由城市电网供给。

目前，国内各城市对城市轨道交通的供电一般有三种方式，即分散供电方式、集中供电方式、分散与集中相结合的混合供电方式。

分散供电方式是指沿城市轨道交通线路的城市电网（通常是 10 kV 电压等级）分别向各沿线的城市轨道交通牵引变电所和降压变电所供电。其前提条件是城市电网在城市轨道交通沿线有足够的变电站和备用容量，并能满足城市轨道交通牵引供电的可靠性要求。如早期的北京城市轨道交通采取的就是这种供电方式。

集中供电方式是指城市电网向城市轨道交通的专用主变电所供电，主变电所再向城市轨道交通的牵引变电所和降压变电所供电，城市轨道交通自身组成完整的供电网络系统。近几年新建的城市轨道交通系统多采用集中供电方式，如上海、广州、深圳等的城市轨道交通系统。

分散与集中相结合的供电方式是上述两种供电方式的结合，可充分利用城市电网的资源，节约投资，但供电可靠性不如集中供电方式，管理亦不够方便。

城市轨道交通供电方式比较见表 2.2-1。

表 2.2-1　城市轨道交通供电方式比较

供电方式	优　点	缺　点
集中供电方式	1. 供电可靠性高，受外界因素影响较小； 2. 主变电所采用 110/35 kV 有载自动调压变压器，并有专用供电回路，供电质量好； 3. 城市轨道交通供电可独立进行调度和运营管理； 4. 检修维护工作相对独立方便； 5. 可提高城市轨道交通供电的可靠性和灵活性； 6. 牵引整流负荷对城市电网的影响小； 7. 只涉及城市电网几个 220 kV 变电站的增容改造，工程量较小，相对易于实现	投资较大
分散供电方式	1. 投资较小； 2. 便于城市电网进行统一规划和管理	1. 因同时受 110 kV 和 10 kV 电网故障影响，故受外界因素影响较多； 2. 10 kV 电网直接向一般用户供电，引起的故障概率大，可靠性较低； 3. 与城市电网的接口多，调度和运营管理环节增多，故障状态下的转电不方便； 4. 牵引整流机组产生的高次谐波直接进入 10 kV 电网对其他用户的影响较大； 5. 要求城市电网的变电所应具有足够的备用容量，以满足城市轨道交通牵引供电的要求；涉及较多 110 kV 变电站的增容改造，工程量较大

对于某一城市究竟应采用哪种供电方式，需要根据城轨交通用电负荷并结合该城市电网的具体情况进行分析。若该城市的电力资源缺乏，变电站较少，采用分散供电方式时由于需要新建多个地区变电站而使投资增大，在此情况下采用集中供电方式就比较合适。该供电方式具有管理方便、供电可靠性相对较高等优点。若城市的电力资源较丰富，沿城轨交通线路的地区变电站较多且容量也足够给城轨交通供电，则采用分散供电方式可节约建设资金。当城市电网的情况介于上述两种情况之间时，可考虑采用分散与集中相结合的供电方式。

我国目前大多数城轨交通采用集中供电方式。

2）中压供电网络的电压等级

中压供电网络电压等级可采用 35 kV、20 kV、10 kV。

（1）35 kV 中压供电网络：输电距离和容量大、电能损失小，设备可实现国产化，但设备相对体积大、产品价格高。

（2）20 kV 中压供电网络：输电距离和容量适中、电能损失较小、设备可完全实现国产化、设备体积小、产品价格适中。

（3）10 kV 中压供电网络：输电距离和容量小、电能损失大、设备可完全实现国产化、设备体积小、产品价格低。

中压供电网络既可采用牵引和动力照明同用一个供电网络的方案，即牵引动力照明混合网络，也可以采用牵引和动力照明供电网络相对独立的两个供电网络方案，即牵引供电网络、动力照明供电网络。由于电费在城轨交通的运营成本中占很大比例，从长远的角度考虑，中压供电网络宜选择较高的电压等级，即 35 kV 或 20 kV 为优选方案。

3）牵引电压等级

城市轨道交通的牵引供电系统通常采用较低电压的直流供电制式，主要原因是：

（1）由于直流制供电无电抗压降，因而比交流制供电的电压损失小。

（2）电网的供电范围、电动车辆的功率都不大，均不需要太高的供电电压。

（3）城市轨道交通的供电线路都处在城市建筑群之间，供电电压不宜过高，以确保安全。

（4）直流制供电的对象，即早期使用的直流牵引电动机和近期采用的变频调速异步牵引电动机均具有良好的启动和调速特性，可充分满足电动车辆牵引特性的要求。

基于上述原因，世界各国城市轨道交通的供电电压均为 550～1 500 V。我国国标规定为 750 V 或 1 500 V。

选择哪种电压等级，涉及供电系统的技术经济指标、供电质量、运输的客流密度、供电距离、车辆的选型等，必须根据各城市的具体条件和要求，通过综合技术论证后决定。

4. 信号系统决策阶段研究内容

1）铁路信号系统和城轨信号系统概况

铁路信号系统其起始技术大多来源于自主发展，基本设备均国产化有自己的知识产权，就是目前的高铁技术也已经通过引进—消化—改造—自主创新达到了很大程度的国产化，基本上达到了制式统一、体系完整，产品配套已经有自己独立的科研、教育、设计、生产制造、施工维护队伍，这就是具有中国特色的一整套完备的铁路信号系统。而城轨信号系统基本上都是全套引进国外先进技术，城市轨道交通信号系统的自主研发才刚开始。

2）城市轨道交通项目常用信号系统

目前城市轨道交通通常采用三种信号系统，固定闭塞、准移动闭塞和移动闭塞。最简单的确定位置的方法是划分一定长度的"区段"，在某一时间段内，在此区间内只容许一辆列车占有（运行、停放），这就是"闭塞"的概念。为保证行车安全，将列车正在运行、停放的线路区段予以"封闭"，不允许其他列车进入此区段，以防止对向列车、后续列车的正面冲突或追尾事故的发生。随着轨道交通电路的发展、完善，逐渐改为以轨道电路作为闭塞区段。城市轨道交通的闭塞现在已开始取消固定闭塞，向移动闭塞方向发展。

固定闭塞是指闭塞分区一旦划定将固定不变，列车以闭塞分区为最小行车间隔，且需设防护区段。地面向车上传递信息依靠多信息无绝缘轨道电路来完成，其传输的信息量少，对应每个闭塞分区只能传送一个信息代码。当列车超速时由设备自动实施最大常用制动或紧急制动。由于轨道电路传输的信息量有限，采用固定闭塞的 ATC 系统控制精度不高，不易实现列车优化和节能控制，也限制了行车效率的提高。

准移动闭塞，地对车的信息采用数字式传输，列车控制方式为一次模式速度-距离曲线，因此能大大缩短列车运行的间隔。但由于车地信息传输与轨道电路有关，尽管采用一次模式速度曲线的列车控制方式，但他们的追踪间隔和列车控制精度除取决于线路特征、停站时分、车辆参数外，还与 ATP/ATO 系统及轨道电路的特性密切相关，如轨道电路的最大最小长度、传输信息量的内容及大小、轨道电路分界的位置等。

移动闭塞没有固定的闭塞分区，无须轨道电路装置判别闭塞分区列车是否占用。移动闭塞 ATC 系统利用先进的通信技术实现车地数据传输，列车定位精度高，信息传输速度快。在移动闭塞系统中，前行列车经车载设备将本车的实际位置、运行速度等信息通过通信系统传送给轨旁的移动闭塞处理器，并将此信息处理生成后续列车的运行权限，传送给后续列车，后续列车的车载设备接收或计算出紧急制动曲线，以确保列车不超出现有的运行权限。

我国城市轨道交通线路信号系统既有传统的固定闭塞系统，又有准移动和移动闭塞系统。北京城市轨道交通八通线和 13 号线采用了固定闭塞系统，信号系统造价较低，每千米平均 616 万元。移动闭塞和准移动闭塞系统造价差别不大，前者造价每千米 1 431 万元，后者每千米 1 174 万元。

3）选用城市轨道交通信号系统的基本原则

安全、可靠、适用、先进和经济，是我国城市轨道交通建设的基本原则，不管是什么子系统必须遵循。目前，各地在建设城市轨道交通时，存在互相攀比的情况，不管经济情况是否允许，总想一步到位，把全世界最先进的技术和功能都集中到拟建设的轨道交通中。城市轨道交通技术设备的现代化是应该逐步实现的，不必一步到位。即使现在一步到位，对于新建城市轨道交通线路，尤其是部分二、三线城市，必然会出现功能过剩，同时加大了维修工作量和维修成本。有些二、三线城市要求新建的城市轨道交通列车间隔按 1~1.5 min 设计，这必然大幅度增加了车辆和信号设备的投资，而实际上运量的增长是需要时间的，10~15 年都达不到这样繁忙的程度。在科学技术飞速发展的今天，现在先进的设备，到了 10~15 年大修期又落后了。因此，根据实际情况和财力允许，选用适用的系统，届时再更新更先进的设备也不算迟。

4）国产化

我国城市轨道交通发展起步较晚，没有适用的国产城市轨道交通信号系统可用，伴之而来的是信号系统的大规模引进，先后采用西门子公司、US&S 公司、阿尔斯通公司、阿尔卡特公司和日本信号公司等的信号系统。我国城市轨道交通信号系统的自主研发长期严重滞后于城市轨道交通的发展，在很长时期内，国内没有供货商能够独立提供整套与国外同类产品具有竞争力的信号系统，只能进口整套系统或关键子系统，国内供货商仅仅提供配套设备和进行技术服务。

采用先进的信号系统后，暂时满足了城市轨道交通发展的需要，大大缩短了运行间隔，提高了安全程度和通过能力，并且有机会接触到国外信号前沿技术和发展趋势。但引进的系统在我国的应用效果不像在国外那么好，原因是多方面的，如国内电源的质量、道岔的结构、轨道的施工工艺等。而且，引进国外的设备带来诸多问题：

（1）在建设期无可奈何地接受高昂的造价和较长的调试工期，造价昂贵，耗资巨大。

（2）在运营时期，要耗费大量资金用于设备维修和更新，很难产生良好的经济效益，也难免受制于人。而且，返修渠道不畅，维修成本太大，备品备件得不到保证，维修十分困难，有时甚至微小的故障都难以得到及时处理。制式混乱，给线网的扩展、管理带来极大的困难。如果要更新扩容，就不可避免地受既有信号制式的制约。

三、线网进行资源共享规划

丁建隆（2004）在《城市轨道交通线网资源共享规划》中提出了在城市轨道交通线网建设规划与具体线路工程可行性研究之间增加线网资源共享规划研究阶段的观点，并对开展线网资源共享规划的必要性和主要研究内容进行了阐述。

1. 线网资源共享规划的必要性

按照目前各城市惯常的做法，在进行城市轨道交通线网规划及近期线网建设规划后，即可开展各条线路的工程可行性研究工作。城市轨道交通线网建设规划主要提出了轨道交通线网规划的总体目标、线网远景规划、近期建设规模和线路的功能定位；近期线网建设规划分析了建设的必要性，确定了线网规划和建设的任务，提出了项目建设规划和主要方案，策划了项目建设实施的规划，阐明了建设资金的筹集和年度计划。这些规划解决了城市的布局结构和发展方向的问题，仍属于宏观性的粗略规划。在此规划下开展的各线路的工程可行性研究，仍脱离不了以往单条线路独立建设存在的问题，达不到线网统一规划、资源共享的目的。因此，在城市轨道交通线网规划与具体线路工程可行性研究之间，有必要增加线网资源共享规划的阶段，从整体线网上进行系统研究，对线网的资源共享、信息互通、高效、节能等问题进行通盘考虑，使其成果能够指导具体线路的可行性研究，保证线网的先进性、系统性和协调性。

1）以线网资源共享规划保证城市轨道交通线网及近期建设规划的实施

线网资源共享规划是在轨道交通线网及近期建设规划的基础上，对线网的建设规模进行论证，使之更加具体化、数量化；对线网客流进行预测，避免了单条线的片面性，更具客观性；对系统制式进行选型，实际达到了线网之间设备资源的共享使用；对枢纽站点和与公交的配合进行规划，提高了乘客服务水平。因此，线网资源共享规划在真正意义上起到了国家提出的在城市统一规划的前提下，开展具体线路工程建设的作用。

2）以线网资源共享规划指导具体线路工程可行性研究

在线网资源共享规划的指导下，开展具体线路工程可行性研究，将会对系统定位、线路规划、车辆选型、车辆段与综合基地规划、供电方式、通信信号形式等方面的设计方案给出控制性的规定。这样，一方面简化了可行性研究阶段的过程与工程量，一方面也使线网资源共享规划的内容得到了实质性的实施。因此，线网资源共享规划将会加快具体线路工程可行性研究的进程，且更加科学有效。

3）以线网资源共享规划达到降低建设投资、减少运营成本的目的

纵观国外城市轨道交通发展的经验，一些城市经历了初期单条线路建设，在形成网络后再进行资源整合而对前期投入造成浪费的过程，也有一些城市在网络规划阶段就进行资源整合而达到良好的效果。比如，日本东京地下铁株式会社管辖的 9 条线路，共 203.4 km，188 座车站，仅设置 1 座综合控制中心，且不同线路之间可以互为后备，达到了线网系统最优化和资源共享的良好效果。因此，在线网规划中增加线网资源共享规划，将会起到事半功倍的作用。

2. 线网资源共享规划的主要内容

线网资源共享规划包括了线网建设规模、客流预测、运营模式、系统主要组成设备的制式选择、枢纽站点规划和经营政策等牵涉线网整体性的研究内容。

1）建设规模与线路敷设方式研究

建设规模研究主要论证线网修建计划、资金需求分析、现金流量分析、资金筹措方案、城市资源利用方案，编制各条线的资金安排、修建顺序、工期等实施计划，为适应城市发展水平，发挥城市资源的容纳能力，为最大限度提高整体交通效率提供保证。

在完成线网建设规模研究的基础上，根据城市的地质、地形、道路条件、环境保护、工程造价等因素，选择各路段的线路地下、地面或高架合理的敷设方式，规划各条线路的走向、平面和纵断面参数，提出沿线用地控制的范围、高架及地面线路对周边地段开发的影响和处理方法，为沿线地区开发提供支持，为系统牵引计算、车辆设备选型等提供必要的条件。

2）客流预测与分析

在考虑了公交网络动态运作特点及轨道交通线网规划延续性的基础上，提出线网全日客流总量、断面客流、平均运距、平均在乘时间、枢纽点换乘系数、客流不均匀系数和敏感性分析等客流指标，研究近期实施线网的客流规模及各条线路的总体指标，确定初、近、远期线网各条线路的客流规模，其结果可作为线网建设规模、系统选型、市场营销策划和票务等方面研究的依据。

3）运营管理模式研究

在满足线网客流预测、城市设施配套、交通需求、乘客服务水平的基础上，在企业的管理体制、战略目标、人才策略等方面研究运营管理模式、组织结构和岗位设置；在调度指挥、中央监控设备、行车与线间匹配、系统功能要求、车辆段行车组织和维修施工等方面研究行车组织与调度管理模式；在车站信息系统、设备布置、导向管理、安全

管理和乘务管理等方面研究车务管理模式；在设备分类、维修政策、委外与自修的执行原则和集中式综合维修基地设置等方面研究维修管理模式。以上线网运营管理模式研究成果，是开展线路工程可行性研究及总体设计和初步设计的必要基础。

4）车辆基地的设置

根据城市现状与规划、城市轨道交通建设现状、轨道交通线网规划、近期建设规划和线网客流预测的要求，从有利于设计规划、施工建设、运营管理和资源共享的角度，提出近、远期采用的车辆的形式；基于车辆初、近、远期配置的数量，车辆基地的设置规划，提出基于节约用地、维修流程合理、维修成本低、管理先进的车辆基地的布局方案，各条线路车辆基地位置及用地规模，线网联络线的设置。

5）枢纽站点地区发展规划及交通方式衔接研究

在分析线网通达性、可达性、换乘次数、客流集散规模等技术性指标，以及建设投资、票价因素、换乘时间和费用等经济性指标的基础上，提出线网枢纽的等级分类、客运枢纽的布设方案及交会点的换乘方案；在划分不同区位车站等级的基础上，在城市公交一体化的思路下，提出地铁与其他公共交通之间的衔接布局模式，以及公共汽车停靠站设计、停车场设计和行人通道设施设计的原则和方案。这为发挥站点地区的土地利用价值，提高整体交通运行效率，方便乘客出行提供前提保证。

6）主变电站设置及供电方式研究

从线网的角度，研究统一牵引供电与降压变电的方案与用地规模，初步确定各主变电站的供电范围和容量，主变电站投资、建设、运营及维护方式的选择；确定降压变电所与主变电站的位置，规划外部电源接入的方案，规划电力调度管理，为规划用地控制提供依据。

7）票务政策及 AFC 系统功能研究

通过对票务总体策略研究，确定线网票务系统的基本框架，明确系统的功能需求、系统的规模、系统的制式、系统构成的方式、设备配置、系统接口应遵循的原则，将现有系统和新建线路系统建立在统一标准的软件平台上，便于系统的升级，以保证线网内各条线路票务系统的兼容、高效运作和方便乘客通达；起到指导工程设计和工程建设，减少系统重复设置、返工、改造及技术选择的盲目性，降低工程建设成本、降低 AFC 系统综合运营和管理成本的作用。

8）信号、综合通信网与控制中心的设置研究

信号规划研究是在制定了信号系统选型选择原则的基础上，提出近期线网各条线路正线和车辆段信号系统的选型，使信号系统尽量归纳在若干种系统中，有利于运营维护。这起到了从线网上保证列车和乘客的安全，提高运行效率，有利于运营维护，提高综合运营能力和服务质量的作用。

综合通信网规划研究，通过对线网综合通信网传输系统的组网方式，以及无线通信、公务电话、时钟同步等联网子系统在轨道交通线网全网运行时的发展策略的研究，规划全线网的城市轨道交通综合通信系统网络构成、无线频点的需求对数和集中与分散型控制中心的设置，形成每条线路既相互关联又相对独立，各子系统之间结构紧凑、动作协

调、功能齐备、高度可靠的综合大系统。

在进行线网信号、综合通信网研究，以及在满足火灾自动报警、环境与设备监控、电力监控功能需求的基础上，统一规划控制中心的设置。以资源共享为根本出发点，确定综合控制中心的功能定位、分布规划、用地规模与选址，保证在线网系统上行车调度、电力调度、环境控制调度和维修调度的统一管理。

9）集中供冷方式研究

集中供冷是对轨道交通空调制冷系统方式的有益补充，广州地铁2号线率先在国内使用车站集中供冷方式，以一座集中供冷可向邻近的多条线路车站进行供冷为原则，取得了良好的效果，并在近期实施的线网中推广应用。在线网资源共享规划阶段，应从线网的角度考虑，合理选择集中供冷站及供冷范围，为后续工作实施提供指导。

3. 城市轨道交通选线

线路设计必须与城市规划配合。城市轨道交通不仅是城市交通的重要组成部分，而且是城市建设和规划中不可分割的重要部分。

凡是修建城市轨道交通，首先要确定线路走向和车站分布，才能进行建筑结构工程和各种系统的设计和施工。线路走向和车站分布是否合理，也影响到建设期的造价和运营期的效益。

合理的选线设计，能大幅度地节省土建、设备和今后的运营费用，产生最大的社会效益。同时，由于城市轨道交通建设的不可逆性，技术选线的失误会无法达到效益的最大化，从而造成损失。

技术选线主要内容如下：

1）线路路由方案比选

城市轨道交通选线设计中，首要问题是线路走向合理，即对线路走向的评价，从全线总体要看路网，从局部地段要看客流，这些都与城市规划有关。

（1）工程的实施性，主要关注方案涉及的沿线工程地质资料，有无不良地质条件，沿线用地控制情况，有无导致方案难以实施的情况，形成若干方案控制点。该项调查中还应该注意尽量避免大规模拆迁，以及今后施工中可能对地面交通、环境造成大的影响。

（2）交通服务水平，对沿线主要客流产生吸引点的覆盖水平，是否有明显的疏漏。

（3）线路的整体性，关注线路方案与其他快速轨道线路的换乘条件，与其他交通方式换乘的可能性。

（4）线路长度，轨道交通为点与点的交通，为了降低投资成本，尽量缩短线路长度。

2）车站站位的选取

站点选择应在地面客流集散点上，而车站位置选择主要是车站出入口位置是否有利吸引客流，是否有利施工。因此选定站点必须与选定出入口位置同时考虑。其次还有车站风亭布局，因为出入口和风亭要出地面，一定要找到位置，要与规划配合，与地下管线配合，与地面建筑配合以及与人行过街地道配合。车站位置也与选择的施工方法相关。

3）车站形式比选

车站形式方案比选主要集中在车站埋深、车站层数、车站形式（岛式、侧式、侧岛混合式）。

随着车站埋深加大，成本也相应增大，垂直向运输压力大，因此国内车站多以浅埋为主。我国现阶段车站多以双层车站为主，将站台层和站厅层分开布置，有利于组织、疏散客流及布置车站设备用房。我国城市轨道交通地下站大多采用岛式车站的形式，客流较大时可以有效利用站台空间，侧式站台多见于高架或地面形式的车站，这样可以避免岛式车站常见的喇叭口。

4）车辆段、停车场方案比选

停车场设计要求为满足沿线部分车辆的运营、停放、清洁、调车、日常检查，并且根据场内功能设置承担全部检修任务，承担线路事故救援，段内设备、零配件存放，试车等。

车辆段大致需要有以下线路：出入段线、列车停放线、列检作业线、月检作业线、定修线、临修线、架修线、辅助作业线、试验线、辅助线。

4. 敷设方式

线路敷设方式可分为地下为主的线路、部分地下线路、地上为主的线路。

成本为地下为主的线路>部分地下线路>地上为主的线路。

敷设方式选定为地下还是地面或高架，这是影响城市轨道交通工程造价的重要因素。许多城市线路方案比选结果显示，高架线的造价大致是地下线的一半。但是高架线在城市中要占道路位置，影响了环境和景观。敷设方式比较见表2.2-2。

表 2.2-2　敷设方式比较

项 目	地下线	高架线	地面线
适用范围	交通繁忙路段和市区内繁华地段	市区外、建筑稀少及空间开阔的地段。线路位置一般沿道路的一侧或路中布置	较空旷的地带、道路和建筑稀少
优 点	避开沿线的构筑物和地下的各种管线	施工难度一般，进度较快	土建工程造价最低
缺 点	施工复杂，进度较慢	运营噪声大、对城市景观影响也较大	隔断线路两侧的交通，不利两侧土地的商业开发利用，同时运营噪声较大。地面线沉降变化较大，运营后养护维修工程量较大
造 价	高	一 般	较 低

四、选择合适的列车编组及运营模式

由于城市轨道交通的列车编组及运营模式不仅涉及投资大小，还涉及土建工程规模、机电设备系统选型及安装等一系列专业设计标准的制定，不仅直接影响运输组织方案、土建工程、车辆段规模的确定，而且还影响供电系统、空调通风系统、屏蔽门系统、信号系统，以及投入运营后的运营费用、乘客乘坐舒适程度、环境影响等，因此，合适的列车编组及运营模式是控制工程投资、提高服务水平和减小对环境影响的重要因素，在城市轨道交通工程方案设计中起着十分重要的作用。

列车编组对轨道交通主要系统造价的影响如下所述。

1. 对土建工程规模的影响

土建工程规模是根据选定的车辆类型和列车编组并结合其他综合因素而确定的。由于土建工程，尤其是地下隧道和车站建筑在建成后往往很难改、扩建，故而均按车辆类型和远期规模的列车编组所要求的限界及有效站台长度一步到位。

2. 对牵引供电系统的影响

牵引供电系统也是按车辆类型、远期规模的列车编组和最小列车运行间隔来配置的。牵引供电系统的设备用房原则上要求一次建成，也可采用初期部分建成远期预留分期投资建设方案，牵引供电设备可以按初、近、远期需求分步到位。

3. 对通风空调、照明、中低压供配电、电梯、自动扶梯、升降设备、给排水、消防等系统的影响

这些系统的规模均随车站规模而定，其设备用房的建设也是一步到位，设备的配置可以分部实现，但总的投资规模因车站规模增加而加大。此外，为确保这些系统的正常运转，运营费用及维修支出也将维持在较高水平。总之，大编组对这些系统会产生负面影响。

4. 对运营监控系统的影响

运营监控系统，包括通信、信号、防灾报警、建筑设备监控、自动售检票等系统，其规模应与车辆编组和运营方式相适应。采用大编组列车运行时，运营管理及维护费用上升。

列车编组的选择，首先要满足运量的需要，在经过客流特征分析、确定线路运输能力的基础上选定车辆形式、列车编组和运行密度。如果线路初、近期客流与远期客流相比差别很大，也可考虑针对各设计年度采用不同的编组方式，目的在于保证运营初期具有合适的运行密度，从而保证较为理想的初期服务水平。

目前列车编组的确定主要有两种思路：与大间隔低密度相适应的大编组，与小间隔高密度相适应的小编组。

列车编组方案比选可在同等运营服务水平下进行运输效率比较、同等费用的运营服务比较、同等运营服务的费用比较。

五、提高车辆和机电设备的国产化水平

近年来,通过引进国外先进的车辆、机电设备和施工机械,应用原始创新、集成创新或引进消化吸收再创新等方式进行技术创新,我国城市轨道交通装备水平不断提高,已初步形成了城市轨道交通产业,但通过国产化手段降低城市轨道交通工程造价和资源消耗方面还有很大潜力可挖。我们仍需依靠技术创新,进一步实施车辆、机电设备和施工机械的国产化政策,提升技术装备水平,组织全国力量,集中优势,对重点、关键性技术进行攻关。只有提高自主创新能力,拥有自主知识产权,才能真正降低城市轨道交通工程造价,降低运营设备更换和养护维修费用,实现城市轨道交通的可持续发展。

国产化进程中很重要的一个问题是标准化,完成技术创新,进入工程实践,经过实践检验之后就要进行标准化工程,才能形成产业化。目前,我国城市轨道交通的有关标准、规范滞后且不健全,导致不同城市轨道交通土建工程、车辆和机电设备标准不统一,目前未能形成产业化规模生产,导致投入加大。

实现机电设备系统国产化的道路上,目前存在两大思想误区:

第一,个别人依旧认为国外软件平台好,不管最后的效果如何,他们的托词是"如果国外软件都出问题,国产软件自不待言"。大量事实证明这种做法既花费了较高的成本,又未必获得一个满意的系统。如果考虑后期的维修、维护,遗留的问题会更多,给工程带来了更大风险。

第二,当国家对国产率有了要求后,事情又发展到另一极端。原来认为只有国外软件才可用在机电系统,现在又认为只要是一个自动化软件甚至一般的组态软件就可以支撑系统平台。以综合监控系统为例,综合监控软件平台作为全线路的数字信息共享平台,它是一个开发性能极高、开放的、可重用的构架,是一般的工业监控软件无法达到的(组态软件仅是软件不是软件平台)。同时这一软件平台须经过城市轨道交通工程应用实践检验。

机电设备系统的功能要明确,不能将它作为一种时髦,大家建我也建,建成之后的功能没有发挥出来。例如综合监控系统应实现的功能主要是:运营所需的机电设备监控功能和系统联动功能;保证建立全线路的综合维修中心、实现综合维修的全部功能;同时,要保证综合监控系统的强大的可扩展功能,既要保证实现当前功能的需求,又要保证随着运营实践的推进实现新要求的功能。

第三节 "轨道交通模式—系统型式—车辆制式"决策理念

建设城市轨道交通要坚持以下三原则：① 经济实用原则，即满足轨道交通的快速、便捷、大流量的功能要求。② 安全可靠原则，即精心设计、精心施工，符合百年大计长寿命、高质量的要求。③ 简朴方便的原则，即要与城市交通枢纽衔接，在建筑装饰上力求简朴无华，满足乘客快速集散和换乘其他地面交通方式的要求。

本节以宏观方面造价管理的角度，阐述"轨道交通模式—系统型式—车辆制式"三级选型理论及其核心理念，有助于建设单位从宏观方面把控轨道交通行业造价管理。

一、"轨道交通模式—系统型式—车辆制式"三级选型理论简介

在研究如何发展城市轨道交通系统时，首先需要把握城市总体规划、城市人口规模、城市自然地理特征、城市空间结构与土地利用、城市居民出行习惯、城市交通特征等相关问题，这些都是城市轨道交通线网规划工作的基础材料。

孔令洋（2009）在研究城市轨道交通系统型式时，提出了"轨道交通模式—系统型式—车辆制式"三级选型理论。

定义1：城市轨道交通模式：根据城市或城市部分区域的规模、结构形态、地形特征、用地布局、发展趋势等特定条件，确立的城市轨道交通发展策略及功能性能要求（运量、速度、服务水平、服务范围等），是指导城市轨道交通规划、建设、运营的基础。简称轨道交通模式。

定义2：城市轨道交通系统型式：根据城市轨道交通系统的功能定位、运量等级和服务水平，确定的城市轨道交通系统类型。如地铁系统、轻轨系统、市域快线系统等。简称系统型式。

定义3：城市轨道交通车辆制式：根据城市轨道交通车辆的驱动、支撑和导向方式，划分的城市轨道交通车辆类型。如普通轮轨车辆制式、直线电机车辆制式、磁悬浮车辆制式等。简称车辆制式。

1. 宏观层次上的轨道交通模式

在线网规划的前期研究中，首先明确城市需要什么样的城市轨道交通发展模式，规划建设的城市轨道交通线网将来在城市交通中起到什么样的作用，需要考虑如何应用城市轨道交通系统支持城市发展，如何应用城市轨道交通系统解决城市交通问题，如何应用城市轨道交通系统引导城市土地利用与开发等问题。这是宏观层次上功能定位和性能要求的决策问题，要明确需要做到什么，属于轨道交通模式决策所要研究解决的内容。

2. 中间层次上的系统型式

在线网规划的深入研究中，在基本确定了线网构架和线路组成之后，就需要分别从网络和线路的角度，考虑如何选择能够满足轨道交通模式要求的运量、速度、服务范围等目标的系统型式，以实现规划线网的功能定位和服务目标，保障各条线路的稳定高效，实现城市轨道交通网络的安全运行和资源共享，提高线网的整体效益和各条线路的运输效率。这是在中间层次上，从系统服务水平实现和技术标准选择的角度，研究如何由轨道交通模式确定系统功能定位、技术性能和服务水平要求的问题，是系统型式选择所要解决的内容。

3. 微观层次上的车辆制式

作为线网规划工作的深化研究，在确定了线网中各条线路应有的服务水平、应该达到的技术标准并选定了系统型式之后，还要从工程实施、工程造价、资源能源消耗、环境影响、产业发展等方面，考虑选择能够满足系统型式技术要求且技术经济小高均较佳的车辆制式，以节约工程投资，节约资源能源消耗，方便工程实施。这是在微观层次上，考虑采用何种技术实现系统建设的问题，是车辆制式选择要研究解决的内容。

二、"轨道交通模式—系统型式—车辆制式"三级选型理论的核心理念

"轨道交通模式—系统型式—车辆制式"三级选型理论的核心理念，可概括为以下几个方面：

第一，将"城市对城市轨道交通功能、性能的需求"作为线网规划中选型决策的重要前提。

从城市发展和城市交通"需求"的角度，以"规划"的思想考虑城市轨道交通规划线网和各条线路应有的功能定位、服务水平和技术标准要求，并作为线网规划阶段选型决策的重要基础。

假定，城市发展和城市交通对城市轨道交通的功能性需要（主要体现在系统需要的运输能力和服务水平上）为 D_i，其中 D_i 包括运量需求、速度需求、行车密度需求、站点覆盖需求、舒适度需求等。

假定，城市实际规划建设的城市轨道交通所能提供的系统功能性为 C_i，其中 C_i 包括运量、速度、行车密度、站点覆盖、舒适度等。

则，必须满足"实现的功能性能大于需求，且尽量接近理想需求（而非越大越好）"的约束条件，即：

$$C_i \geqslant D_i \bigcap C_i - D_i$$

第二，从"技术可能"的角度，去实现"需求"的最大化。

以城市轨道交通技术发展为基础，从"技术可能"的角度选择能够实现的城市轨道

交通系统技术（包括系统型式和车辆制式技术），最大化地满足城市发展和城市交通对城市轨道交通系统功能的要求。

假定，当前世界上可以实现（主要考虑技术实现可能性，而非造价）的城市轨道交通技术集合为 $\overline{T_j}$，其中 $\overline{T_j}$ 主要包括系统技术集合、车辆技术集合、设备技术集合、建造技术集合等。

假定，在城市轨道交通项目实际的规划建设中，我们规划设计的城市轨道交通技术方案为 T_j，其中 T_j 分别为系统技术集合、车辆技术集合、设备技术集合、建造技术集合等。那么，必然要满足"选用的技术方案属于可实现技术集合"的约束条件，即：

$$T_j \in \overline{T_j}$$

第三，在满足"需求"和"技术可能"的前提下，以资源能源节约作为选型决策的宗旨和目标。

在满足城市发展和城市交通需求、技术方案可行的前提下，选择全寿命周期内资源消耗最少的系统型式和车辆制式技术。

假定，全寿命周期资源消耗为 R，其中 R 主要包括资金消耗、土地消耗、能源消耗、环境消耗等。那么，以资源能源节约为选型决策的宗旨和目标，就是要使在满足服务水平需求 D_i 的情况下，从技术方案集 $\overline{T_j}$ 中选用全寿命周期内资源消耗 R 最小的 T_j 技术。

第四，在功能上要以"规划"的思想考虑问题，在实现上要以"工程技术"的角度考虑问题，并统筹决策。

在线网规划阶段，首先以功能实现的"规划"思想来研究系统选型的需求问题，其次从技术实现可能性的"工程技术"角度考虑系统选型的实现问题，注意做好需求和实现的协调统筹。

第四节　前期咨询费用控制

本节以微观方面造价管理的角度，阐述前期咨询费用造价管理工作。具体到每一项咨询费用的确定，可以采取招标或者谈判的方式。

一、招　标

根据《招标投标法》，在中华人民共和国境内进行下列工程建设项目（包括项目的勘察、设计、施工、监理以及与工程建设有关的重要设备、材料等的采购），必须进行招标：

（1）大型基础设施、公用事业等关系社会公共利益、公众安全的项目。

（2）全部或者部分使用国有资金投资或者国家融资的项目。

（3）使用国际组织或者外国政府贷款、援助资金的项目。

上述所列项目的具体范围和规模标准，由国务院发展计划部门会同国务院有关部门制订，报国务院批准。

为了规范招标投标活动，《招标投标法实施条例》进一步明确了招标、投标、开标、评标和中标以及投诉与处理等方面的内容，并鼓励利用信息网络进行电子招标投标。

可以邀请招标的项目。国有资金占控股或者主导地位的依法必须进行招标的项目，应当公开招标；但有下列情形之一的，可以邀请招标：

（1）技术复杂、有特殊要求或者受自然环境限制，只有少量潜在投标人可供选择。

（2）采用公开招标方式的费用占项目合同金额的比例过大。

二、谈 判

根据《招标投标法实施条例》，有下列情形之一的，可以不进行招标：
（1）需要采用不可替代的专利或者专有技术。
（2）采购人依法能够自行建设、生产或者提供。
（3）已通过招标方式选定的特许经营项目投资人依法能够自行建设、生产或者提供。
（4）需要向原中标人采购工程、货物或者服务，否则将影响施工或者功能要求。
（5）国家规定的其他特殊情形。

可以不招标的项目，建设单位可以通过谈判来确定中标单位。谈判要点如下：

（1）谈判价格的构成、报价依据、取费标准或费率、计算方法应符合商务谈判精神及相关规定。

（2）谈判过程中应履行对潜在中标人的报价方案进行综合比较、从中选优等相关程序。

（3）防止和纠正报价方案中的矛盾、瑕疵和漏洞。

三、前期咨询类项目招标控制价的确定

前期咨询类招标清单及控制价编制依据如下：

（1）招标清单及控制价应根据招标基础资料及书面联系单，结合招标文件、项目特点、技术要求、与项目有关的标准和规范等技术资料进行编制。

（2）价格执行国家或省级、行业相关主管部门颁发的计价定额、收费标准，结合类似项目及市场情况考虑优惠率。目前城市轨道交通工程前期咨询工作可供参考的收费标准有1999年国家计委发布的计价格〔1999〕1283号《国家计委关于印发建设项目前期工作咨询收费暂行规定的通知》（工程咨询类）、中国城市规划协会于2004年发布的《城市规划设计计费指导意见》（规划设计类）和中国城市轨道交通协会2015年发布的中城轨〔2015〕006号《城市轨道交通前期咨询工作收费指导意见》。

以勘察设计类、监理服务、测量类、造价咨询类举例说明如下：
- 勘察设计类

勘察设计费可以按计价格〔2002〕10号文发布的《工程勘察设计收费标准》规定的计算方法，并下浮20%作为招标控制价。
- 监理服务

建设工程监理与相关服务费可以参照《建设工程监理与相关服务收费标准》（国家发改委、建设部〔2007〕670号）计算，并下浮20%作为招标控制价。轨道施工监理由于工期短，下浮率可适当增加。
- 测量类

控制测量、第三方测量等测量类服务可以参照国家测绘局颁布的《测绘工程产品价格》计算，并下浮10%作为招标控制价。
- 造价咨询类

造价咨询类可以参照省级主管部门颁发的建设工程造价咨询服务收费标准计算。

（3）如没有可参考的国家或省级、行业相关主管部门颁发的计价定额、收费标准，则可采用指标对比分析法进行测算。

指标对比分析法是指参考本地城市以往项目或周边城市类似项目的计价指标，对比技术经济指标，进而确定合理招标控制价的方法。这种方法简单易行、便于掌握，因而在城市轨道交通项目前期咨询费用确定阶段得到了广泛的应用，但在应用时必须注意各技术经济指标的可比性。

招标控制价初稿讨论时，应作三方面比较："一比"同类城市同类项目技术经济指标；"二比"本工程概算技术经济指标；"三比"本地城市已（在）建同类项目技术经济指标。比较内容作为建议控制价的资料之一。

以某市轨道交通2号线沿线土地利用规划、交通衔接规划项目举例说明如下。

（1）某市轨道交通2号线土地利用规划项目：

"一比"同类城市同类项目技术经济指标：经过调研，周边城市轨道交通土地利用规划内容与该市要求一致，费用指标为每条线100万元。

"二比"本工程概算技术经济指标：经查询，该市2号线前期工作费列了2 000万元，工作内容包含预可工可费、客流预测费、劳动安全卫生评价、环评费等。该市轨道交通2号线土地利用规划费确定为100万元后也不会突破设计概算中前期工作费2 000万元的限额。

"三比"本地城市已（在）建同类项目技术经济指标。正在建设中的该市1号线土地利用规划费已签合同费用为100万元。

综上，该市2号线土地利用规划费控制价设定为100万元。

（2）某市轨道交通2号线交通衔接规划项目：

"一比"同类城市同类项目技术经济指标：经过调研，周边城市轨道交通衔接规划内容与该市要求一致，费用指标为每座站点4.5万元。

"二比"本工程概算技术经济指标：经查询，该市2号线前期工作费列了2 000万元，工作内容包含预可工可费、客流预测费、劳动安全卫生评价、环评费等。该市轨道交通2号线交通衔接规划确定为67.5万元（15个站点，每座站点4.5万元）后也不会突破设计概算中前期工作费2 000万元的限额。

"三比"本地城市已（在）建同类项目技术经济指标。正在建设中的该市1号线交通衔接规划费用指标为每座车站4.5万元。

综上，该市2号线交通衔接规划费控制价设定为67.5万元（15座车站）。

四、建立前期咨询工作造价信息数据库

前期咨询工程造价信息数据库可分为企业数据库与国家数据库两个层级，用于设定合理招标控制价，为不招标项目的合同谈判提供决策依据。

企业数据库获得方法有积累、调研询价等方式。国家数据库由行业建设单位主管部门或行业协会制定标准搜集。

第三章　设计阶段造价管理

虽然设计阶段费用只占城市轨道交通工程建设费用的 3%左右，但影响项目投资最大的阶段是设计阶段。本章从设计阶段的主要内容、设计阶段造价控制的五大措施、设计概算编制三个方面展开设计阶段的造价管理。

第一节　设计阶段的主要内容

与常规建筑的方案设计、初步设计、施工图设计不同，城市轨道交通行业的规划设计占据着举足轻重的地位。本节从城市轨道交通行业规划设计、方案设计、初步设计、施工图设计四个方面展开设计阶段的主要内容。

根据我国目前的实际情况，城市轨道交通项目的设计阶段可分为四个阶段，即"总体规划设计阶段""方案设计阶段""初步设计阶段""施工图设计阶段"。各设计阶段造价管理主要内容如图 3.1-1 所示。

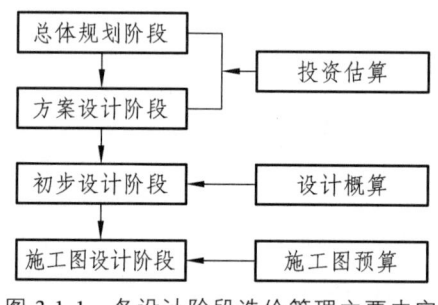

图 3.1-1　各设计阶段造价管理主要内容

一、规划设计的主要内容

宗传苓（2011）在研究深圳市轨道交通规划设计管理实践时，提出了城市轨道交通规划设计内容。详见图 3.1-2。

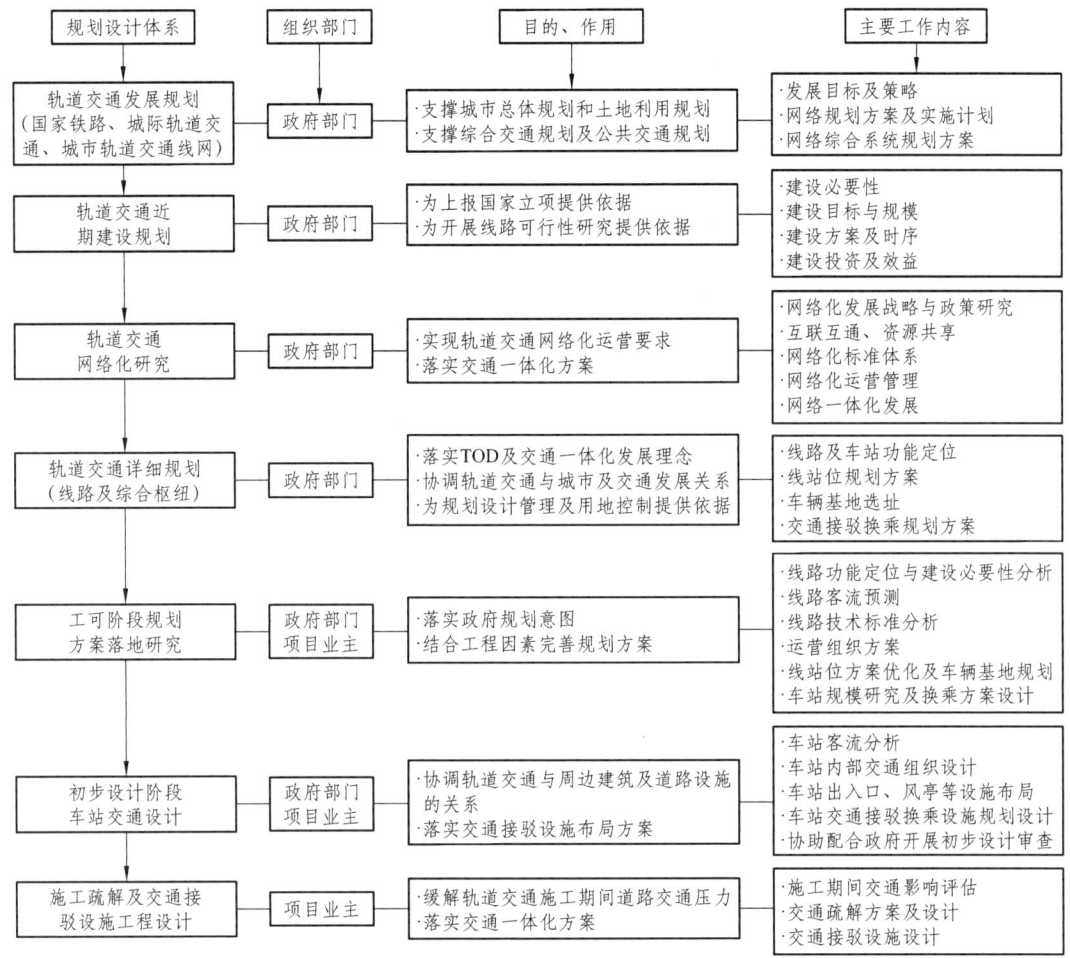

图 3.1-2 深圳市轨道交通规划设计主要内容

1. 轨道交通发展规划

轨道交通发展规划包括国家铁路、城际轨道交通以及城市轨道交通线网的发展规划。主要目的是支持总体规划、土地利用规划、城市综合交通规划和公共交通规划，促进城市总体发展目标以及综合交通发展目标的实现。主要任务是制定轨道交通发展目标和策略，协调城市空间结构与轨道交通线网架构，确定轨道交通线网的功能、结构、布局、规模及组成，提出轨道交通设施用地规划、综合系统规划方案以及分期实施计划等。

2. 轨道交通近期建设规划

建设规划是轨道交通近期实施的控制性和依据性规划。主要目的是为上报国家立项提供依据，为开展线路可行性研究提供规划条件。主要任务是在发展规划的基础上，明确近期建设线路的功能定位、工程规模、走向布局、运量等级、结构层次、速度目标、运营模式、工程筹划以及建设资金来源等主要问题。

3. 轨道交通网络化研究

网络化研究主要目的是确保轨道交通建设的完整性和系统性，实现轨道交通网络化运营的要求以及资源利用的集约化、运营管理的规模化和规范化，落实城市交通一体化的发展目标，促进轨道交通的可持续发展。

4. 轨道交通线路及综合枢纽详细规划

主要目的是落实 TOD 及交通一体化发展理念，协调轨道交通与城市规划、土地利用及综合交通发展的关系，为规划设计管理及用地控制提供依据。

线路详细规划的主要任务是进行线路、车站和车辆基地布局规划，分析线站位和车辆基地与土地利用的协调关系，并提出必要的调整建议，进行换乘及接驳规划。

综合枢纽详细规划的主要任务是进行枢纽内部、出入口、接驳与换乘交通分析，确定各项交通设施设计指标、空间布局以及交通组织方案，对周边地区道路交通网络提出改善建议。

5. 工可阶段规划方案落地研究

主要目的是落实政府规划意图，结合工程因素完善规划方案。主要内容包括线路功能定位及建设必要性分析、客流预测、技术标准分析、运营组织方案、线站位方案优化及车辆基地规划、车站规模研究及换乘方案设计等。

6. 初步设计阶段车站交通设计

主要目的是协调轨道交通与周边建筑及道路交通设施的关系，落实交通接驳设施布局方案。主要包括车站客流分析，车站内部交通组织设计，车站出入口、风亭等设施布局，交通接驳换乘设施规划设计以及初步设计技术审查等内容。

7. 施工疏解及交通接驳施工设计

主要目的是缓解施工期间道路交通压力，落实交通一体化方案。主要内容包括施工期间交通影响评估、交通网络疏解方案、施工区域周边交通疏解方案以及交通接驳设施设计等。

二、方案设计的主要内容

方案设计的材料编制深度要求：方案设计文件，应满足编制初步设计文件的需要，应满足方案审批或报批的需要。

各专业负责人按照分配给本专业设计的控制目标值进行方案设计。如果根据某专业的设计方案测算的投资超出控制目标值，设计总负责人应会同该专业负责人及造价工程师对该专业进行多方案设计、测算、优化处理。必要时，从技术、经济两个方面对建设单位阐明多种方案的比较，力求选出既满足建设单位的功能需要，又满足限额设计要求的设计方案。或者对别的专业限额做一些调整，以求不突破总的投资限额。

三、初步设计的主要内容

初步设计的编制深度要求：初步设计文件应满足编制施工图设计文件的需要，应满足初步设计审批的需要。

初步设计阶段的控制目标值为通过评审的估算投资额。设计总负责人把控制目标值分解给各专业负责人，同时，估算中一些工程量也作为控制工程量分解给各专业负责人，如混凝土的用钢量、钢结构的用量等，各专业设计人员严格按照限额设计所分解的投资额和控制工程量，在保证使用功能的条件下进行初步设计。在设计过程中尽量控制不合理变更。如出现超限额或控制工程量的现象，采取同方案设计阶段的做法进行调整，直至达到限额设计的要求。

四、施工图设计的主要内容

施工图设计的编制深度要求：应满足设备材料采购、非标准设备制作和施工的需要。

施工图设计阶段的控制目标值为通过初步设计审批的初设概算投资额，控制工程量为审定的初步设计工程量。施工图阶段限额按审定的初设方案进行深化设计，各专业施工图中如有一些设计变更，采用同方案设计阶段的做法进行多方案设计，并会同造价工程师进行多方案测算、比较，以选取最经济实用又不突破限额的方案。至于涉及建设规模或设计方案的重大变化而引起的投资额变化，需重新编制或修改初步设计文件及概算，施工图设计的限额应以批准的修改后的初步设计概算投资额为准。

第二节　设计阶段造价控制的"五大措施"

本节从限额设计、利用价值工程原理优化设计方案、推行标准图纸设计、合理控制车站规模、加强机电设备系统设计联络与制定详细接口规范五个方面展开城市轨道交通工程设计阶段的造价管理措施。

一、限额设计

材料、设备的费用约占工程项目建设成本的70%，而这70%左右的费用都是在设计阶段通过材料的选用、建筑和结构形式的选择、设备选型等决定的。因此，在建设项目全过程投资控制中，设计阶段是决定工程项目投资的多少以及是否合理的关键阶段，由此也可看出限额设计的重要性和降低工程投资的巨大潜力。

所谓限额设计，就是按照批准的可行性研究报告及投资估算控制初步设计，按照批准的初步设计概算控制技术设计和施工图设计，同时各专业在保证建设单位所要求的使用功能的前提下，按分配的投资限额控制设计，严格控制不合理变更，保证总投资不被突破。

限额设计具有两层含义：从经济上讲，在不降低使用效能的前提下推行限额设计，将工程造价严格控制在设计项目的投资限额内，这就要求在设计过程中将以"量"来定"价"改为以"价"来定"量"；从技术上看，要采集、归类工程技术资料，形成一套完整的信息系统，确定合理的技术经济指标来控制设计，以达到限额的目标。

限额设计的操作流程可以分为方案设计阶段、初步设计阶段、施工图设计阶段、工程招投标阶段。

二、利用价值工程原理优化设计方案

1. 价值工程简介

价值工程是一门技术与经济相结合的现代管理科学，用来分析产品功能和成本关系，力求以最低的产品寿命周期成本实现产品的必要功能。通过价值工程的应用，能使产量与质量、质量与成本的矛盾得到完善的统一。价值工程的主要特点是以使用者的功能要求为出发点，对所研究对象进行功能分析，并做到功能与造价统一，在满足功能要求的前提下，降低成本。因此，通过价值工程优化建筑产品功能是控制工程造价的有效途径。

在进行各项技术设计和技术改造时，为了使设计方案能够以最小的消耗和最大的效益满足用户的需要，设计人员总是拟出若干个方案进行比较选择。对一个具体的工程项目进行技术经济分析，就是对不同的技术方案的经济效果和预期效果进行计算、分析、评价，将其作为选择方案和进行决策的依据，从而在多种方案中选择出最优方案，并对最优方案进行进一步的优化处理。

价值工程包括三个方面：

（1）价值工程以功能分析为核心。包括功能定义、功能整理和功能评价等。

（2）着眼于寿命周期成本。这就要求在建筑工程造价控制过程中进行决策时，考虑的不仅是项目的建造成本（即生产成本），还要考虑项目投入使用以后的使用成本，力求达到既能满足建设单位的需求，又使寿命周期成本比较低的目的。建筑产品的寿命周期成本（指从规划、勘察、设计、施工建设、使用、维修、直到报废为止整个过程中所发生的全部费用，包括建设费用和使用费用两部分）与建筑产品的功能有关。从图 3.2-1 可以看出，随着建筑产品的功能水平提高，建筑产品的使用费用降低，但是建设费用却增高，反之，使用费用增高，建设费用降低。建设费用、使用费用与功能水平的变化规律决定了寿命周期成本（如图 3.2-1 所示的马鞍形变化），决定了寿命周期成本存在最低值，建设费用 C_1 的曲线和使用费用 C_2 的曲线的交点所对应的寿命周期成本才是最低的，最低寿命周期成本 $C_{\min}$ 所对应的功能水平 F_0 是从费用方面考虑的最为适宜的功能水平。

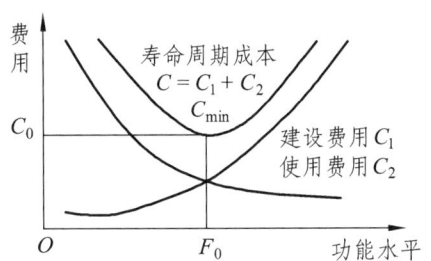

图 3.2-1　寿命周期成本与功能水平的关系

（3）价值工程的目标表现为产品价值的提高。这里的"价值"既不是对象的使用价值，也不是对象的交换价值，而是对象的比较价值，是对象所具有的功能与获得该功能的全部费用之比，可用公式表示为：

$$价值（V）= 功能（F）/成本（C）$$

通常可以通过以下途径来提高产品的价值：

① 功能提高，同时成本降低。即：

$$V = \frac{F \uparrow}{C \downarrow}$$

② 成本不变，提高功能水平。即：

$$V = \frac{F \uparrow}{C \rightarrow}$$

③ 功能水平不变，降低成本。即：

$$V = \frac{F \rightarrow}{C \downarrow}$$

④ 成本少量提高，功能大幅度提高。即：

$$V = \frac{F \uparrow 大}{C \uparrow 小}$$

⑤ 功能略有下降，成本大幅度下降。即：

$$V = \frac{F \downarrow 小}{C \downarrow 大}$$

2. 运用价值工程进行设计方案选优

图 3.2-2 为价值工程在设计方案选优中的应用程序。

```
┌─────────────────────────────────────────────────────────────────────────┐
│ 对象选择：运用ABC法，将设计方案分解为A、B、C三类。A类比重大，数量少，作为价值工程的 │
│ 研究对象。                                                               │
└─────────────────────────────────────────────────────────────────────────┘
                                    ↓
┌─────────────────────────────────────────────────────────────────────────┐
│ 功能分析：分析研究对象有哪些功能，各项功能之间的关系如何                    │
└─────────────────────────────────────────────────────────────────────────┘
                                    ↓
┌─────────────────────────────────────────────────────────────────────────┐
│ 功能评价：评价各项功能，确定功能评价系数 $F_i$，并计算实现该方案的成本系数 $C_i$ 和价值系数 $V_i$。 │
│ $V_i > 1$，如果是重要功能，提高成本；$V_i < 1$，则应该降低该功能的成本或提高功能水平；$V_i = 1$，该功 │
│ 能不是价值工程的对象，无需进行价值工程分析                                 │
└─────────────────────────────────────────────────────────────────────────┘
                                    ↓
┌─────────────────────────────────────────────────────────────────────────┐
│ 分配目标成本：确定对象的目标成本，并以功能评价系数为基础，将目标成本分配到各项功能上， │
│ 作为成本目标 $C_i$                                                       │
└─────────────────────────────────────────────────────────────────────────┘
                                    ↓
┌─────────────────────────────────────────────────────────────────────────┐
│ 方案创新及评价：根据价值分析结果和目标分配结果的要求，提出各种方案，用加权平均找出最 │
│ 优方案                                                                   │
└─────────────────────────────────────────────────────────────────────────┘
```

图 3.2-2　价值工程在设计方案选优中的应用程序

一个建设项目或一个单项工程，可有多种不同的设计方案，因此在满足使用功能的前提下，可采用价值工程分析方法进行优化设计、技术经济分析、方案比较，最后选择先进适用、经济合理、安全可靠的最优设计方案。

应用价值工程对设计方案进行优选，不仅能保证工程质量、确保项目功能满足建设单位的要求，更能合理确定和有效地控制工程造价，使有限的投资获得令人满意的投资效益。在选择方案时，应全面衡量，利用价值工程进行方案的优选，方法直观、简单易行。但值得注意的是，价值工程不仅仅只在工程设计中应用，还应该应用于建设项目的全过程。对控制工程造价，提高工程的"价值"能起到更有效的作用。

（1）功能项目的选择应力求准确，剔除那些不必要的功能项目、削减过剩的功能项目，使其功能结构趋于合理。

（2）成本分析应着眼于全寿命周期成本，应有全局观念和长远眼光，注重生产成本与使用成本的辩证关系。

（3）应用价值工程分析方法可以对不同的方案进行全面的技术经济对比，有利于选择时间短、投资省、效果好的方案。

（4）一切发生费用的地方都可以应用价值工程原理来进行技术经济分析，也就是说价值工程原理具有普遍的指导意义，但某一工程的分析结论不一定具有代表性，应把握具体问题具体分析的原则。

（5）运用价值工程理论对已经初步选定的方案进行"价值分析"，可以进一步优化方案，使设计方案更加完善。总之，在实际工作中，价值工程在设计方案优选和优化中的应用前景是非常广阔的，有待于我们进一步的探索。

以供电系统为例。供电系统工程的投资主要以环网电缆工程、变电所工程、接触网工程为主,三者综合达到系统投资总额的85%,不仅是供电系统投资控制的重点,而且是供电系统投资控制的关键点。以下分别从环网电缆、变电所、接触网等专业对投资的影响进行分析。参考指标见表3.2-1。

表3.2-1 供电系统参考指标

序号	工程项目	参考技术经济指标	影响主要因素
1	环网电缆	(45万~55万)/座	供电方案
2	牵引降压混合变电所	(1400万~1700万)/座	变压器的容量、与低压配电接口
3	降压变电所	(600万~800万)/座	变压器的容量、与低压配电接口
4	电力监控系统	(30万~40万)/座	系统方案
5	杂散电流及接地系统	(60万~100万)/正线千米	系统方案及接口
6	供电车间	(1200万~2000万)/处	设计方案的设备配备

(1)环网电缆技术经济分析。

供电系统环网电缆投资在供电系统投资中处于关键位置,主要是环网构成形式及电缆规格来确定的,且受电缆价格(主要是铜的当期价格)的影响较大。环网电缆工程主要以各种电缆、电缆附件、支架桥架、接地扁钢等材料为主,特别是35 kV电缆更是环网工程控制的重点。设计方案应根据城市轨道交通工程牵引和动力照明负荷特点,通过优化系统接线方案及系统运行方式对35 kV环网电缆截面进行优化,避免不必要的浪费。

(2)牵引降压混合变电所和降压变电所技术经济分析。

根据工程经验,变电所始终是供电系统投资的重点,因此,在供电系统的设计中,与变电所有关的优化设计是投资控制的重点。

变电所是供电系统中设备密集型专业,变电所设备投资约占变电所工程投资的80%,是投资控制的重中之重。在工程设计中,需在对变电设备熟练掌握的基础上,积极开展当前设备价格的调查、收集最近相关城市轨道交通工程设备投标资料,并结合市场行情,进行合理的设备选型和性能匹配。同时,通过有效的牵引供电计算和全线运营管理水平一致性的角度,对整流机组的装机容量进行精确计算,采用技术合理性和实施便利性相结合的统一规格进行设计。

(3)接触网技术经济分析。

接触网优化设计方案,重点从以下几个方面进行系统技术经济分析:

发挥刚性悬挂成熟技术的优势,有效降低工程投资。刚性悬挂从最初的国外引进到目前在城市轨道交通领域的大范围推广应用,已经成为一项成熟的接触网授流方式。从最初的刚性悬挂研制与开发,到目前实现完全国产化应用,采用具有成熟运行经验和供应能力的汇流排及接触线,较之于国外产品可有效降低接触网投资30%左右。

在刚性悬挂设计上,采用刚性悬挂授流仿真模拟计算软件和平面布置软件,确定最大跨距和合理匹配跨距，在工程设计中将对刚性悬挂工程数量进行优化计算，较之于普遍采用的平均跨距布置减少约 10%的刚性悬挂点数量，有利于降低接触网工程投资。

在高架区段接触网方案设计中，采用在城市轨道交通大量应用的圆锥形钢支柱及门形架，与同类相同规格的 H 钢支柱及门形架相比，前者价格约为后者价格的 75%，可有效降低投资。

三、推行标准图纸设计

由于城市轨道交通的建设管理和运营是以城市为单元等，尚未开展行业层面的行业标准图设计工作。我国铁路行业与建筑行业的标准设计值得城市轨道交通行业的建设者们借鉴学习。

1. 铁路行业标准化概况

伴随着中国铁路的建设和发展，铁路标准化工作在国家标准化工作方针政策的指导下，进行了卓有成效的工作，取得了很大的成绩。铁路行业标准覆盖了铁路机车、车辆、工务工程、通信信号、电气化铁道、运输管理等专业范围内的主要产品和管理内容，为提高我国铁路行业产品质量、保证运输安全起到了重要的作用。

目前，在铁路行业范围内，从研究、设计、生产到采购、运用、检修以及试验、检验部门等，均是以铁道标准为基本技术依据，这表明铁道标准对整个行业的发展所起的作用越来越重要。

2. 建筑行业标准化概况

国家建筑标准设计是建筑标准化的重要组成部分，是建筑工程建设的一项重要基础工作，也是建筑工程设计文件的组成部门。目前，国家建筑标准设计在着重编制建筑构造、构配件、设备与安装、构筑物等四大类图集的基础上，还进行设计指导类图集的编制。现有建筑、结构、给排水、通风空调等 9 个专业 400 多册图集。标准设计图集质量高、方便使用，据统计，90%的建筑工程采用标准设计，占设计工作量的 40%~60%，提高了设计效率，保证了工程质量，对合理利用资源、推广先进技术、降低工程造价等发挥了重要作用。

推进标准图纸设计是我国城市轨道交通快速发展的需要，有利于避免反复设计和重复研发、有利于装备制造业的标准化和模块化。

四、合理控制车站规模

1. 车站规模

地下车站，各类施工方法、结构形式、埋深均影响造价。当车站规模相同时，车站的施工方法和埋深对车站造价影响较大。大体量车站的防水、防渗漏技术也复杂化，既提高造价，也增加了防护维修费用支出。

对于高架车站，影响车站造价的主要是车站规模和结构形式。

对于地面车站，与车站的建筑面积有关。

2. 管理和设备用房的布置

城市轨道交通车站的管理、设备用房面积及布置方式直接关系着车站规模的大小和土建工程造价。

车站主体分为公共区、设备管理用房区和轨行区。其中车站公共区为站厅层售检票及乘客进出站的区域和站台层乘客候车区域，车站设备管理用房包括车站变电所、弱电控制用房等设备用房和站长室、车控室等管理人员用房。

城市轨道交通车站设备用房主要有：通风与空调系统设备用房、强弱电系统设备用房、给排水与消防系统设备用房。其中面积最大的是通风与空调系统设备用房，含区间通风机房、环控机房、冷水机房、环控电控室、小通风机房等。强弱电系统设备用房主要有降压变电所、牵引变电所、配电室、通信用房（含通信机械室及电源室）、信号用房、公网引入室。给排水及消防系统设备用房有消防泵房、污水泵房及废水池等。

城市轨道交通车站管理用房一般设有车站控制室、服务中心、站长室、交接班室、警务室、更衣室、男女厕所、茶水间、清扫间、垃圾堆放点等。

车站设备管理用房设置原则：

（1）城市轨道交通车站设备用房的平面布置主要是根据各系统的工艺要求而定，房间布置必须满足设备的使用功能。环控电控室应靠近环控机房而设；小通风机房靠近新风道及排风道，可与环控机房合并布置。通信、信号用房靠近车站控制室而设；降压变电所宜设在站台冷水机组一端；牵引变电所尽量设在站台层；照明配电室在站台、站厅各设2间，靠近公共区。污水泵房设在厕所的下方；废水池设在站台层的最低端，墙面应保留控制柜、管道安装条件。

（2）城市轨道交通车站管理用房的平面布置主要根据车站运营需要，同时考虑乘客的人性化服务理念而定。车站控制室设在站厅层客流多的一端，服务中心尽可能设在出入口闸机附近。站长室设在车站控制室旁，警务室靠近站厅公共区集中设置。男、女公厕设在公共区非付费区内。交接班室、茶水间、更衣室都设在站厅管理区内部。清扫间站厅、站台层各设一间，可利用楼扶梯下部空间；垃圾堆放点结合出入口公厕布置。

（3）城市轨道交通车站设备管理用房在满足工艺和运营需要的前提下归类布置，有人值班的设备管理用房尽量设于车站的同一端。

五、加强机电设备系统设计联络、制定详细接口规范

1. 加强设计联络

设计联络会是建设单位、设计、监理、设备制造商共同对设备设计进行审核的最后一关,因此设计联络会决不能走过场,也不能完全依赖于设备厂家,特别是在一些设备与设备间的接口、设备与土建之间的接口问题上建设单位必须反复核实,确保所有接口无误后才能投料生产,避免设备到了工地安装时才发现接口有问题,否则既耽误了安装工期又增加了设备制造和安装成本。设备的出厂验收必须认真按照验收大纲依次进行,不能对一些认为简单的试验项目就忽视检验,或为了节省时间甚至不做,导致设备返厂处理而延误安装时间。设备的出厂验收必须坚持原则和规则。只有实实在在地做试验、校核技术参数,才能暴露设备的缺陷并在出厂前消除。

抓好设备生产的过程控制,确保设备按时出厂。要通过驻厂监造、定期巡检、电话沟通等方式对交货设备的生产情况做到心中有数。如发现设备的质量有隐患,避免到了火烧眉毛时才去督促供货商。合同签订后应安排专人管理,随时与项目经理联系、交流,了解制造厂的生产情况,并应与制造厂生产一线的技术骨干交流,以便掌握真实的设备生产动态、制造过程中的质量控制情况以及设备缺陷处理过程等。主要设备除了监造工程师现场监造外,还应安排建设单位代表驻厂监造,监督其生产进度,协调其按时发货,避免被善于传递信息的设备制造厂商欺骗。对于没有监造工程师的设备生产厂家,建设单位要建立定期巡检制度,及时了解厂家的生产进度是否满足合同工期要求。

2. 制定详细接口规范

系统互联互通是一项系统工程,涉及需求、产品、运营、维护等各个方面,需要整体规划、点面结合、分布实施。机电设备系统的深化设计应具有开放结构,协议和接口都应标准化。施工深化中还应做好与给排水、供电、通风空调、电梯、通信、信号等设备的接口确认。

例如智能控制系统与变配电设备、发电机组、冷水机组、热泵机组、电梯、通信、信号等大型设备实现接口方式的通信,必须预先约定所遵循的通信协议。如果智能控制系统和大型设备的控制系统都具有相同的通信协议和标准接口,就可以直接进行通信。当设备的控制采用非标准通信协议时,则需要设备供应商提供数据格式,由智能控制系统承包商进行转换。

例如空调工程承包商提供空调设备时,应同时提供满足监测和控制要求的各种通信卡、通信协议和接口软件。城市轨道交通信号系统除联锁和ATS子系统国产化率比较高以外,ATP、ATO子系统核心技术还是依靠国外成熟技术。国外文化与我国文化的差异,导致系统设计理念、安全认识以及安全定义均会有所偏差。因此接口规范无疑也是设计阶段项目管理的重点。

因此,在工程合同中应明确各供应商的设备、材料的供应范围、接口软件及其费用,避免施工过程中出现扯皮和影响工程进度。

第三节　设计概算编制

城市轨道交通工程设计概算的建筑安装工程费编制详见本书第一章第三节"城市轨道交通工程概算费用组成",本节不再赘述。本节重点阐述"工程建设其他费用"中的"其他费用"的计算方法。

一、场地准备费

场地准备费是指建设项目为达到工程开工条件所发生的场地平整和对建设场地遗留的有碍于施工建设的设施进行拆除清理的费用。

计算方法一般应根据实际工程量估算,也可按工程费用的比例计列。即:

场地准备费 = 工程费用 × 费率(%),费率按 1%~2%计列。

二、项目建设管理费

项目建设管理费是指项目建设单位从项目筹建之日起至办理竣工财务决算之日止发生的管理性质的支出。包括:不在原单位发工资的工作人员工资及相关费用、办公费、办公场地租用费、差旅交通费、劳动保护费、工具用具使用费、固定资产使用费、招募生产工人费、技术图书资料费(含软件)、业务招待费、施工现场津贴、竣工验收费和其他管理性质开支。

计算方法按工程费用和管线迁改费用之和的 2.0%~2.5%计列。

三、建设工程监理与相关服务费

建设工程监理与相关服务费是指监理单位接受建设单位委托,提供建设工程施工阶段的质量、进度、费用控制管理和安全生产监督管理,合同、信息管理及相关各方协调管理服务,以及勘察、设计、保修等阶段的相关服务所收取的费用。

计算方法按工程费用的 1.6%~1.8%计列。

四、招标代理服务费

招标代理服务费是指招标代理机构接受招标人委托,从事编制招标文件(包括编制资格预审文件和招标控制价),审查投标人资格,组织答疑、开标、评标以及提供招标前期咨询、协调合同签订等所收取的费用。

计算方法按工程费用的 0.2% 计列。

五、招标交易服务费

招标交易服务费是指工程建设期间，项目所在地建设交易部门为工程招投标工作提供交易场所和为招标服务而采取的费用。

计算方法按建设项目所在地省（自治区、直辖市）有关规定计列。

六、前期工作费

前期工作费是指建设项目前期工作支付的咨询服务费用，包括建设项目专题研究、编制和评估项目建议书、编制和评估可行性研究报告，以及其他与建设项目前期工作有关的咨询服务费用。

1. 可行性研究费

可行性研究费是指编制和评估项目建议书（或预可行性研究报告）、可行性研究报告所需的费用。

计算方法按委托合同计列，或参照表 3.3-1 计费标准，根据建设项目估算投资额采用内插法计算。

表 3.3-1 编制和评估可行性研究报告计费标准表

序号	投资额/亿元	计费标准/万元
1	≤20	250
2	50	300
3	100	350
4	200	400
5	300	450
6	≥400	500

注：1. 建设项目估算投资额，是指项目建议书或可行性研究报告的估算投资额。
  2. 建设项目在工程条件、环境保护、文物保护、安全等方面可能存在特殊要求时，可根据实际情况计取难度调整系数，调整系数按 1.1~1.5 计取；必要时开展的专题研究费用另计，且主报告收费不再考虑调整系数。
  3. 对于分期分段建设的线路，应分别计费。原则上视线路分期分段规模比例及研究难度，在上述计费方案基础上，首期工程乘以 1.2~1.5 的调整系数，后续工程乘以 0.6~0.9 的调整系数。
  4. 上述计费标准为主报告编制费用，各类专题研究费用另行计列。

2. 环境影响评价费

环境影响评价费是指按照《中华人民共和国环境保护法》《中华人民共和国环境影响评价法》等规定，为全面、详细评价建设项目对环境可能产生的污染或造成重大影响所需的费用。包括编制和评估环境影响报告书（含大纲）、环境影响报告表和环境影响登记表等所需的费用。

计算方法按委托合同计列，或参照表 3.3-2 计费标准，根据建设项目估算投资额采用内插法计算，并适当考虑环境敏感程度调整系数。

表 3.3-2　环境影响评价收费　　　　　　　　　　单位：万元

序号	估算投资额	2 亿~10 亿元	10 亿~50 亿元	50 亿~100 亿元	100 亿元以上
1	编制环境影响报告书（含大纲）	15~35	35~75	75~110	110
2	编制环境影响报告表	4~7	7 以上		
3	编制环境影响登记表	3~4	4 以上		
4	评估环境影响报告书（含大纲）	3~7	7~9	9~13	13 以上
5	评估环境影响报告表	1.5~2.0	2.0 以上		
6	评估环境影响登记表	1~1.5	1.5 以上		

注：1. 建设项目估算投资额，是指项目建议书或可行性研究报告的估算投资额。
　　2. 评估环境影响报告书（含大纲）的费用不含专家参加审查会议的差旅费；环境影响评价大纲的技术评估费用占环境影响报告书评估费用的 40%。
　　3. 本表所列编制环境影响报告表收费标准为不设评价专题的基准价，每增加一个专题加收 50%。
　　4. 本标中费用不包含遥感、遥测、风洞试验、污染气象观测、示踪试验、地探、物探、卫星图片解读、需要动用船及飞机等特殊监测等费用。

3. 客流预测报告编制费

客流预测报告编制费是指以城市、社会经济、人口、土地使用、交通等方面的现状和规划基础资料为依据，利用交通模型等技术手段，预测各目标年限城市轨道交通网络或线路相关客流指标，编制客流预测报告所需的费用。

计算方法按委托合同计列，或参照表 3.3-3 计费标准。

表 3.3-3　客流预测报告编制计费表

序号	工作阶段	计费标准
1	线网规划阶段	按相应阶段主报告编制费用的 30%~40% 计取
2	近期建设规划阶段	
3	可行性研究阶段	

4. 地震安全性评价费

地震安全性评价费是指按照《中华人民共和国防震减灾法》《地震安全性评价管理条例》等规定,为建设项目提供地震安全性评价服务所需的费用。

计算方法按委托合同计列,或按项目所在地省(自治区、直辖市)有关规定计列。

5. 地质灾害危险性评估费

地质灾害危险性评估费是指评估机构接受委托,按照相应的技术规程和规范要求,收集相关资料,进行现场调查和技术分析,以及编制评估报告和组织报告评审等收取的费用。

计算方法按委托合同计列,或参照相关部门规定计列。

6. 节能评估费

节能评估费是指分析建设项目的建筑、设备、工艺等的能耗水平和其使用的用能产品的效率或能耗指标,编制及评审节能评估报告的费用。

计算方法按委托合同计列,或参照表 3.3-4 计费标准计列。

表 3.3-4 节能评估报告编制与评审计费表

序号	项 目	可行性研究阶段
1	节能评估专题报告编制	按可行性研究主报告编制费用的 20%~30% 计取
2	节能评估专题报告评审	按节能评估专题报告编制费用的 20%~30% 计取

7. 社会稳定风险评估费

社会稳定风险评估费是指编制和评价社会稳定风险分析报告所需的费用。

计算方法按委托合同计列,或参照表 3.3-5 计费标准计列。

表 3.3-5 社会稳定风险评估计费表

序号	项 目	可行性研究阶段
1	社会稳定风险分析报告编制	按可行性研究主报告编制费用的 30%~60% 计取
2	社会稳定风险分析报告评审	按社会稳定风险分析报告编制费用的 50% 计取

8. 防洪评价费

防洪评价费是指按《中华人民共和国防洪法》等规定,对涉及江河、湖泊等项目编制防洪评价报告所需的费用。

计算方法按委托合同计列,或按项目所在省(自治区、直辖市)有关规定计列。

9. 文物勘探及保护费

文物勘探及保护费是指在工程范围内有可能埋藏文物的地方进行考古调查、勘探及保护所需的费用。

计算方法按委托合同计列，或按项目所在省（自治区、直辖市）有关规定计列。

10. 其他前期工作费

其他前期工作费是指以上内容未包含，但在城市轨道交通前期咨询工作中可能涉及的专题、单项研究及其他咨询服务，如规划咨询、专项技术咨询、投融资专题、网络资源共享专题等所需的费用。

计算方法按委托合同计列，或根据工作量按工日计取，费用=$\sum$人工工日×人工工日单价。

七、研究试验费

研究试验费是指为建设项目提供或验证设计数据、资料等进行必要的研究试验及按照设计规定在建设过程中必须进行试验、验证所需的费用。包括自行或委托其他部门研究试验所需人工费、材料费、试验设备及仪器使用费等。

不包括：

（1）应由科技三项费用（即新产品试制费、中间试验费和重要科学研究补助费）开支的项目。

（2）应在建筑安装费用中列支的施工企业对建筑材料、构件和建筑物等进行一般鉴定、检查所发生的费用及技术革新的研究试验费。

（3）应在勘察设计费或工程费用中开支的项目。

计算方法根据设计提出的具体研究试验项目，按研究试验内容和要求计列所需的费用。

八、勘察设计费

勘察设计费是指建设单位委托勘察设计单位进行工程水文地质勘察、工程设计所发生的各项费用。

1. 勘察费

工程勘察费是指为工程设计提供工程地质、水文地质资料、地下管线、地下构筑物资料等的勘察及相应的试验、工程测量等所发生的费用。

计算方法按勘察委托合同计列，或按工程费用的 0.6%~0.8% 计列。

2. 设计费

工程设计费是指设计单位根据建设单位委托，提供编制建设项目初步设计文件、施工图设计文件、非标准设备设计文件、BIM 设计等服务所收取的费用，包括基本设计收费和其他设计收费。

基本设计收费是指在工程设计阶段提供初步设计文件、施工图设计文件收取的费用，并相应提供设计技术交底、解决施工中的设计技术问题、试运行和竣工验收等服务。

其他设计收费是指根据工程设计实际需要或者建设单位要求提供相关服务收取的费用，包括总体总包费等。

计算方法按设计委托合同计列，或按工程费用的 3.5%～4.0%计列。改扩建工程项目另行计列。

九、咨询费

1. 设计咨询费

设计咨询费是指建设单位委托咨询机构对设计单位设计工作成果进行审查所需的费用。

计算方法按咨询委托合同计列，或按工程费用的 0.3%～0.4%计列。

2. 工程造价咨询费

工程造价咨询费是指工程造价咨询企业接受建设单位委托，从事投资估算、工程概算、工程量清单、招标控制价、工程结算、竣工决算的编制与审核，各设计阶段的工程造价控制等与工程造价业务有关的咨询服务，并出具工程造价咨询成果文件等业务活动所收取的费用。

计算方法按工程造价咨询委托合同计列，或按工程费用的 0.3%～0.4%计列。

十、引进技术和设备其他费

引进技术和设备其他费是指引进技术和设备发生的但未计入设备购置费的费用。
费用内容如下：
（1）引进项目图纸资料翻译复制费、备品备件测绘费。
（2）出国人员费用，包括买方人员出国设计联络、出国考察、联合设计、监造、培训等所发生的差旅费、生活费等。
（3）来华人员费用，包括卖方来华工程技术人员的现场办公费用、往返现场交通费用、接待费用等。
（4）银行担保及承诺费，指引进项目由国内外金融机构出面承担风险和责任担保所发生的费用，以及支付贷款机构的承诺费用。

计算方法为简化概算编制，按引进设备费的 1.0%～1.5%计列。

十一、综合联调及试运行费

综合联调及试运行费是指新建城市轨道交通项目在交付运营前，按照批准的设计文件所规定的工程质量标准和技术要求，在综合联调及试运行期间对整个系统进行综合联调及试运行所发生的费用。综合联调及试运行费包括综合联调及试运行所需原材料、燃料及动力消耗、低值易耗品、其他物料消耗、工具用具使用费、机械使用费、保险金、人员工资以及专家指导费等。不包括应由设备安装工程费开支的调试费，以及在综合联调及试运行中暴露出来的因施工原因或设备缺陷等发生的处理费用。

计算方法：

（1）综合联调费：按设备购置费和车辆购置费之和的 1.0%～1.5%计列。

（2）试运行费：按正线千米数×试运行期（月）×10万元/（正线千米·月）计列。

十二、专利及专有技术使用费

费用内容包括：国外设计及技术资料费、引进有效专利、专有技术使用费和技术保密费；国内有效专利、专有技术使用费；商标权、商誉和特许经营权等。

计算方法：

（1）按专利使用许可协议和专有技术使用合同的规定计列。

（2）专有技术的界定应以省、部级鉴定批准为依据。

（3）项目投资中只计算需在建设期支付的专利及专有技术使用费。协议或合同规定在运营期支付的使用费应在运营成本中核算。

十三、生产准备及开办费

生产准备及开办费是指在建设期内建设单位为保证正常运营而发生的人员培训费、提前进厂以及投产使用必备的生产办公、生活家具用具及工器具等的购置费用。包括：

1. 生产职工培训费

生产职工培训费是指工程项目在试运营前，对运营部门生产职工培训所必需的费用。包括提前进厂费用、自行组织培训或委托其他单位培训的人员工资、工资性补贴、职工福利费、差旅交通费、劳动保护费、学习资料费等。

计算方法按设计确定的定员人数×60%×30 000元计列。

2. 生产办公、生活家具用具购置费

生产办公、生活家具用具购置费是指为保证工程项目初期正常运营所必需的生产办公、生活家具用具购置费。

计算方法按设计确定的定员人数×9 000元计列。

3. 工器具购置费

工器具购置费是指为保证工程项目初期正常运营所必须购置的第一套不构成固定资产的设备、仪器、仪表、工卡模具、器具、工作台（框、架、柜）等的费用。不包括：构成固定资产的设备、工器具和备品、备件费用，以及已列入设备购置费中的专用工具和备品备件费。

计算方法按设计确定的定员人数×4 500元计列。

十四、工程保险费

工程保险费是指为转移工程项目建设的意外风险，在建设期内对建筑工程、安装工程、机器设备和人身安全进行投保而发生的费用。包括建筑安装工程一切险、人身意外伤害险和引进设备财产保险。

计算方法按工程费用的0.4%~0.7%计列。

十五、特殊设备安全监督检验费

特殊设备安全监督检验费是指安全监察部门对在施工现场组装的压力锅炉及压力容器、压力管道、消防设备、燃气设备、电梯等特殊设备和设施实施安全检验验收所收取的费用。

计算方法按项目所在地省（自治区、直辖市）安全监察部门的规定计列。无具体规定的，可按受检设备安装工程费的比例估算。

十六、安全生产保障费

安全生产保障费是指为保障工程项目施工安全而发生的费用。包括第三方监测费、第三方检测及评估费等费用。

1. 费用内容

第三方监测费，是指为保障工程项目施工安全，由建设单位委托第三方监测单位对工程及周边建筑物、构筑物、地下管线、交通设施（道路、桥梁、隧道、通道）等进行监测所发生的费用。

第三方检测、评估费，是指为保障工程项目安全和施工质量，对工程实体（如桩基等）、周边既有建（构）筑物、桥梁等风险源进行第三方检测及评估所发生的费用。

2. 计算方法

按建筑安装工程费的 0.8%～1.0%计列。

十七、配合辅助工程费

配合辅助工程费是指全部或部分投资由本项目支付修建，而建成后的产权不属于本项目的工程费用，如 110 kV 电力进线工程（产权归电力部门时）、城市道路立交桥工程等。

计算方法：配合辅助工程应作为独立的其他费用编制单元编制全费用概算（含工程建设其他费用、预备费、建设期贷款利息）。

十八、其 他

指上述费用之外，一般建设项目很少发生或具有明显行业和地区特征的工程建设其他费用项目，如移民安置费、水资源费、水土保持费、河道占用补偿费、超限设备运输措施费、航道维护费、白蚁防治费、环境保护专项费、专项验收费等必须纳入设计概算的其他费用，按国家、有关行业部委和建设项目所在地省（自治区、直辖市）有关规定计列。

第四章 招投标阶段造价管理

本章从土建及安装工程招投标阶段造价管理、机电设备系统采购阶段造价管理、招投标阶段造价管理的五大指南等三个方面阐述土建系统招投标阶段造价控制。

第一节 土建及安装工程招投标阶段造价管理

城市轨道交通属于大型基础设施、公用事业等关系社会公共利益、公众安全的项目，必须进行招标。

本章从工程量清单编制与工程量计算规则、招标控制价编制、合同价款约定三个方面阐述土建系统招投标阶段造价控制。

一、工程量清单编制与工程量计算规则

《城市轨道交通工程工程量计算规范》（GB 50861—2013）规范了城市轨道交通工程计量行为，统一了城市轨道交通工程计算规则、工程量清单编制方法，并在1.0.3条规定城市轨道交通工程计价，必须按《城市轨道交通工程工程量计算规范》规定的工程量计算规则进行工程计量。

工程量清单是载明建设工程分部分项工程项目、措施项目和其他项目的名称和相应数量以及规费和税金项目等内容的明细清单。其中由招标人根据国家标准、招标文件、设计文件，以及施工现场实际情况编制的称为招标工程量清单，而作为投标文件组成部分的已标明价格并经承包人确认的称为已标价工程量清单。

工程量清单应根据《城市轨道交通工程工程量计算规范》附录规定的项目编码、项目名称、项目特征、计量单位和工程量计算规则进行编制。

工程量清单的项目编码，应采用十二位阿拉伯数字表示，一、二位为专业工程代码；三、四位为附录分类顺序码；五、六位为分部工程顺序码；七、八、九位为分项工程项目名称顺序码；十至十二位为清单项目名称顺序码。

工程量清单编制流程见图4.1-1。

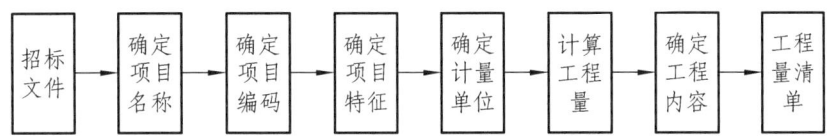

图 4.1-1 工程量清单编制流程

工程量清单是表现拟建工程实体性项目、非实体性项目和其他项目名称和相应数量的明细清单,以满足工程项目具体量化和计量支付的需要,是招标人编制招标控制价和投标人编制投标价的重要依据。

工程量计算指建设工程项目以工程设计图纸、施工组织设计或施工方案及有关技术经济文件为依据,按照相关工程国家标准的计算规则、计量单位等规定,进行工程数量的计算活动,在工程建设中简称工程计量。

工程量计算除依据《城市轨道交通工程工程量计算规范》各项规定外,尚应依据以下文件:

(1)经审定通过的施工设计图纸及其说明。

(2)经审定通过的施工组织设计或施工方案。

(3)经审定通过的其他有关技术经济文件。

车站梁、板、柱、墙计算规则:

(1)柱:柱高自柱基(基础梁)上表面(或楼板上表面)至上一层楼板下表面之间的高度计算。构造柱高按设计高度计算,嵌接墙体部分并入柱身体积。依附柱上的牛腿和柱帽,并入柱身体积计算。

(2)梁:梁与柱连接时,梁长算至柱的内侧面;伸入墙内部分的梁头并入梁的体积计算。基础梁与柱连接时,基础梁通长计算。主梁与次梁连接时,次梁长度算至主梁的内侧面。梁高自梁底算至板底,反梁自板顶算至梁顶。

(3)墙:墙的体积应扣除门窗洞口及单个面积>0.3 m^2 的孔洞所占体积。墙垛(附墙柱)、暗柱、暗梁及突出部分并入墙体体积计算。墙的体积中,板与墙相叠部分按墙计算;柱或梁与墙相叠加部分,分别按柱或梁计算。

(4)板:靠墙的梗斜混凝土体积并入墙的混凝土体积计算,不靠墙的梗斜并入相邻顶板或底板混凝土体积。

(5)混凝土风井、电缆井、消防水池在混凝土电梯井清单项目中列项。

钢筋计算规则:

(1)现浇构建中伸出构件的锚固钢筋等,应并入钢筋工程量内。除现行规范或设计标明的搭接外,其他施工搭接不计算工程量,在综合单价中考虑。

(2)现浇构建中固定位置的支撑钢筋、双层钢筋用的"铁马"在编制工程量清单时,其工程数量可为暂估量,结算时按现场签证数量计算。

二、招标控制价编制

《招标投标法实施条例》规定，招标人可以自行决定编制标底，一个招标项目只能有一个标底，标底必须保密。同时规定，招标人设有最高投标限价的，应当在招标文件中明确最高投标限价或者最高投标限价的计算方法，招标人不得规定最低投标限价。

1. 招标控制价的编制规定与依据

招标控制价是指根据国家或省级建设行政主管部门颁发的有关计价依据和方法，依据拟定的招标文件和招标工程量清单，结合工程具体情况发布的招标工程的最高投标限价。根据住房城乡建设部颁发的《建筑工程施工发包与承包计价管理办法》（住建部令第16号）的规定：国有资金投资的建筑工程招标的，应当设有最高投标限价；非国有资金投资的建筑工程招标的，可以设有最高投标限价或者招标标底。

采用招标控制价可有效控制投资，防止恶性哄抬报价带来的投资风险。采用招标控制价提高了透明度，避免了暗箱操作、寻租等违法活动的产生。采用招标控制价可使各投标人自主报价、公平竞争，符合市场规律。投标人自主报价，不受标底的左右，既设置了控制上限，又尽量减少了建设单位依赖评标基准价的影响。

2. 编制招标控制价的规定

（1）国有资金投资的工程建设项目应实行工程量清单招标，招标人应编制招标控制价，并应当拒绝高于招标控制价的投标报价，即投标人的投标报价若超过公布的招标控制价，则其投标作为废标处理。

（2）招标控制价应由具有编制能力的招标人或受其委托、具有相应资质的工程造价咨询人编制。工程造价咨询人不得同时接受招标人和投标人对同一工程的招标控制价和投标报价的编制。

（3）招标控制价应在招标文件中公布，对所编制的招标控制价不得进行上浮或下调。在公布招标控制价时，除公布招标控制价的总价外，还应公布各单位工程的分部分项工程费、措施项目费、其他项目费、规费和税金。

（4）招标控制价超过批准的概算时，招标人应将其报原概算审批部门审核。这是由于我国对国有资金投资项目的投资控制实行的是设计概算审批制度，国有资金投资的工程原则上不能超过批准的设计概算。

（5）投标人经复核认为招标人公布的招标控制价未按照《建设工程工程量清单计价规范》GB 50500—2013 的规定进行编制的，应在招标控制价公布后 5 天内向招投标监督机构和工程造价管理机构投诉。工程造价管理机构受理投诉后，应立即对招标控制价进行复查，组织投诉人、被投诉人或其委托的编制招标控制价编制人等单位人员对投诉问题逐一核对。当招标控制价复查结论与原公布的招标控制价误差大于 ±3% 时，应责成招标人改正。对重新公布招标控制价时，若重新公布之日起至原投标截止期不足 15 天的应延长投标截止期。

3. 招标控制价的编制依据

招标控制价的编制依据是指在编制招标控制价时需要进行工程量计量、价格确认、工程计价的有关参数、率值的确定等工作时所需的基础性资料，主要包括：

（1）现行国家标准《建设工程工程量清单计价规范》GB 50500—2013 与专业工程计量规范。

（2）国家或省级、行业建设主管部门颁发的计价定额和计价办法。

（3）建设工程设计文件及相关资料。

（4）拟定的招标文件及招标工程量清单。

（5）与建设项目相关的标准、规范、技术资料。

（6）施工现场情况、工程特点及常规施工方案。

（7）工程造价管理机构发布的工程造价信息；工程造价信息没有发布的，参照市场价。

（8）其他的相关资料。

4. 编制招标控制价时应注意的问题

（1）采用的材料价格应是工程造价管理机构通过工程造价信息发布的材料价格，工程造价信息未发布材料单价的材料，其材料价格应通过市场调查确定。

（2）施工机械设备的选型直接关系到综合单价水平，应根据工程项目特点和施工条件，本着经济实用、先进高效的原则确定。

（3）应该正确、全面地使用行业和地方的计价定额与相关文件。

（4）不可竞争的措施项目和规费、税金等费用的计算均属于强制性条款，编制招标控制价时应按国家有关规定计算。

（5）不同工程项目、不同施工单位会有不同的施工组织方法，所发生的措施费也会有所不同，因此，对于竞争性的措施费用的确定，招标人应首先编制常规的施工组织设计或施工方案，然后经专家论证确认后再合理确定措施项目与费用。

三、合同价款的约定

建设工程发承包既是完善市场经济体制的重要举措，也是维护工程建设市场竞争秩序的有效途径。建设工程分为直接发包与招标发包，但不论采用哪种方式，一旦确定了发承包关系，则发包人与承包人均应本着公平、公正、诚实、信用的原则通过签订合同来明确双方的权利和义务，而实现项目预期建设目标的核心内容是合同价款的约定。

1. 签约合同价与中标价的关系

根据《招投标法》第四十六条有关"招标人和中标人应当……按照招标文件和中标人的投标文件订立书面合同,招标人和中标人不得再行订立背离合同实质性内容的其他协议"之规定,发包人应根据中标通知书确定的价格签订合同。

2. 合同价款约定的规定和内容

1)合同签订的时间及规定

招标人和中标人应当在投标有效期内并在自中标通知书发出之日起 30 天内,按照招标文件和中标人的投标文件订立书面合同。招标人与中标人签订合同后 5 个工作日内,应当向中标人和未中标的投标人退还投标保证金及银行同期存款利息。

2)合同条款类型的选择

实行招标的工程合同价款应由发承包双方依据招标文件和中标人的投标文件在书面合同中约定。合同约定不得违背招、投标文件中关于工期、造价、质量等方面的实质性内容。招标文件与中标人投标文件不一致的地方,以投标文件为准。

不实行招标的工程合同价款,在发承包双方认可的合同价款基础上,由发承包双方在合同中约定。

根据《建筑工程施工发包与承包计价管理办法》(住建部第 16 号令),实行工程量清单计价的建筑工程,鼓励发承包双方采用单价方式确定合同价款;建设规模较小,技术难度较低,工期较短的建设工程,发承包双方可以采用总价方式确定合同价款;紧急抢险、救灾以及施工技术特别复杂的建设工程,发承包双方可以采用成本加酬金方式确定合同价款。

3)合同价款约定的内容

工程合同价款的约定是建设工程合同的主要内容,招标工程合同价款的约定应满足以下几方面的要求:

(1)约定的依据要求:招标人向中标的投标人发出的中标通知书。

(2)约定的时限要求:自招标人发出中标通知书之日起 30 天内。

(3)约定的内容要求:招标文件和中标人的投标文件。

(4)合同的形式要求:书面合同。

合同价款的有关事项由发承包双方约定,一般包括合同价款约定方式,预付工程款、工程进度款、工程竣工价款的支付和结算方式,以及合同价款的调整情形等。发承包双方应当在合同中约定,发生下列情形时合同价款的调整方法:

(1)法律、法规、规章或者国家有关政策变化影响合同价款的。

(2)工程造价管理机构发布价格调整信息的。

(3)经批准变更设计的。

(4)发包人更改经审定批准的施工组织设计造成费用增加的。
(5)双方约定的其他因素。

四、某城市轨道交通土建项目工程量清单编制示例

1. 工程概况

某市轨道交通2号线一期工程TJ01标段,包括两站两区间(两个车站为青枫公园站、海棠路站;两区间为青枫公园站—海棠路站区间、海棠路站—五星站)土建工程,包括但不限于:两座地下车站(主体和附属结构)的围护和支撑、地基加固、土石方、钢筋混凝土、防水、部分供电设施、机电和装饰配合的预埋件和预留孔洞等;两段盾构区间隧道掘进、土石方、进出洞加固、联络通道及排水泵站、防水、沿线保护加固等。

2. 工程范围

TJ01标段土建工程范围包含但不限于:两座地下车站(主体和附属结构)的围护和支撑、地基加固、土石方、钢筋混凝土、防水、部分供电设施、机电和装饰配合的预埋件和预留孔洞等;两段盾构区间隧道掘进、土石方、进出洞加固、联络通道及排水泵站、防水、沿线保护加固等。

前期工程(包括交通疏解,管线和道路改迁、搬迁,绿化搬迁等)不在本次招标范围内。

人防穿墙密闭套管、门框之预留预埋纳入土建工程,人防门及门框由专业单位实施。具体情况详见招标图纸、工程招标文件及招标图纸答疑等资料。

临时工程(包括但不限于):大临设施、场内施工用水、场内施工用电、施工区域内障碍物清除及处理等,工程影响范围内的建筑物、构筑物、管线保护等,临时工程的施工、安装及拆除。

施工设备:为完成本工程所有永久工程和临时工程需要的一切设备,均由承包人自行解决。

3. 工程量清单编制依据

图纸及资料:施工招标图及设计疑问回复资料。
《房屋建筑与装饰工程工程量计算规范》(GB 50854—2013)。
《城市轨道交通工程工程量计算规范》(GB 50861—2013)。
《江苏省城市轨道交通工程计价表》(2013)、《江苏省市政工程计价定额》(2014)、《江苏省建筑与装饰工程计价定额》(2014)和配套台班定额,以及江苏省和**市相关计价文件规定等。

相关标准、规范、规程、图集等。

地质勘探资料。

本标段的招标文件。

施工现场情况、工程特点及常规施工方案。

其他相关资料（工程量清单及招标控制价编制会议纪要、设计单位澄清、建设单位提供的有关资料等）。

4. 招标控制价编制依据

工程量清单编制依据中涉及内容。

材料价格主要依据《**工程造价信息》（2016年11月）和市场询价。

人工工资执行苏建函价〔2016〕570号文件。

《江苏省建设工程费用定额（2014年）营改增调整》及其补充规定。

现场安全文明施工措施费费率按照创建市级文明工地的要求考虑，详见表4.1-1。

表 4.1-1 现场安全文明施工措施费费率

序号	名 称	基本费率/%	市级标化增加费/%
1	土方工程	1.5	—
2	土建工程	1.9	0.28
3	隧道工程（盾构法）	1.9	0.28
4	安装工程	1.4	0.21

规费见表4.1-2。

表 4.1-2 规 费

序号	名 称	社会保险费率/%	公积金费率/%
1	土方工程	1.3	0.24
2	土建工程	2.7	0.47
3	隧道工程（盾构法）	2.0	0.33
4	安装工程	2.4	0.42

税金以除税工程造价为计取基础，费率为11%。

暂列金额详见各单位工程工程量清单。暂列金额用于工程合同签订时尚未确定或者不可预见的所需材料、工程设备、服务的采购，施工中可能发生的工程变更、合同约定调整因素出现时的合同价款调整以及发生的索赔、现场签证确认等的费用，也包括承包人综合考评的奖励费用等。

专业工程暂估价和材料暂估价，详见各单位工程工程量清单。

5. 工程质量、安全文明施工要求

详见招标文件（略）。

6. 投标文件内容

投标人在投标时应按《建设工程工程量清单计价规范》（GB 50500—2013）和招标文件规定的格式，提供完整齐全的投标文件和资料。具体按招标文件的有关要求。

7. 投标文件的份数

详见招标文件（略）。

8. 工程量清单编制内容说明

1）总　则

计量规则原则执行《建设工程工程量清单计价规范》（GB 50500—2013）、《城市轨道交通工程工程量计算规范》（GB 50861—2013），招标文件（含工程量清单）有规定的从其规定。

工程量清单列出的每个细目已包括涉及与该细目有关的全部工程内容，投标人应将工程量清单与招标文件、合同通用条款、专用条款以及技术规范和图纸一起对照阅读。

除非合同另有规定，工程量清单中每一项单价均应已包括完成相应该项目的工程内容所需的所有人工、设备、材料和其他伴随服务所发生的所有费用。

投标人应填写工程量清单中所有工程细目的价格，凡技术规范和图纸中注明的工程内容，如在清单中未列项，均应视为包含在其他相关项目中。

工程量清单中对项目特征及具体做法只做重点描述，清单描述不尽详尽的，以施工图设计文件和相关施工验收规范、图集为准；清单与图纸技术标准不一致的，以较优的技术标准为准。

投标人对工程量清单有任何疑问，应于招标文件规定的疑问提交截止日前提出，否则视为投标人认可该工程量清单已包括了招标范围的全部内容。

分部分项工程量清单中，以项计量的，施工图与招标图工程内容变化超过15%以外时，按照招标文件相关条目进行调整。

商品混凝土、预拌砂浆的使用执行**市建设管理的相关规定，是否泵送由投标人自行考虑，相关费用进入综合单价。招标控制价中混凝土泵送费采用计价表方式计入综合单价。

支撑筋、马凳筋、锚固钢筋、连续墙钢筋笼的钢垫块等措施钢筋不单独列项。该措施钢筋不管在招标图纸及施工图纸中明确或未明确的，均不再单独计量和支付，其费用应包含在钢筋的综合单价中，但措施筋的实际使用及其应达到的质量安全要求不能受到影响。钢筋的所有搭接均应在综合单价中考虑，不得计量。钢筋施工无论采用何种连接方式（搭接、焊接还是机械连接等），均不再单独计量，相关费用在钢筋制安的综合单价中考虑。

分部分项工程量清单及单价措施清单中（除以项计量项目以外）的人工、钢筋、混凝土等结算时如遇调价，则含量按中标人的投标文件取定，但以相应定额含量为上限，定额含量详见各单位工程工程量清单或招标控制价。

各类桩体施工综合单价中均应考虑支架平台（如有）、地上地下障碍物影响、地质条件等现场因素，后续结算不予调整。

围护结构及加固区等地下障碍物处理（含管道封堵），埋深 2 米（含）以内由投标人自行处理，费用包含在投标报价中。埋深大于 2 米的，相关费用按轨道公司管理办法另行计算。

车站结构混凝土底板按整体基础考虑，混凝土墙应从基础顶开始计算墙高（即混凝土墙与混凝土底板重叠处按混凝土底板考虑），其他混凝土重叠部分的计算依据《城市轨道交通工程工程量计算规范》（GB 50861—2013）及其他相关规范的规定执行。

2）土方工程

土方工程包括一般土方、基坑土方、地下连续墙土方和泥浆、钻孔灌注桩土方/泥浆以及盾构土方，其他拆除等零星土石方分别纳入土建工程、盾构工程中。外运盾构等土方预处置（如有）自行考虑，投标人应计入相应综合单价中。

施工现场不考虑堆土，所有挖出土方/泥浆均应外运，所有回填土方均由投标人自行购买回填。土方外运运距、运输要求、弃土地点详见招标文件。

所有挖方、拆除物按原始体积考虑；所有构筑物按实际占用的体积考虑；不考虑挖土与填土在体积上的变化；不考虑灰土的含灰量引起的体积变化；不考虑填土密实度和取土密实度的差异。

施工现场考虑本标段车站主体和附属结构的土方平衡。运距、运输要求、弃土和取土地点详见招标文件。

土方回填工程，车站主体工程顶板上 0.5 m 范围内覆土包含在招标范围内，附属工程顶板上全部覆土全部包含。设计图有标示的按图计算。

土方、泥浆运输，投标人综合考虑各种影响因素、弃置点、运输路线和距离由投标人自行考虑，综合单价闭口包干。

土方工程施工中，投标人应考虑原有地形地貌的影响因素，如水渠、涵管等的处置，发生时不另计。

土方、泥浆运输，投标人综合考虑各种影响因素、弃置点、运输路线和距离由投标人自行考虑，综合单价闭口包干。盾构土方运输必须符合**市行政主管部门确定标准的新型智能化渣土车，投标单位应注意新型智能化渣土车与普通渣土车运费的差异，并在投标报价时综合考虑在相应的清单报价中。

3）区间工程

钢筋混凝土管片、复合管片、钢管片为甲控材料，具体管理和配合事项详见招标文件。管片综合单价中包含承包商卸车、场内运输的费用。

管片接缝防水材料为甲控材料，具体管理和配合等事项详见招标文件。

洞口柔性接缝环按米计量，工作内容包括帘布橡胶板、圆环板、翻板、固定板、临时防水板拆除，拆除洞口环管片、混凝土环梁、注浆、橡胶止水条等工作内容。

4）车站土建工程

**材料为甲控材料，具体管理和配合事项详见招标文件。

5）部分供电设施工程说明

综合接地按图纸分项计量。

部分供电设施工程按安装工程单独取费。

降阻剂暂不考虑。

6）措施项目费及其他

围挡及大门型式参照招标文件，报价中综合考虑制作、安装、保洁、修整、拆除、摊销、照明等因素。

围挡范围以外的场地使用费用由投标人自行考虑。

临时用电由建设单位提供接驳点，临时用水由投标人自行解决，详见招标文件。

若高压线无法迁改需就地保护，造成对施工影响的，投标人自行考虑并列相关措施费用，今后不作调整。

工程排污费暂按 0.1%考虑，结算时承包人按有权部门征收的实际金额与建设单位结算。

暂定项目、指定项目、指定单价/主材价格，详见本工程量清单和招标文件。

本工程量清单说明为最终版本，招标文件中有关内容不一致的，以最终的工程量清单为准。

五、某城市轨道交通机电安装项目工程量清单编制示例

1. 工程概况及控制价编制范围

本次招标控制价范围包括一期的机电安装施工（含设备区装饰）。含车站给排水及消防、区间给排水及消防、空调水系统、空调风系统、防排烟、车站及区间动力及照明、防雷接地、设备区装饰等。具体见技术要求。

VRV 空调系统未含在本清单内。

2. 编制依据

**市轨道交通 1 号线一期工程相关招标用图纸。

《**市轨道交通 1 号线一期工程机电安装施工项目技术标准和要求》（简称"技术要求"）。

2014 营改增后相关文件、规范等。

《建设工程工程量清单计价规范》（GB 50500—2013）。

《江苏省安装工程计价定额》（2014 版）、《江苏省建筑与装饰工程计价定额》（2014版）、苏建价〔2012〕705 号文发布的《江苏省城市轨道交通工程计价表》。

《江苏省建设工程费用定额》（2016年营改增一般计税）。

有关工程造价方面的法律法规、办法、规定等。

3. 编制说明

风阀、消声设备除甲供设备供货范围外，投标人应完成保证该甲供设备现场安装所需的其他附件采购，并完成全部安装工作，并含在投标报价内。

各种水阀门、压力表、温度计、补偿器、软管等，其压力、材质、密封件、结构等等，清单未描述详尽处，需按照技术要求规定进行报价，并含在清单报价内。

其他各种材料、设备，清单未描述详尽处，需按照技术标准和要求规定进行报价，并含在清单报价内。

P_e 管按 1.6 MPa 计算。

风口的尺寸为喉部尺寸。

各水系统（给水系统、空调系统、消火栓及喷淋系统）所列管材、阀门、附件、管件等清单，均已包含泵房内的相应管材、附件、管件。结算时按所列清单合同单价结算，不另新增设备房间的清单。

无缝管壁厚：$\phi 108 \times 4.0$，$\phi 133 \times 4.0$，$\phi 159 \times 4.5$，$\phi 219 \times 6.0$，$\phi 273 \times 7$，$\phi 325 \times 8$，$\phi 377 \times 9$。

消声弯头按甲供计算。

排污泵电柜计入电气清单内，柜后线缆计入水清单。冷却塔清单不含隔离开关箱，隔离开关箱计入电气清单内。冷却泵、冷冻泵清单不含电柜，电柜及出线线缆计入电气。消火栓泵、喷淋泵、稳压泵，控制柜及出线线缆计入水清单。密闭式污水提升设备含配套控制柜。AOP水处理设备含配套控制柜。冷冻机含控制柜。卫生间台面板计入装饰清单，残疾人扶手计入装饰清单。集水井盖板未计。排污泵液位传感器计入电气清单。

穿孔铝板防火吸声板主材为甲供，损耗按定额损耗 8%计。矿物电缆主材为甲供，损耗按定额损耗 2%计。矿物电缆配件主材为甲供，损耗按定额损耗 1%计。区间隧道灯，主材为甲供，损耗按定额损耗 1%计。若实际领用超出以上损耗的部分由乙方承担相应费用。风阀、风机、冷水机组、大系统的组合空调机组、消声器（含消声弯头）、环网柜、EPS 电箱，为甲供，损耗不计。若实际领用超出部分由乙方承担相应费用。

具体施工界面以技术要求及现场甲方指令为准。

控制价内人工工资单价按照苏建函价〔2016〕570号文件执行。

控制价内材料价格：**市 2017 年 7 月建筑安装工程材料指导价格之除税指导价计算，没有的按市场询价计入。

分部分项工程和单价措施项目清单与计价表内，以"项"为计量单位的，工程数量为"1"的，合计包干。

总价措施项目清单：现场安全文明施工措施费，按费率包干；其他总价措施按合价包干。

甲供材料、设备卸货、搬运、保管、管理等费用，由投标单位在"总价措施项目：二次搬运""其他项目清单：总承包服务费"内自报，包干，结算时不调整。

除列明内容的单价措施及总价项目清单外，满足招标文件及技术标准和要求而发生的其他措施费由投标单位在单价措施项目清单的"其他措施"内测算并报价，结算时不新增措施项目开项，结算时此项"其他措施"合价包干。

4. 招标控制价说明

投标人应充分熟悉现场情况，考虑施工组织设计，现场根据甲方管理要求设置围挡等，其他情况也应在报价中予以考虑。

总价措施项目清单中的现场安全文明施工费为不可竞争费，投标报价时按清单表中的费率计取，不得调整。结算时按工程所在地造价部门核定费率计取。

其他项目清单中的暂列金额为不可竞争费。

规费、税金项目清单中所列费率均为不可竞争费率，其中工程排污费招标时按0.1%计算，结算时施工单位凭发包人与审计人员确认后的发票按实结算。

本工程所需水、接电或自行发电等费用由承包人负责，相关费用在投标报价中考虑，施工过程中不另计量。

甲供材保管费按甲供材总价的0.3%计取。

投标人有义务配合各专业管线的管道铺设，其相应的人工费和机械费，在投标报价时综合考虑，结算时不另行计算。

投标人有义务保证管道在质保期尤其是汛期内的畅通，相关费用在投标报价中考虑，不另计量。

投标人应自行认真勘察现场，根据工程实际与施工组织设计可对清单已列措施项目进行增补（或平衡报价），但不应更改招标人已列措施项目。结算时，除工程变更引起的施工方案改变外，不得以措施项目清单漏项为由要求新增措施项目。

第二节 机电设备系统采购阶段造价管理

"整体规划、分布实施"是机电设备招标管理的总体战略思路。机电设备系统采购方式一般有招标采购、直接采购、询价采购三种方式。

招标采购主要包括国际竞争性招标、有限国际招标和国内竞争性招标。招标采购方式适用于大宗货物、永久设备、标的金额较大、市场竞争激烈等货物的采购。

直接采购方式适用于所需货物或设备仅有唯一来源、为使采购的部件与原有设备配套而新增购的货物、负责工艺设计者为保证达到工艺性能或质量要求而提出的特定供货商提供的货物、特殊条件下（如抢修）为了避免时间延误而造成花费更多资金的货物、无法进行质量和价格等比较的货物采购。

询价采购方式适用于现货价值较小的标准设备、制造高度专业化的设备等的采购，通常在比较几家供货商报价的基础上选择确定供货商进行采购。

一、机电设备系统采购阶段项目管理的任务

（1）对采购工作进行策划，制订采购计划。
（2）制订询价计划。
（3）询价，包括取得报价单、标书、要约或订约提议。
（4）商家选择。
（5）合同管理。
（6）合同收尾。

二、采购策划与采购计划

（1）在工程管理的策划阶段做好货物采购策划，在初步设计阶段应制订货物采购计划。货物采购计划要涵盖工程建设的全过程。
（2）货物采购计划要与设计进度和施工进度合理搭接，处理好它们间的接口管理关系。
（3）要从贷款成本、集中采购与分批采购等方面分析利弊，安排采购计划。
（4）要分析市场现状，注意供货商的供货能力和设备制造商的生产周期，确定采购批量或供货的最佳时机。考虑货物运距及运输方法和时间，使货物供给与施工进度安排有恰当的时间提前量，以减少仓储保管费用。

三、机电设备采购工作程序

采购工作应遵循"公开、公平、公正"和"货比三家"的原则，按质、按量、按时以合理价格获得所需的设备。采购工作程序是保证设备采购工作顺利进行的程序化文件。

设备采购工作以建立组织开始，经采买、催交、检验，直到最后一批产品通过检验为止，是项目管理的核心之一，可分为三个阶段，即准备阶段、实施阶段和收尾阶段（如图 4.2-1）。

1. 准备阶段

1）建立小组
成立采购小组，执行机电设备采购程序。
2）需求分析、熟悉市场
（1）对拟采购的设备的技术水平、制造难度、特殊的检查仪表或器材要求、对监造人员的特殊要求、售后服务的要求等方面做一个全面、细致的分析。

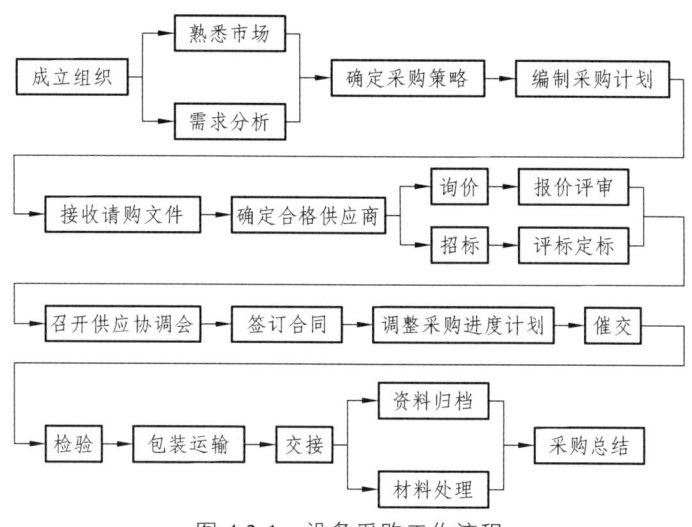

图 4.2-1 设备采购工作流程

（2）调查市场情况，重点调查原材料的供给情况、有类似设备的制造业绩的厂商情况、潜在厂商的任务饱和度、类似设备的市场价格或计价方式、类似设备的加工周期、不同的运输方式的费用情况等。

3）确定采购方式和策略

通过需求分析，在对潜在供货商的调查的基础上，结合项目的总体目标和设备的具体特性，确定采购方式和策略。

（1）对潜在供货商的要求：

首先进行能力调查。调查供货商的技术水平；调查供货商生产能力，了解供货商的生产周期。

其次进行地理位置调查。调查潜在供货商的分布，分析供货商的地理位置、交通运输对交货期的影响程度。

（2）确定采购策略：

在完成需求分析和市场调查的基础上，确定采购策略，即采用招标采购、直接采购还是询价采购方式进行采购。

4）编制采购计划

设备采购计划的主要内容：设备名称（包括附件、备件）；型号、规格、数量、预计单价；技术质量标准。

还需编制设备采购过程的里程碑计划。设备采购应服务于项目的总体计划。设备采购计划应结合项目的总体进度计划、施工计划、资金计划进行编制，避免盲目性。

2. 实施阶段

该阶段主要工作包括接收请购文件、确定合格供应商、询价或招标、报价评审或评标定标、召开供应商协调会、签订合同、调整采购进度计划、催交、检验、包装及运输等。

3. 收尾阶段

该阶段主要工作有交接、材料处理、资料归档和采购总结等。

四、采购阶段造价管理方法

1. 经济保证的原则

以项目全寿命周期总成本最低为目标，通过优化方案、优化工艺、简化检修维护措施、减少仓储保管费用、避免二次倒运等技术、经济手段，使项目的全过程成本最低，着眼于项目建设的大局，以项目总体成本的降低为标准，不能只看采购直接成本的降低，要从项目采购的全过程来探求降低总成本的有效措施。

2. 经济保证的措施

（1）准确预算是设备采购的基准。设备采购预算是对资金使用的一个整体规划，准确预算可确保资金的使用在合理的范围内浮动，有效地控制资金的流向和流量，达到控制设备采购成本的目的。

（2）建立健全市场信息机制。充分利用市场信息，为科学决策提供有力参考；加强成本控制，将各项费用控制在预定的基准以内。

（3）对全过程精细化管理，最大程度地降低采购成本。对每一个环节都进行精细控制。如在对设备进行需求分析和项目设计时，就严格控制设备的选型与核算；设备采购实施阶段，应当以主要精力把好工程的质量关，同时也要注意防止浪费和流失；在设备采购的结束阶段，要对多余的原材料进行合理的处置。

五、设备询价的工作程序

设备询价的工作程序如下：

选择合格供货商→招标文件（询价文件）的编制与发放→询价和报价文件的接收→报价的评审→报价评审结果交建设单位确认→召开厂商协调会并决定中标厂商→签订购货合同。

设备采购招标（询价）工作是设备采办工作中的重要环节。招标（询价）工作程序是否规范，组织得是否严谨，标的是否界定准确，各项要求是否完整都直接影响标价，甚至对项目的整体运行产生重大影响。

首先，应明确接口和界面。以供电系统为例，设计人员应根据工程范围、供电系统的接口和界面确定工程造价的编制范围。供电系统主要包括：电源及供电系统，主变电所及进线电源、牵引减压混合变电所、降压变电所、跟随所、环网电缆工程、接触网系统、杂散电流防护、供电车间的设备工器具和建筑、安装工程。只有明确了编制界面，才能保证造价的准确性、合理性。

其次，重视设备招标前的技术储备工作，合理安排设备招标工作时间。机电设备在招标采购前必须充分与设计单位和潜在投标人进行技术交流，掌握当前机电设备发展的最新信息，通过交流和沟通把使用设备的一些理念、所需设备的功能以及安全保障措施等信息传递给机电设备的设计单位和供货商，并得到他们的理解、支持，以便使设备的各项指标及功能在将来的供货设备上得以体现，以确保所采购的设备技术先进且功能适用，避免造成设备交货到工地后就要改造的现象。

最后，选择合格供货厂商。在对潜在供货商调查的基础上，经过规定程序的评估，形成合格供货商名单。潜在供货商在成为合格供货方后，才能被纳入设备采购的供方名录，才能进行投标或商务谈判等后续程序。此程序相当于招投标程序中的资格预审。

招标（询价）只针对经过资格审查的合格供货商。

1. 合格供货商的审查内容

对于初次欲进系统的供货商，资格预审要按公司的程序进行，重点要考虑下述内容：
（1）供货商所取得的资质证书要适合制造该类设备。
（2）供货商的装备和技术必须具备制造该类设备的能力并可保证产品质量和进度。
（3）供货商执行合同的信誉是否良好。
（4）供货商经营管理和质保体系运作的状态。
（5）近两年的财务状态是否良好。
（6）当年的生产负荷状态。
（7）同型号设备或类似设备的供货业绩。
（8）供货商制造场地至建设现场的运输条件是否满足要求。
（9）对于已改制或正在改制的供货商应关注其各方面的变化和法律地位。
（10）对于成套商或中间商应特别关注其货物来源及质量、成套能力、资金状况和执行合同的信誉。

2. 公开招标的供货商名录

设备采购实行公开招标时，由招标人通过公众媒体发出招标公告，已通过资质评审的潜在供货商均可参与投标。

3. 邀请招标的供货商名录

（1）"短名单"。在项目实施过程中，设备采购方为了避免不同技术档次、信誉档次、产品质量档次的供货商之间进行恶性竞标，往往在已有的合格供货商名录中，挑选更加符合设备供货要求的潜在供货商，形成"短名单"。

（2）结合设备的实际，审查潜在供货商的资质文件。主要考虑下述情况：

供货商的地理位置。以方便取得原材料、方便进行成品运输为关注点，一般以距建设现场或集货港口比较近为宜。

技术能力、生产能力，力求与拟采设备的要求相匹配。

生产任务的饱满性。一定要考虑供货商的生产安排能否与项目的进度要求协调。

供货商的信誉。通过走访、调查、交流等手段，了解潜在供货商的企业信誉。

六、城市轨道交通行业主要机电产品

城市轨道交通行业机电设备采购的主要产品有车辆系统设备、通信与信号系统设备、供电系统设备、空调通风系统设备、综合监控系统设备、自动售检票系统设备、给排水系统设备、火灾自动报警系统设备、乘客信息系统设备、屏蔽门、电扶梯等十一大机电产品。

（1）车辆系统设备：目前国内的轨道交通车辆领域几乎由中车占据主导地位。

（2）通信及信号系统设备：信号系统是保证城市轨道交通车辆安全运营的关键技术及产品之一，与牵引系统项目一样独立于整车进行招标。其技术壁垒高、准入门槛高，长期以来一直被几家国际大公司所垄断。而近年来一大批国有企业如中信通讯、中电五十四所等迅速崛起，逐渐占据了主导地位。

（3）供电系统设备：主要有环控电控柜、变压器、低压开关柜、35 kV GIS 开关柜及继电保护装置、110 kV 与 35 kV 交流电力电缆等。

（4）通风空调系统设备：近年来国内企业逐渐占据了主导地位。

（5）综合监控系统设备：对城市轨道交通线路中所有电力和机电设备进行监控的分层分布式计算机集成系统。

（6）自动售检票系统设备：主要实现轨道交通售票、检票、计费、收费、统计、清分、管理等全过程的自动处理系统，包括电子设备、计算机、各类显示系统、智能网络设备等。

（7）给排水系统设备：主要包含水泵、水阀门、潜污泵等。

（8）火灾自动报警系统设备：一般由传输网络、消防电源、火灾探测器、报警装置、控制中心、防灾通信设施、灭火设施组成。主要设置在各车站站厅、站台、区间隧道、车辆基地、一般设备用房和管理用房等处所，由中央监控管理级、车站（车站与车辆段）监控管理级和现场控制级三级组成。

（9）乘客信息系统设备：集城市轨道交通运营信息服务、多媒体实时资讯发布、广播电视节目制作与播出、轨道交通视频监控、轨道交通设备监控于一体的综合服务平台。

（10）屏蔽门：在 2008 年之前，国内地铁屏蔽门业务几乎被国外企业垄断。以方大公司当年中标南京地铁1号线屏蔽门项目为标志，国内企业具有自主知识产权的产品开始实现进口替代，并在国内市场上得到大规模应用。

（11）电扶梯：电扶梯设备的采购中，国外企业仍然占据主要地位。

第三节 招投标阶段造价管理的"五大指南"

本节从招标控制价审核要点指南、投标报价编制指南、清标指南（投标报价篇）、商务谈判指南、合同流转审查要点指南五个方面阐述招投标阶段的主要造价工作。

一、招标控制价审核要点指南

1. 分部分项工程与单价措施项目清单

（1）应以审核盖章的施工图设计文件为编制依据。

（2）应采用工程造价管理机构发布的最新工程造价信息，确定人工、材料、机械使用费等要素价格，如采用市场价格，应通过调查、分析确定，有可靠的信息来源。

（3）采用综合单价法时应选套项目所在地消耗量定额，对定额规定需要换算的项目按规定进行换算，深层领会项目特征描述中所涉及的工作内容，应注意定额工程量与清单工程量的差异并正确换算。

2. 总价措施项目

（1）核对措施项目清单。
（2）计算应根据常规的施工组织设计。

3. 其他项目清单

其他项目中的暂列金额、暂估价按招标给定价格计算，总承包服务费应根据给定的服务内容合理计算。

4. 规费和税金项目

（1）规费和税金必须按国家或省级、行业建设主管部门的规定计算，不得作为竞争性费用。

（2）国家税法如发生变化，应对税金项目清单项目进行相应调整。

5. 资金使用、进度款拨款控制

科学合理地制订资金使用计划，确保能够按照合同要求拨付工程款。

二、投标报价编制指南

投标是一种要约,需要严格遵守关于招投标的法律规定及程序,还需对招标文件作出实质性响应,并符合投标文件的各项要求,科学规范地编制投标文件与合理有策略地提出报价,直接关系到承揽工程项目的中标率。

1. 施工投标报价流程

任何一个施工项目的投标报价都是一项复杂的系统工程,需要周密思考,统筹安排。在取得招标信息后,投标人首先要决定是否参加投标,如果参加投标,即进行前期工作:准备资料,申请并参加资格预审;获取招标文件;组建投标报价班子。然后进入询价与编制阶段。整个投标过程需遵循一定的程序进行(如图 4.3-1)。

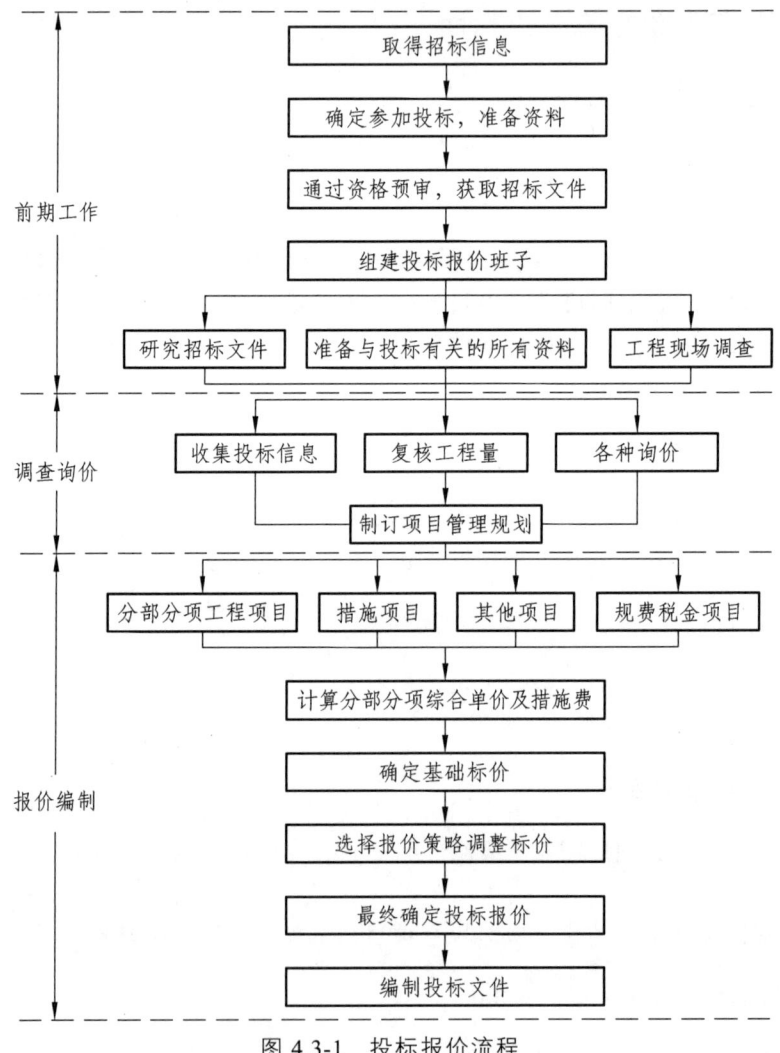

图 4.3-1 投标报价流程

2. 研究招标文件

投标人取得招标文件后，为保证工程量清单报价的合理性，应对投标人须知、合同条件、技术规范、图纸和工程量清单等重点内容进行分析，深刻而正确地理解招标文件和建设单位的意图。

（1）投标人须知：它反映了招标人对投标的要求，特别要注意项目的资金来源、投标书的编制和递交、投标保证金、更改或备选方案、评标方法等，重点在于防止废标。

（2）合同分析：

① 合同背景分析。投标人有必要了解与自己承包的工程内容有关的合同背景，了解监理方式，了解合同的法律依据，为报价和合同实施及索赔提供依据。

② 合同形式分析。主要分析承包方式（如分项承包、施工承包、设计与施工总承包和管理承包等），计价方式（如固定合同价格、可调合同价格和成本加酬金确定的合同价格等）。

③ 合同条款分析。

④ 技术标准和要求分析。

⑤ 图纸分析。

3. 调查工程现场

招标人在招标文件中一般会明确进行工程现场踏勘的时间和地点。投标人对一般区域调查重点注意以下几个方面：

（1）自然条件调查。

（2）施工条件调查。

（3）其他条件调查。主要包括各种构件、半成品及商品混凝土的供应能力和价格，以及现场附近的生活设施、治安情况等。

4. 询价与工程量复核

询价是投标报价的基础，它为投标报价提供可靠的依据。投标报价之前，投标人必须通过各种渠道，采用各种手段对工程所需各种材料、设备等的价格、质量、供应时间、供应数量等进行系统全面的调查，同时还要了解分包项目的分包形式、分包范围、分包人报价、分包人履约能力及信誉等。

复核工程量的准确程度，将影响承包人的经营行为：一是根据复核后的工程量与招标文件提供的工程量之间的差距，考虑相应的投标策略，决定报价尺度；二是根据工程量的大小采取合适的施工方法，选择适用、经济的施工机具设备、投入使用相应的劳动力数量等。

5. 投标报价编制

投标报价应根据下列依据编制：

（1）建设工程工程量清单计价规范。
（2）国家或省级、行业建设主管部门颁发的计价定额和计价办法。
（3）企业定额。
（4）招标文件、招标工程量清单及其补充通知、答疑纪要。
（5）建设工程设计文件及相关资料。
（6）施工现场情况、工程特点及投标时拟订的施工组织设计或施工方案。
（7）与建设项目相关的标准、规范等技术资料。
（8）市场价格信息或工程造价管理机构发布的工程造价信息。
（9）其他的相关资料。

投标报价的编制过程，应首先根据招标人提供的工程量清单编制分部分项工程和措施项目计价表、其他项目计价表、规费、税金项目计价表，计算完毕后，汇总得到单位工程投标标价汇总表，再层层汇总，分别得出单项工程投标报价汇总表和工程项目投标总价汇总表。在编制过程中，投标人应按招标人提供的工程量清单填报价格。填写的项目编码、项目名称、项目特征、计量单位、工程量必须与招标人提供的一致。

分部分项工程和措施项目中的单价项目最主要的是确定综合单价，包括：

（1）确定依据。确定分部分项工程和措施项目中的单价项目综合单价的最重要依据之一是该清单项目的特征描述，投标人投标报价时应依据招标工程量清单项目的特征描述确定清单项目的综合单价。在招标过程中，当出现招标工程量清单特征描述与设计图纸不符时，投标人应以招标工程量清单的项目特征描述为准，确定投标报价的综合单价。当施工中施工图纸或设计变更与招标工程量清单项目特征描述不一致时，发承包双方应按实际施工的项目特征依据合同约定重新确定综合单价。

（2）材料、工程设备暂估价。招标工程量清单中提供了暂估单价的材料、工程设备，按暂估的单价进入综合单价。

（3）风险费用。招标文件中要求投标人承担的风险内容和范围，投标人应考虑进入综合单价。在施工过程中，当出现的风险内容及其范围（幅度）在招标文件规定的范围时，合同价款不作调整。

三、清标指南（投标报价篇）

1. 投标报价的算术性检查

（1）检查各清单项目综合单价乘以工程量是否与综合合价一致。
（2）检查各清单项目综合合价是否与合计一致。
（3）检查各项取费基数提取是否正确。
（4）检查各子项费用相加是否与合计一致。

（5）检查费用汇总中提取的分部分项费、措施项目费、其他项目费是否正确。

2. 投标报价的符合性审核

（1）审核投标报价是否在招标控制价范围内。超出招标控制价的投标报价，根据招标文件规定应为无效报价。
（2）审核投标报价的格式是否复核招标文件及相关规范的要求。
（3）审核投标报价中是否按招标文件给定的工程量清单进行报价。
（4）审核投标报价中的暂估价、暂列金额是否按招标文件给定的价格进入报价。
（5）审核规费、税金、安全文明施工费是否按规定的费率进行报价，计算的基数是否准确，此部分不应进行竞争，否则为无效报价。
（6）对招标文件约定的其他投标报价符合性进行审核。

3. 投标报价的合理性审核

（1）审核投标报价中大写金额与小写金额是否一致，否则以大写金额为准；总价金额与依据单价计算出的结果是否一致，否则应按单价金额进行修正总价，但单价金额小数点有明显错误的除外。
（2）审核分部分项工程量清单项目中所套用的定额子目是否得当，定额子目的消耗量是否进行了调整，并分析调整的原因是否符合相关要求。
（3）审核清单项目中的人工单价是否严重偏离当地劳务市场价格及工程造价管理机构发布的工程造价信息，有无不符合当地关于人工工资单价的相关规定。
（4）审核材料设备价格是否严重偏离市场公允价格及工程造价管理机构发布的工程造价信息。
（5）审核综合单价中管理费费率和利润率是否严重偏离企业承受的能力及当地造价管理机构颁布的费用定额标准。
（6）审核综合单价中的风险费用计取是否合理，对超出规范规定的风险比例分析其原因。
（7）对比其他投标单位的投标报价，对造价权重比例比较大的清单项目综合单价进行对比，分析综合单价的合理性。
（8）审核措施项目的措施项目费的计取方法是否与投标时的施工组织设计和施工方案一致。
（9）根据招标文件、合同条件的相关规定，审核措施项目列项是否齐全，有无必需的措施项目而没有进行列项报价的情况。
（10）审核措施项目计取的比例、综合单价的价格是否合理，有无偏离市场价格。
（11）审核措施项目费占总价的比例，并对比各投标单位的措施项目费，看措施项目费是否偏低或偏高。
（12）根据招标文件规定的总承包服务费内容，核实投标报价中计取的服务费用是否合理，对投标报价中承诺的服务内容是否与招标文件、合同条件要求的一致。

（13）审核投标报价总说明中的报价范围是否与招标文件约定的内容一致；材料设备的选用是否满足招标文件的要求；应认真分析总说明中特别说明的事项，避免中标后投标文件解释合同文件的优先顺序大于招标文件而产生纠纷。

（14）审核投标书的内容是否齐全，综合总价分析表是否满足招标文件及规范的要求，综合单价分析表提供得是否齐全。

四、商务谈判指南

1. 商务谈判程序

（1）一般讨论。先要广泛交换意见，各方提出各自的设想方案，探讨各自可能性，经过商讨逐步将双方意见综合并统一起来，为下一步详细谈判做好准备。

（2）技术谈判。主要对原合同中技术方面的条款进行讨论。技术谈判的内容包括工程范围，技术规范、标准，施工条件，施工方案，施工进度，质量检查，竣工验收等。

（3）商务谈判。主要对原合同中商务方面的条款进行讨论，包括工程合同价款、支付条件、支付方式、预付款、履约保证、质保金、合同价格的调整等。

（4）合同拟订。谈判进行到一定阶段后，双方都已表明了观点，对原则性问题双方意见基本一致的情况下，相互之间就可以交换书面意见或合同稿，然后逐条审查合同条款。

2. 商务谈判的策略和技巧

商务谈判时通过不断的讨论、争执、让步确定各方权利、义务的过程，它直接关系到谈判桌上各方最终利益的得失，以下为几种常见的谈判策略与技巧。

（1）掌握谈判议程。谈判一般涉及诸多需要讨论的事项，各事项的重要程度各不相同，谈判各方对同一问题的关注程度也不一定相同。谈判者应善于掌握谈判的进程，在充满合作气氛的阶段商讨自己关注的议题，从而抓住时机，达成有利于己方的协议；在气氛紧张时，应引导进入双方具有共识的议题。

（2）高起点战略。谈判者在谈判之处应有意识地向对方提出苛刻的谈判条件，从而使对方高估本方的谈判底线，在谈判中做出更多的让步。

（3）注意谈判氛围。有经验的谈判者会在各方分歧严重、谈判气氛激烈时采取缓和措施，舒缓压力。

（4）拖延与休会。当谈判遇到障碍、陷入僵局时，拖延与休会可以使谈判者冷静思考，在客观分析形势的情况下提出方案，从而使谈判从低谷引向高潮。

（5）避实就虚。谈判者应在充分分析形势的情况下，充分判断，利用对方的弱点攻击，逼其就范，做出妥协。而对自己的弱点要尽量注意回避。

（6）对等让步。当己方准备对某些条件做出让步时，可要求对方在其他方面也做出相应的让步，争取把对方的让步作为己方让步的前提和条件。

（7）分配谈判角色。谈判时应利用本谈判组成员的不同性格扮演不同的角色，软硬兼施，以期达到事半功倍的效果。

（8）善于抓住实质问题。在整个项目的谈判过程中，要始终抓住主要的实质问题，如工作范围、合同价格、工期、支付条件等。要防止对方转移视线，回避主要问题，或避实就虚。

五、合同流转审查要点指南

合同流转审查要点指南详见表4.3-1。

表4.3-1 合同流转审查要点

合同协议书	1	发包人、承包人名称是否完整规范
	2	工程概况是否完整规范，与实际相符
	3	合同工期、质量标准是否正确，与投标文件一致
	4	签约合同价与投标文件是否一致
	5	合同价格形式是否与招标文件一致
	6	项目经理是否与投标文件一致，资格是否有效
	7	合同订立时间、签订地点、生效时间、份数是否明确规范
中标通知书（招标工程）	8	中标通知书是否真实有效
投标函及其附录（招标工程）	9	是否符合招标文件实质性要求
合同专用条款及其附录	10	合同文件包括内容是否完整明确
	11	合同当事人其他相关方信息是否真实完整
	12	合同适用的法律、标准、规范是否明确、合理
	13	合同解释顺序是否合理
	14	图纸和承包人文件、联络、交通运输、知识产权等约定是否明确、合理
	15	发包人、承包人、监理人的信息、义务、违约责任等约定是否明确合理
	16	支付与履约担保规定是否明确，分包工程范围是否符合相关法规
	17	工程质量要求是否与招标文件及投标人承诺一致，隐蔽工程检查时限是否明确
	18	安全文明施工要求及安全文明施工费支付比例和支付期限的要求是否合理、符合相关规定

续表

合同专用条款及其附录	19	施工组织设计的内容、提交和修改程序是否明确，开工、工期延误、提前竣工及工期延误奖惩事项约定是否明确合理
	20	材料与工程设备的保管、使用，样品报送与封存、施工设备和临时设施、试验与检验事项约定是否明确规范
	21	工程变更的范围、变更估价的原则约定是否明确合理，承包人合理化建议的审查审批程序及奖励办法是否明确
	22	暂估价、暂列金额的约定是否明确
	23	市场价格波动引起的合同价格调整范围、方法是否明确、合理，符合相关规定
	24	合同价格的风险范围，风险费用的计算方法、风险范围以外合同价格的调整方法是否明确合理
	25	预付款的支付比例、期限、扣回方式和担保方式是否明确合理，符合相关规定
	26	工程计量原则、周期、方法是否明确合理
	27	工程进度款的支付周期、提交和审核、支付程序、支付期限、违约责任的约定是否明确合理，符合相关规定
	28	分部分项工程验收、竣工验收、工程试车、竣工退场程序是否明确、规范，符合相关规定
	29	缺陷责任期、保修责任的约定是否明确、符合相关规定，质量保证金的方式、扣留、是否计息、如何计息等是否明确
	30	发包人、承包人违约的情形、责任是否明确
	31	不可抗力的确认和合同解除后款项支付约定是否明确
	32	工程保险的约定是否明确
	33	争议解决的方式和程序是否明确合理
技术标准和要求	34	是否完整、有效、合理
预算书（非招标工程）	35	是否完整、规范，电子文件是否齐全
其他合同文件	36	是否与合同专用条款约定一致

第五章　施工阶段造价管理

施工阶段的造价管理重点是对施工单位的管理。本章从施工阶段造价管理常见的问题与对策、施工阶段造价控制的五大手段等两方面展开施工阶段的造价管理。

第一节　施工阶段造价管理常见的问题与对策

施工单位的工作直接决定项目建设的投资、质量和工期。本节从合同管理意识淡薄、成本控制方面存在的问题、工程变更签证意识薄弱三个方面阐述施工阶段造价管理常见的问题与对策。

一、合同管理意识淡薄

合同管理是有效防范风险，保护自身合法利益的重要手段。有关工程进度、质量、价款支付、变更索赔等内容都在合同中有明确的规定，施工管理应以合同为依据。

然而不少业主代表、监理、施工单位管理人员漠视合同管理、凭经验开展工作，只专注于现场的进度、安全、质量管理。如果现场发生签证、变更，不能按照合同约定内容收集资料、及时上报，极易导致合同依据不足，对造价管理增加难度。

因此，业主代表、监理、施工单位管理人员在开展现场管理前，应充分研究合同，掌握合同中的核心条款、主要风险、履行时应注意的事项，以合同为依据开展现场工作。

二、成本控制方面存在的问题

1. 人工费控制不严

目前总承包企业绝大部分采取劳务分包的模式。劳务队伍的选择与劳务队伍的管理直接影响人工费的控制。

如果对劳务队伍资质审查不严，使用的劳务队伍能力不足、生产效率低下，必然会增加成本。若出现安全质量事故更是不堪设想。

如果对劳务队伍管理不善,则可能在结算时存在重复结算、超量结算的问题,必然造成劳务费超支。

因此,在选择劳务队伍时,要对劳务市场进行充分调查了解,综合考虑其施工技术水平、资金实力、管理能力,选择报价合理的分包队伍。

在劳务队伍管理方面,严格控制零工使用和结算,对超出分包合同范围的应及时签订补充合同。

2. 材料管理粗放、浪费严重

材料费一般占整个工程造价的 60%~70%。材料管理常见的问题有材料需求总量计算不准、入库保管不规范、材料保管不当造成变质锈蚀、未限额领料等。

因此,在采购环节采购人员需关注材料市场价格变动、积累市场信息、对价格变动做出一定的预测,对采购数量、采购时间进行调整,以降低材料成本。

在材料使用环节,按定额消耗量严格执行材料进场验收制度和限额领料制度,有效控制材料的损耗量。同时,加快周转材料的周转次数,降低成本。还需做好废旧料的回收与处置工作。

3. 机械管理薄弱

目前总承包企业多采用机械租赁的方式开展工程建设。租赁机械管理中常见的问题有:

(1)机械使用计划不科学,导致影响进展,或者造成机械窝工。

(2)零星机械租赁随意性较大,申请、审批、结算流程不完善。

(3)机械操作人员素质低,降低机械使用效率。

因此,应加强设备租赁计划管理,合理安排施工生产,减少因施工安排不当引起的设备闲置,减少窝工现场。还要选用符合要求的机械操作人员,提高机械台班产量。

三、工程变更签证意识薄弱

合同是基于签订时静态的承包范围、设计标准、施工条件等为前提的,发承包双方的权利和义务的分配也是以此为基础的。但在工程实施过程中,这种静态前提常常被打破,因此工程变更、签证往往不可避免。

如果现场管理人员工程变更签证意识薄弱,不注重现场资料的搜集,可能会导致变更签证依据不足而损失经济利益。

因此,应提高变更签证意识,认真研读合同条款,仔细勘察施工现场。造价管理人员要深入现场,搜集可能会引起造价调整的各类资料,核对工程变更和现场签证的准确性、完整性和时间,做好施工日志。

第二节　施工阶段造价控制的"五大手段"

本节从优化施工方案、重视配合协调、严格工程计量、合法合规进行合同价款调整、采用科学的费用控制方法五个方面阐述施工阶段造价管理工作。

一、组织或委托监理工程师对施工组织设计进行审查，优化施工方案，改善施工方法

施工方法的选择对造价的影响非常大。施工方法选择主要是根据周边施工条件和水文地质条件而定。城市轨道施工若采用明挖施工，必须搬迁拆房，这样既牵扯到经济问题又涉及时间问题，因此在区间地段不如采用暗挖。在车站部分，毕竟地段长度有限，而且车站出入口和风亭建设也难免拆迁，因此车站宜采用明挖。

例如以常见城市轨道交通车站基坑支护结构方案比选为例：

目前，国内城市轨道交通工程应用较多且比较成熟的支护结构形式为地下连续墙、套管钻孔灌注咬合桩、钻孔灌注桩+桩间旋喷桩止水。支护结构形式比较见表5.2-1。

表 5.2-1　支护结构形式比较

项　目	形　式		
	地下连续墙	套管钻孔灌注咬合桩	钻孔灌注桩+旋喷桩
对地层的适用性	整体性好，稳定性强，对地层、地质条件、基坑深浅等条件适应性好，但在中风化以下岩层中成槽较难	主要适用于厚的淤泥和砂层等软弱地层，也可用于黏性土层和半土半石的地层	对地层、地质条件、基坑深浅等条件适应性好，但对于碎石黏土则不宜采用
桩径（墙厚）	0.8 m	1.2 m	1.2 m
防水效果	防水效果取决于墙接头的质量	本身防水性能较好	结构防水性能取决于旋喷桩施工质量
对环境的影响	施工无噪声、无振动，周围地面沉降较小，泥浆需妥善处理	无泥浆，噪声低，无振动，沉降及变位容易控制	无震害，无噪声，无挤土效应，控制基坑变形较好
施工操作难易程度	墙面粗糙程度不易控制，且直接影响工期和造价	桩的倾斜度和平整度不易控制，桩体的咬合质量不易保证	桩的倾斜度和平整度不易控制，旋喷桩止水效果不易保证
机械要求程度	需要一定数量的专用成槽设备	一　般	一　般
施工进度	较　慢	较　慢	快
场地占地	较　大	一　般	一　般
造　价	较　高	较　高	一　般

施工方案应结合车站的地质条件、环境条件、经济性,选择既能满足工程需要又能节省造价的方案。区间工法比较见表5.2-2。

表 5.2-2 区间工法比较表

工法 项目	明挖法	矿山法	盾 构
环境场地要求	市郊场地开阔,软岩和土体	岩石,坚硬岩土	城市软土层
优点	速度快、工作面大	地面干扰小,造价低	地面影响小,劳动强度低,进度快
缺点	尘土和噪声大,影响交通	进度慢,劳动强度高,风险高	造价高,施工工艺复杂,施工队伍要求高

施工企业在施工过程中如果发现有比合同要求更有效的施工方案、先进技术或者节约投资的施工方法,应主动向监理工程师提出建议,主动申请变更。

二、重视土建施工和机电设备安装两者间的配合协调

为保证土建施工与设备安装两者间的配合协调问题,首先要重视和做好技术交底、图纸会审以及设计联络等工作。对于设备基础的预留孔、预埋管件及工艺管线位置和走向等,一方面需要设计单位组织专业人员认真核查,另一方面还需要设备厂家派专人到施工现场加以确认,避免因为原有设备型号规格发生变化,导致进场的设备无法与预埋基础件相吻合而造成返工。

土建、安装由不同的施工单位承担工程施工时,在计划安排时应列入交叉施工的内容。在土建施工过程中,安装单位应该予以配合,提前敷设管道、设备预埋件、保护套管等,做好临时性标志,为下一步土建施工做好准备。

三、严格工程计量

工程量必须按照城市轨道交通工程现行国家计量规范规定的工程量计算规则计算。正确的计量是发包人向承包人支付合同价款的前提和依据。

工程计量可选择按月或按工程形象进度分段计量,具体计量周期应在合同中约定。

因承包人原因造成的超出合同工程范围施工或返工的工程量,发包人不予计量。

城市轨道交通工程一般采用单价合同。对于单价合同,工程量必须以承包人完成合同工程应予计量的工程量确定。发承包双方对合同工程进行工程结算的工程量应按照经发承包双方认可的实际完成工程量确定,而非招标工程量清单所列的工程量。

施工中进行工程计量,当发现招标工程工程量清单中出现缺项、工程量偏差,或因

工程变更引起工程量增减时，应按承包人在履行合同义务中完成的工程量计算。招标人提供的招标工程量清单，应当被认为是准确的和完整的。但在实际工作中，难免会出现疏漏，工程建设的特点也决定了难免会出现变更。因此，为体现合同的公平，工程量应按承包人在履行合同义务过程中实际完成的工程量计量。若发现工程量清单中出现漏项、工程量计算偏差，以及工程变更引起工程量的增减变化应按实调整。

四、合法合规进行合同价款调整

1. 法律法规变化

招标工程以投标截止日期前 28 天、非招标工程以合同签订前 28 天为基准日，其后因国家的法律、法规、规则和政策发生变化引起工程造价增减变化的，发承包双方应按照省级或行业建设主管部门或其授权的工程造价管理机构据此发布的规定调整合同价款。

2. 工程变更

建设工程施工合同是基于签订时静态的承包范围、设计标准、施工条件等为前提的，发承包双方的权利和义务的分配也是以此为基础的。因此，工程实施过程中如果这种静态前提被打破，则必须在新的承包范围、新的设计标准或新的施工条件等前提下建立新的公平和合理。由于施工条件变化和发包人要求变化等，往往会发生合同约定的工程材料性质和品种、建筑物结构形式、施工工艺和方法等的变动，此时必须变更才能维护合同的公平。

因工程变更引起已标价工程量清单项目或其工程数量发生变化时，应按照下列规定调整：

（1）已标价工程量清单中有适用于变更工程项目的，且工程变更导致的该清单项目的工程数量变化不足 15%时，采用该项目的单价。

（2）已标价工程量清单中没有适用，但有类似于变更工程项目的，可在合理范围内参照类似项目的单价或总价调整。

（3）已标价工程量清单中没有适用也没有类似于变更工程项目的，由承包人根据变更工程资料、计量规则和计价办法、工程造价管理机构发布的信息价格和承包人报价浮动率，提出变更工程项目的单价或总价，报发包人确认后调整。承包人报价浮动率可按下列公式计算。

实行招标的工程：

$$承包人报价浮动率 L = \left(1 - \frac{中标价}{招标控制价}\right) \times 100\%$$

不实行招标的工程：

$$承包人报价浮动率 L = \left(1 - \frac{报价值}{施工图预算}\right) \times 100\%$$

上述公式中的中标价、招标控制价或报价值、施工图预算，均不含安全文明施工费。

已标价工程量清单中没有适用也没有类似于变更工程项目，且工程造价管理机构发布的信息价格缺价的，由承包人根据变更工程资料、计量规则、计价办法和通过市场调查等取得的有合法依据的市场价格提出变更工程项目的单价或总价，报发包人确认后调整。

工程变更引起措施项目发生变化的，承包人提出调整措施项目费的，应事先将拟实施的方案提交发包人确认，并详细说明与原方案措施项目相比的变化情况。拟实施的方案经发承包双方确认后执行。并应按照下列规定调整措施项目费：

（1）安全文明施工费，按照实际发生变化的措施项目调整，不得浮动。

（2）采用单价计算的措施项目费，按照实际发生变化的措施项目按前述分部分项工程费的调整方法确定单价。

（3）按总价（或系数）计算的措施项目费，除安全文明施工费外，按照实际发生变化的措施项目调整，但应考虑承包人报价浮动因素，即调整金额按照实际调整金额乘以承包人报价浮动率。

另外，还需健全设计变更审批制度、严格控制设计变更。

设计变更之前，必须阐述变更原因，且其变更理由必须充分、合理，并应进行工程数量及投资增减原因分析，需经原设计单位同意；如变更后投资突破总概算，必须报原审批部门审查同意，进行概算调整。

做好设计预算和工程量清单的审查工作，严格控制设计变更。工程建设过程中因各种客观原因所发生的设计变更，由建设单位指定《设计变更管理办法》，规范此类设计行为，明确设计变更的原因、种类、责任的认定和费用处理原则。

3. 项目特征不符

项目特征对工程量清单计价的重要意义有三点：① 项目特征是区分清单项目的依据。工程量项目特征是用来表述分部分项清单项目的实质内容，用于区分计价规范中同一清单条目下各个具体的清单项目。没有项目特征的准确描述，对于相同或相似的清单项目名称便无从区分。② 项目特征是确定综合单价的前提。由于工程量清单项目的特征决定了工程实体的实质内容，必然直接决定工程实体的自身价值，因此，工程量清单项目特征描述得准确与否，直接关系到工程量清单项目综合单价是否准确确定。③ 项目特征是履行合同义务的基础。实行工程量清单计价，工程量清单及其综合单价是施工合同的组成部分，因此，如果工程量清单项目特征的描述不清甚至漏项、错误，从而引起在施工过程中的更改，都会引起分歧，导致纠纷。

发包人在招标工程量清单中对项目特征的描述，应被认为是准确的和全面的，并且与实施施工要求相符合。承包人应按照发包人提供的招标工程量清单，根据项目特征描述的内容及有关要求实施合同工程，直到项目被改变为止。

承包人应按照发包人提供的设计图纸实施合同工程,若在合同履行期间出现设计图纸(含设计变更)与招标工程量清单任一项目的特征描述不符,且该变化引起该项目工程造价增减变化的,应按照实际施工的项目特征,重新确定相应工程量清单项目的综合单价,并调整合同价款。

4. 工程量清单缺项

导致工程量清单缺项的原因,一是设计变更,二是施工条件改变,三是工程量清单编制错误。由于工程量清单项目的增减变化必然带来合同价款的增减变化。合同履行期间,由于招标工程量清单中缺项、新增分部分项工程清单项目的,应调整合同单价。

新增分部分项工程清单项目后,引起措施项目发生变化的,应按规定在承包人提交的实施方案被发包人批准后调整合同价款。

5. 工程量偏差

施工过程中,由于施工条件、地质水文、工程变更等变化以及招标工程量清单出现偏差,工程量偏差过大,对综合成本的分摊带来影响。如突然增加太多,仍按原综合单价计价,对发包人不公平;而突然减少太多,仍按原综合单价计价,对承包人不公平。

《2013 建设工程计价计量规范辅导》中规定工程量偏差超过 15%的综合单价可参考以下公式。

(1)当 $Q_1 > 1.15Q_0$ 时:

$$S = 1.15Q_0 \times P_0 + (Q_1 - 1.15Q_0) \times P_1 \tag{5-1}$$

(2)当 $Q_1 > 0.85Q_0$ 时:

$$S = Q_1 \times P_1 \tag{5-2}$$

式中 S——调整后的某一分部分项工程费结算价;

Q_1——最终完成的工程量;

Q_0——招标工程量清单中列出的工程量;

P_1——按照最终完成工程量重新调整后的综合单价;

P_0——承包人在工程量清单中填报的综合单价。

采用上述两式的关键是确定新的综合单价,即 P_1。确定的方法,一是发承包双方协商确定,二是与招标控制价相联系,当工程量偏差项目出现承包人在工程量清单中填报的综合单价与发包人招标控制价相应清单项目的综合单价偏差超过 15%时,工程量偏差项目综合单价的调整可参考以下公式。

(3)当 $P_0 < P_2 \times (1-L) \times (1-15\%)$ 时,该类项目的综合单价:

$$P_1 \text{ 按照 } P_2 \times (1-L) \times (1-15\%) \text{ 调整} \tag{5-3}$$

（4）当 $P_0 > P_2 \times (1+15\%)$ 时，该类项目的综合单价：

$$P_1 \text{ 按照 } P_2 \times (1+15\%) \text{ 调整} \qquad (5\text{-}4)$$

式中　P_0——承包人在工程量清单中填报的综合单价；

　　　P_2——承包人招标控制价相应项目的综合单价；

　　　L——承包人报价浮动率。

（5）当 $P_0 < P_2 \times (1-L) \times (1-15\%)$ 或 $P_0 < P_2 \times (1+15\%)$ 时，可不调整。

【示例】某工程项目招标工程量清单数量为 1 520 m³，施工中由于设计变更调增为 1 824 m³，增加 20%，该项目招标控制价综合单价为 350 元，投标报价的综合单价为 406 元，工程变更后的综合单价如何调整。

解：$406 \div 350 = 1.16$，偏差为 16%；

按式（5-4）：$350 \times (1+15\%) = 402.50$（元）。

由于 406 大于 402.50，该项目变更后超过 15%部分的工程量，其综合单价应调整为 402.50 元。

利用式（5-1）：$S = 1.15 \times 1520 \times 406 + (1824 - 1.15 \times 1520) \times 402.5 = 740\,278$（元）。

6. 现场签证

由于施工生产的特殊性，在施工过程中往往会出现一些与合同工程或合同约定不一致或未约定的事项，这时就需要发承包双方用书面形式记录下来。签证有多种情形：一是发包人的口头指令，需要承包人将其提出，由发包人转换成书面签证；二是发包人的书面通知如涉及工程实施，需要承包人就完成此通知需要的人工、材料、机械设备等内容向发包人提出，取得发包人的签证确认；三是合同工程招标工程量清单中已有，但施工中发现与其不符，比如土方类别、出现流沙等，需承包人及时向发包人提出签证确认，以便调整合同价款；四是由于发包人原因，未按合同约定提供场地、材料、设备或停水、停电等造成承包人的停工，需承包人及时向发包人提出签证确认，以便计算索赔费用；五是合同中约定的材料等价格由于市场发生变化，需承包人向发包人提出采购数量及其单价，以取得发包人的签证确认；六是其他由于合同条件变化需要现场签证的事项等。如何处理好现场签证，是衡量一个工程管理水平高低的标准，是有效减少合同纠纷的手段。

承包人应发包人要求完成合同以外的零星项目、非承包人责任事件等工作的，发包人应及时以书面形式向承包人发出指令，并应提供所需的相关资料；承包人在收到指令后，应及时向发包人提出现场签证要求。

承包人在施工过程中，若发现合同工程内容因场地条件、地质水文、发包人要求等不一致时，应提供所需的相关资料，提交发包人签证认可，作为合同价款调整的依据。

承包人应在收到发包人指令后的 7 天后，向发包人提交现场签证报告，发包人应在收到现场签证报告后的 48 小时内对报告内容进行核实，予以确认或提出修改意见。发包人在收到承包人现场签证报告后的 48 小时内未确认也未提出修改意见的，视为承包人提交的现场签证报告已被发包人认可。

现场签证报告的要求：

（1）现场签证的工作如果已有相应的计日工单价，现场签证报告中仅列明完成该签证工作所需的人工、材料、工程设备和施工机械台班的数量。

（2）如果现场签证的工作没有相应的计日工单价，应当在现场签证报告中列明完成该签证工作所需的人工、材料、工程设备和施工机械台班的数量及其单价。

合同工程发生现场签证事项，未经发包人签证确认，承包人便擅自实施相关工作的，除非征得发包人书面同意，否则发生的费用由承包人承担。

同时，建设单位还需完善隐蔽工程现场签证手续。隐蔽工程是随施工过程的进展而发生，工程结算时较难掌握。隐蔽工程占工程造价的比重较大。由于建成后隐蔽工程就不能看到，如缺乏完备的现场签证手续，势必增加工程结算的难度。因此，一定要制定完备的隐蔽工程现场签证制度，认真做好隐蔽工程验收记录，严格管理和控制施工现场的每一项隐蔽工程签证，以有效签证后的隐蔽工程量来作为编制结算的依据。

五、采用科学的费用控制方法

费用控制是工程项目管理的核心部分，应采用科学的费用控制方法。

1. 费用控制的依据

费用控制的目的就是实现费用计划（预算）的目标，因此，费用计划（预算）是费用控制的基础。

进度报告提供了每一时刻工程实际完成量、工程费用实际支付情况等重要信息。费用控制正是通过实际情况与费用计划相比较，找出两者之间的差别，分析偏差产生的原因，从而采取措施改进以后的工作。此外，进度报告还能使管理者及时发现工程实施中存在的隐患，并在事态还未造成重大损失之前采取有效措施，尽量避免损失。

在项目实施过程中，变更在所难免。一旦出现变更，工程量、工期、费用都可能发生变化，从而使得费用控制变得更加复杂和困难。因此，费用管理人员应当通过对变更要求中各类数据的计算、分析，随时掌握变更情况，包括已发生工程量、将要发生工程量、工期是否拖延、支付情况等重要信息。

2. 费用控制的步骤

在确定了项目费用控制目标之后，必须定期地进行费用计划值与实际值的比较，当实际值偏离计划值时，分析产生偏差的原因，采取适当的纠偏措施，以确保费用目标的实现。

费用控制的步骤如下：

（1）比较。按照某种确定的方式将费用计划值与实际值逐项进行比较，以发现费用是否已超支。

（2）分析。在比较的基础上，对比较的结果进行分析，以确定偏差的严重性及偏差产生的原因。其目的在于找出产生偏差的原因，从而采取有针对性地措施，减少或避免相同原因的再次发生造成损失。

（3）预测。根据项目实施情况估算整个项目完成时的费用。预测的目的在于为决策提供支持。

（4）纠偏。当工程项目的实际费用出现了偏差，应当根据工程的具体情况、偏差分析和预测的结果，采取适当的措施，以期达到使费用偏差尽可能小的目的。纠偏是费用控制中最具实质性的一步。只有通过纠偏，才能最终达到有效控制费用的目的。

（5）检查。检查是指对工程的进展进行跟踪和检查，及时了解工程进展状况以及纠偏措施的执行情况和效果，为今后的工作积累经验。

3. 费用控制的方法

费用控制的方法很多。其中赢得值法被国际上先进的工程公司普遍采用，因此本节着重介绍赢得值法。

用赢得值法进行费用、进度综合分析控制，基本参数有三项，即已完工作预算费用、计划工作预算费用和已完工作实际费用。

1）赢得值法的三个基本参数

（1）已完工作预算费用：

已完工作预算费用（BCWP），是指在某一时间已经完成的工作（或部分工作），以批准认可的预算为标准所需要的资金总额，由于业主正是根据这个值为承包人完成的工作量支付相应的费用，也就是承包人获得（挣得）的金额，故称赢得值或挣值。

$$已完工作预算费用（BCWP）= 已完成工作量 \times 预算单价$$

（2）计划工作预算费用：

计划工作预算费用（BCWS），是指根据进度计划，在某一时刻应当完成的工作（或部分工作），以预算为标准所需要的资金总额。一般来说，除非合同有变更，BCWS在工程实施过程中应保持不变。

$$计划工作预算费用（BCWS）= 计划工作量 \times 预算单价$$

（3）已完工作实际费用：

已完工作实际费用（ACWP）是指到某一时刻为止，已完成的工作（或部分工作）所实际花费的总金额。

$$已完工作实际费用（ACWP）= 已完成工作量 \times 实际单价$$

2）赢得值法的四个评价指标

（1）费用偏差（CV）：

$$费用偏差(CV) = 已完工作预算费用(BCWP) - 已完工作实际费用(ACWP)$$

负值 CV 意味着完成工作的费用多于计划，即表示项目超出预算费用；正值 CV 意味着项目节支，实际发生费用低于预算费用。

（2）进度偏差（SV）：

进度偏差（SV）= 已完工作预算费用（BCWP）− 计划工作预算费用（BCWS）

负值意味着完成的工作少于计划的工作，进度延误；正值意味着进度提前。

（3）费用绩效指数（CPI）：

费用绩效指数（CPI）= 已完工作预算费用（BCWP）/ 已完工作实际费用（ACWP）

当费用绩效指数 < 1 时，意味着超支，即实际费用高于预算费用；
当费用绩效指数 > 1 时，意味着节支，即实际费用低于预算费用。

（4）进度绩效指数（SPI）：

进度绩效指数（SPI）= 已完工作预算费用（BCWP）/ 计划工作预算费用（BCWS）

当进度绩效指数 < 1 时，意味着进度延误；
当进度绩效指数 > 1 时，意味着进度提前。

在项目的费用、进度综合控制中引入赢得值法，可以克服过去进度、费用分开控制的缺点，即当发现费用超支时，很难立即知道是由于费用超出预算，还是由于进度提前。相反，当发现费用低于预算时，也很难立即知道是由于费用节省，还是由于进度拖延。而引入赢得值法即可定量地判断进度、费用的执行效果。

第六章　竣工结算阶段造价管理

工程竣工结算是指工程项目完工并经竣工验收合格后，发承包双方按照施工合同的约定对所完成的工程项目进行的工程价款的计算、调整和确认。工程竣工结算分为单位工程竣工结算、单项工程竣工结算和建设项目竣工总结算，其中，单位工程竣工结算和单项工程竣工结算也可看作分阶段结算。

第一节　竣工结算阶段造价控制的"五大步骤"

工程结算将决定建设项目的工程成本，最终决定工程投资。但目前，施工单位在提交的工程结算中存在着多算工程量，高套定额和高估冒算等现象。

项目结算应以建设单位和施工单位签订的施工合同为依据，根据经监理工程师审核并经总监理工程师签字和建设单位批准的已完工程数量，进行项目结算。在项目结算时建设单位尚应扣留施工方3%的质保金，直至保修期满，再将质保金返还施工单位。

一、竣工结算书的编制程序

单位工程竣工结算由承包人编制，发包人审查；实行总承包的工程，由具体承包人编制，在总包人审查的基础上，发包人审查。单项工程竣工结算或建设项目竣工总结算由总（承）包人编制，发包人可直接进行审查，也可以委托具有相应资质的工程造价咨询机构进行审查。单项工程竣工结算或建设项目竣工总结算经发承包人签字盖章后有效。承包人应在合同约定期限内完成项目竣工结算编制工作，未在规定期限内完成的并且提不出正当理由延期的，责任自负。

竣工结算的编制一般分为三个程序：前期准备、结算编制、结算定稿。具体内容如下所述。

1. 前期准备

收集与工程结算编制相关的原始资料；熟悉工程结算资料内容，进行分类、整理；召集相关单位或部门的有关人员参加工程结算预备会议，对结算资料进行核对与充实完善；收集建设期间内影响合同价格的法律和政策性文件。

2. 结算编制

根据竣工图及施工图、施工组织设计进行现场勘查；计算需调整的分部分项工程、施工措施或其他项目工程量；按照合同规定的计价原则和计价办法对分部分项、施工措施或其他项目进行计价；汇总计算工程费用，初步确定工程结算价格；编写编制说明；提交结算编制的初步成果文件。

工程竣工结算应根据下列依据编制：

（1）建设工程工程量清单计价规范。
（2）工程合同。
（3）发承包双方实施过程中已确认的工程量及其结算的合同价款。
（4）发承包双方实施过程中已确认调整后追加（减）的合同价款。
（5）建设工程设计文件及相关资料。
（6）投标文件。
（7）其他依据。

3. 结算定稿

由结算申报单位的项目负责人审核批准；在合同约定的期限内，向监理、发包人提交。

二、竣工结算书编制方法

工程竣工结算的编制是建立在施工合同的基础上，不同合同类型采用的编制方法不同，建设工程施工承包合同的计价方式主要有三种，即总价合同、单价合同和成本补偿合同。由于成本补偿合同在城市轨道交通行业中不太常见，因此仅介绍总价合同、单价合同的竣工结算书编制方法。

1. 总价合同的竣工结算书编制方法

在合同价基础上对设计变更、工程签证（洽商）、暂估以及工程索赔、工期奖罚等合同约定可以调整的内容进行调整，如竣工结算价＝合同价－暂列金额±设计变更±现场签证（洽商）±暂估价格±工程索赔±奖罚费用±价格调整。

2. 单价合同的竣工结算书编制方法

除了对设计变更、工程签证（洽商）、暂估以及工程工程索赔、工期奖罚等合同约定可以调整的内容进行调整外，还应对合同内的工程量进行调整，如竣工结算价＝调整后合同价－暂列金额±设计变更±现场签证（洽商）±暂估价格±工程索赔±奖罚费用

±价格调整。

（1）分部分项工程和措施项目中的单价项目应依据发承包双方确认的工程量与已标价工程量清单的综合单价计算；发生调整的，应以发承包双方确认调整的综合单价计算。

（2）措施项目中的总价项目应依据已标价工程量清单的项目和金额计算；发生调整的，应以发承包双方确认调整的金额计算，其中安全文明施工费必须按国家或省级、行业建设主管部门的规定计算。

（3）其他项目应按下列规定计价：

计日工应按发包人实际签证确认的数量和相应项目综合单价计算。

若暂估价中的材料、工程设备是招标采购的，其单价按中标价在综合单价中调整；若暂估价中的材料、工程设备为非招标采购的，其单价按发承包双方最终确认的单价在综合单价中调整。若暂估价中的专业工程是招标发包的，其专业工程费按中标价计算；若暂估价中的专业工程为非招标发包的，其专业工程费按发承包双方与分包人最终确认的金额计算。

总承包服务费应依据已标价工程量清单的金额计算，发承包双方依据合同约定对总承包服务费进行了调整，应按调整后的金额计算。

索赔事件产生的费用在办理竣工结算时应在其他项目费中反映。索赔费用的金额应依据发承包双方确认的索赔事项和金额计算。

现场签证发生的费用在办理竣工结算时应在其他项目费中反映。现场签证费用金额依据发承包双方签证确认的金额计算。

合同价款中的暂列金额在用于各项价款调整、索赔与现场签证的费用后，若有余额，则余额归发包人，若出现差额，则由发包人补足并反映在相应项目的价款中。

规费和税金应按国家或省级、行业建设主管部门的计取标准计算。

三、竣工结算审核方法与审核要点

国有资金投资建设工程的发包人，应当委托具有相应资质的工程造价咨询企业对竣工结算文件进行审核，并在收到竣工结算文件后的约定期限内向承包人提出由工程造价咨询企业出具的竣工结算文件审核意见；逾期未答复的，按照合同约定处理，合同没有约定的，竣工结算文件视为已被认可。

发包人委托工程造价咨询机构核对竣工结算的，工程造价咨询机构应在规定期限内核对完毕，核对结论与承包人竣工结算文件不一致的，应提交给承包人复核，承包人应在规定期限内将同意核对结论或不同意见的说明提交工程造价咨询机构。工程造价咨询机构收到承包人提出的异议后，应再次复核，复核无异议的，发承包双方应在规定期限内在竣工结算文件上签字确认，竣工结算办理完毕；复核后仍有异议的，对于无异议部分办理不完全竣工结算；有异议部分由发承包双方协商解决，协商不成的，按照合同约定的争议解决方式处理。

1. 竣工结算审核方法

城市轨道交通工程因具有系统性、复杂性、时间跨度长、投资额大等特点，需要较多的参建单位共同完成，因此审核工作也具备复杂、涉及面广、工作量大的特点。

常用的工程结算审核方法有全面审核法、重点审核法、对比审核法。

1）全面审核法

全面审核法是全面计算工程数量和审查单价的方法。全面核查施工工程数量与竣工图是否一致、核对新增单价的组价原则灯，从而得出全面的审核结果。这种方法工程量巨大、耗时长。

2）重点审核法

重点审核法是指针对工程中量大价高的工程项目进行重点审核。重点审核针对性较强、突出审核重点。工作量相对于全面审核法大大降低，但整体的审核质量比全面审核法低，存在一些小的误差。

3）对比审核法

对比审核法是基于针对同一地区，相同或相似的工程造价具有相似性特点的基础上，开展审核的工作方法。同一区域相似的多个工程采用统计的方法，得出相应的指标，比如单方造价、材料消耗等，再将审核对象与之对比。这种审核方法工作量更小、速度快，但是对审核人员专业要求较高，审核质量比前两种更低。

2. 土建工程竣工结算审查要点

1）核对工程量

工程量核对是土建工程结算审查的重点，需要对施工图纸、工程量验收记录单以及隐蔽工程签证等进行认真细致的计算、核查。

2）审核单价

竣工结算所列各分部分项工程单价是否符合承包合同约定的单价，其名称、规格、计量单位所包含的工程内容是否与已标价工程量清单表中一致。审核新增单价组价是否符合合同要求。

3）审核取费标准

审核各项取费的基数、取费标准是否符合规定，工程类别划分是否与工程性质及规定指标相符，有无规定以外的取费等。

4）重点审查设计变更、工程签证

将设计变更、工程签证的客观真实性作为审查的要点。手续不全的设计变更、工程签证不得纳入结算。

3. 机电安装与装修工程竣工结算审查要点

1）对比单方工程造价

机电安装与装修工程由于工程量琐碎、工艺不同等特点，再由于施工单位资质的不同和编制的工程结算水平也参差不齐,所以在进行结算审查时更需要方法。

单方工程造价是指每平方米或者是每立方米的工程造价。对于专业的工程审计人员,通过分析单方工程造价可以快速地判断该工程结算的准确性。

2)重点审查量大价高的项目

审核计算方法是否符合工程量计算规则;审核所用主材材料、名称、规格、性能是否按照设计要求;明确各专业施工范围,防止一项工程由多家单位施工。

由于重点审查量大价高这种方式很灵活,需要审查人员有比较高的专业水平,当审查发现较多的问题时需要扩大审查范围,当问题较少或者没有问题时,可以适当缩小审查范围。

3)重点审查主要材料、设备

若新增的主要材料、工程设备是招标采购的,其单价按中标价在综合单价中调整;若新增的材料、工程设备为非招标采购的,其单价按发承包双方最终确认的单价在综合单价中调整。

四、合同价款争议的解决

城市轨道交通工程具有施工周期长、不确定因素多等特点,在施工合同中出现争议也是难免的。如何及时并有效地解决施工过程中的合同价款争议,是参建各方应当关注的重点。

建设工程合同价款纠纷,是指发承包双方在建设工程合同价款的确定、调整以及结算等过程中所发生的争议。按照争议合同的类型不同,可以把工程合同价款纠纷分为总价合同价款纠纷、单价合同价款纠纷以及成本加酬金合同价款纠纷;按照纠纷发生的阶段不同,可以分为合同价款确定纠纷、合同价款调整纠纷和合同价款结算纠纷;按照纠纷的成因不同,可以分为合同无效的价款纠纷、工期延误的价款纠纷、质量争议的价款纠纷以及工程索赔的价款纠纷。

建设工程合同价款纠纷的解决途径主要有五种:监理或造价工程师暂定、管理机构的解释或认定、协商和解、调解、仲裁和诉讼。

1. 监理或造价工程师暂定

从现行施工合同示范文本以及监理合同、造价咨询合同的内容来看,合同中一般会对总监理工程师或造价工程师在合同履行过程中对发承包双方的争议如何处理有所约定。

若发包人和承包人之间就工程质量、进度、价款支付与扣除、工期延期、索赔、价款调整等发生任何法律上、经济上或技术上的争议,首先应根据已签约合同的规定,提交合同约定职责范围内的总监理工程师或造价工程师解决,并应抄送另一方。发承包双方对暂定结果认可的,应以书面形式予以确认,暂定结果成为最终决定。

发承包双方或一方不同意暂定结果的，应以书面形式向总监理工程师或造价工程师提出，说明自己认为正确的结果，同时抄送另一方，此时该暂定结果成为争议。在暂定结果对发承包双方当事人履约不产生实质影响的前提下，发承包双方应实施该结果，直到按照发承包双方认可的争议解决方法被改变为止。

2. 管理机构的解释或认定

在我国现行建设工程管理体制下，各级工程造价管理机构在处理有关工程计价争议甚至合同价款纠纷中，仍然发挥着相当有效的作用，对及时化解工程合同纠纷具有重大意义。

合同价款争议发生后，发承包双方可就工程计价依据的争议以书面形式提请工程造价管理机构对争议以书面形式进行解释或认定。

3. 协商和解

合同价款争议发生后，发承包双方任何时候都可以进行协商。协商达成一致的，双方应签订书面和解协议，和解协议对发承包双方均有约束力。

如果协商不能达成一致协议，发包人或承包人都可以按合同约定的其他方式解决争议。

4. 调　解

按照《中华人民共和国合同法》的规定，当事人可以通过调解解决合同争议，但在工程建设领域，目前的调解主要出现在仲裁或诉讼中，即所谓司法解释；有的通过建设行政主管部门或工程造价管理机构处理，双方认可，即所谓行政调解。司法调解耗时较长，且增加了诉讼成本；行政调解受行政管理人员专业水平、处理能力等影响，其效果也受到限制。

现行施工合同示范文本借鉴了国外合同争议的争端裁决和争议评审机制，同时又结合我国现行法律的规定，由发承包双方约定相关专业工程的专家作为合同工程争议调解人进行专业调解，有效补充了司法解释、行政调解的短板。

合同履行期间，发承包双方可协议调换或终止任何调解人，但发包人或承包人都不能单独采取行动。除非双方另有协议，在最终结清支付证书生效后，调解人的任期应即终止。如果发承包双方发生了争议，任何一方可将该争议以书面形式提交调解人，并将副本抄送另一方，委托调解人调解。发承包双方应按照调解人提出的要求，给调解人提供所需要的资料、现场进入权及相应设施。发承包双方接受调解书的，经双方签字后作为合同的补充文件，对发承包双方均具有约束力，双方都应立即遵照执行。

5. 仲裁、诉讼

《中华人民共和国合同法》第一百二十八条规定："当事人可以通过和解或者调解解决合同争议。当事人不愿和解、调解或者和解、调解不成的，可以根据仲裁协议向仲裁机构申请仲裁……当事人没有订立仲裁协议或者仲裁协议无效的，可以向人民法院起诉。"

《中华人民共和国仲裁法》第四条规定 "当事人采用仲裁方式解决纠纷，应当双方自愿，达成仲裁协议。没有仲裁协议，一方申请仲裁的，仲裁委员会不予受理"，第五条规定 "当事人达成仲裁协议，一方向人民法院起诉的，人民法院不予受理，但仲裁协议无效的除外"，第六条规定 "仲裁委员会应当由当事人协议选定。仲裁不实行级别管辖和地域管辖"。

常见的纠纷处理如下所述。

1）施工合同无效的价款纠纷处理

建设工程施工合同无效，但建设工程经竣工验收合格，承包人请求参照合同约定支付工程价款的，应予支持。建设工程施工合同无效，且建设工程经竣工验收不合格的，按照以下情形分别处理：

（1）修复后的建设工程经竣工验收合格，发包人请求承包人承担修复费用的，应予支持。

（2）修复后的建设工程经竣工验收不合格，承包人请求支付工程价款的，不予支持。

（3）因建设工程不合格造成的损失，发包人有过错的，也应承担相应的民事责任。

2）垫资施工合同的价款纠纷处理

对于发包人要求承包人垫资施工的项目，对于垫资施工部分的工程价款结算，最高人民法院《关于审理建设工程施工合同纠纷案件适用法律问题的解释》提出了处理意见：

（1）当事人对垫资和垫资利息有约定，承包人请求按照约定返还垫资及其利息的，应予支持，但是约定的利息计算标准高于中国人民银行发布的同期同类贷款利率的部分除外。

（2）当事人对垫资没有约定的，按照工程欠款处理。

（3）当事人对垫资利息没有约定，承包人请求支付利息的，不予支持。

3）施工合同解除后的价款纠纷处理

（1）建设工程施工合同解除后，已经完成的建设工程质量合格的，发包人应当按照约定支付相应的工程价款。

（2）已经完成的建设工程质量不合格的：

修复后的建设工程经验收合格，发包人请求承包人承担修复费用的，应予支持。

修复后的建设工程经验收不合格，承包人请求支付工程价款的，不予支持。

4）工程设计变更的合同价款纠纷处理

当事人对建设工程的计价标准或者计价方法有约定的，按照约定结算工程价款。因设计变更导致建设工程的工程量或者质量标准发生变化，当事人对该部分工程价款不能协商一致的，可以参照签订建设工程施工合同时当地建设行政主管部门发布的计价方法或者计价标准结算工程价款。

5）工程结算价款纠纷的处理

（1）阴阳合同的计算依据。应当以备案的中标合同作为结算工程价款的根据。

（2）对承包人竣工结算文件的认可。当事人约定，发包人收到竣工结算文件后，在约定期限内不予答复，视为认可竣工结算文件的，按照约定处理。承包人请求按照竣工结算文件结算工程价款的，应予支持。

6）工程欠款的利息支付

（1）利率标准：当事人对欠付工程价款利息计付标准有约定的，按照约定处理；没有约定的，按照中国人民银行发布的同期同类贷款利率计息。

（2）计息日：利息从应付工程价款之日计付。当事人对付款时间没有约定或者约定不明的，下列时间视为应付款时间：建设工程已实际交付的，为交付之日；建设工程没有交付的，以提交竣工结算文件之日；建设工程未交付，工程价款也未结算的，为当事人起诉之日。

7）质量争议工程的竣工结算

发包人对工程质量有异议，拒绝办理工程竣工结算的：

（1）已经竣工验收或已竣工未验收但实际投入使用的工程，其质量争议按该工程保修合同执行，竣工结算按合同约定办理。

（2）已竣工未验收且未实际投入使用的工程以及停工、停建工程的质量争议，双方应就有争议的部分委托有资质的检测鉴定机构进行检测，根据检测结果确定解决方案，或按工程质量监督机构的处理决定执行后办理竣工结算，无争议部分的竣工结算按合同约定办理。

8）合同解除的价款结算与支付

发承包双方协商一致解除合同的，按照达成的协议办理结算和支付合同价款。

（1）不可抗力解除合同

由于不可抗力解除合同的，发包人除应向承包人支付合同解除之日前已完成工程但尚未支付的合同价款，还应支付下列金额：

① 合同中约定应由发包人承担的费用。

② 已实施或部分实施的措施项目应付价款。

③ 承包人为合同工程合理订购且已交付的材料和工程设备价款。发包人一经支付此项货款，该材料和工程设备即成为发包人的财产。

④ 承包人撤离现场所需的合理费用，包括员工遣送费和临时工程拆除、施工设备运离现场的费用。

⑤ 承包人为完成合同工程而预期开支的任何合理费用，且该项费用未包括在本款其他各项支付之内。

发承包双方办理结算合同价款时，应扣除合同解除之日前发包人应向承包人收回的价款。当发包人应扣除的金额超过了应支付的金额，则承包人应在合同解除后的56天内将其差额退还给发包人。

（2）违约解除合同

① 承包人违约。因承包人违约解除合同的，发包人应暂停向承包人支付任何价款。发包人应在合同解除后 28 天内核实合同解除时承包人已完成的全部合同价款，以及按施工进度计划已运至现场的材料和工程设备货款，按合同约定核算承包人应支付的违约金，以及造成损失的索赔金额，并将结果通知承包人。发承包双方应在 28 天内予以确认或提出意见，并办理结算合同价款。如果发包人应扣除的金额超过了应付的金额，则承包人应在合同解除后的 56 天内将其差额退还给发包人。发承包双方不能就解除合同后的结算达成一致的，按照合同约定的争议解决方式处理。

② 发包人违约。因发包人违约解除合同的，发包人除应按照有关不可抗力解除合同的规定向承包人支付各项价款外，还需按合同约定核算发包人应支付的违约金以及给承包人造成损失或损害的索赔金额费用。该笔费用由承包人提出，发包人核实后与承包人协商确定后的 7 天内向承包人签发支付证书。协商不能达成一致的，按照合同约定的争议解决方式处理。

五、竣工结算款的支付

工程竣工结算文件经过发承包双方签字确认的，应当作为工程结算的依据。发包方应当按照竣工结算文件及时支付竣工结算款。

1. 承包人提交竣工结算款支付申请

申请应包括下列内容：
（1）竣工结算合同价款总额。
（2）累计已实际支付的合同价款。
（3）应扣留的质量保证金。
（4）实际应支付的竣工结算款金额。

2. 发包人签发竣工结算支付证书

发包人应在收到承包人提交竣工结算款支付申请后 7 天内予以核实，向承包人签发竣工结算支付证书。

3. 支付竣工结算款

发包人在签发竣工结算支付证书的 14 天内，按照竣工结算支付证书列明的金额向发包人支付结算款。

发包人在收到承包人提交的竣工结算款支付申请后 7 天内不予核实，不向承包人签发竣工结算支付证书的，视为承包人的竣工结算款支付申请已被发包人认可；发包人应在收到承包人提交的竣工结算款支付申请7天后的14天内,按照承包人提交的竣工结算款支付申请列明的金额向承包人支付结算款。

发包人未按照规定的程序支付竣工结算款的,承包人可催告发包人支付,并有权获得延迟支付的利息。发包人在竣工结算支付证书签发后或者在收到承包人提交的竣工结算款支付申请7天后的56天内仍未支付的,除法律另有规定外,承包人可与发包人协商将该工程折价,也可直接向人民法院申请将该工程依法拍卖。承包人就该工程折价或拍卖的价款优先受偿。

4. 最终结清

所谓最终结清,是指合同约定的缺陷责任期终止后,承包人已按合同规定完成全部剩余工作且质量合格的,发包人与承包人结清全部剩余款项的活动。

1)最终结清申请

缺陷责任期终止后,承包人已完成合同规定的全部剩余工作且质量合格,发包人签发缺陷责任期终止证书,承包人可按合同约定的份数和期限向发包人提交最终结清申请,并提供相关证明材料,详细说明承包人根据合同规定应进一步支付给他的其他款项。

2)最终支付证书

发包人收到承包人提交的最终结清申请后的14天内予以核实,向承包人签发最终支付证书。

3)最终结清付款

发包人应在签发最终结清支付证书后的14天内,按照最终结清支付证书列明的金额向承包人支付最终结清款。质量保证金不足以抵减发包人工程缺陷修复费用的,承包人应承担不足部分的补偿责任。

第二节 某城市轨道交通工程竣工结算管理办法

一、编制依据

本办法是在**轨道交通土建工程合同文件中有关计量、变更、合同价格调整、竣工结算条款基础上,参考了建设部《建设工程工程量清单计价规范》(GB 50500—2013)中对竣工结算的要求编制而成,经批准后在**轨道交通土建工程自建部分竣工结算时执行。

二、竣工结算的含义

竣工结算是指承包商完成合同约定的全部工程承包内容并经竣工验收合格后，由承、发包双方根据国家有关法律、法规和标准的规定，按照合同约定的工程造价确定条款，确定工程最终造价的过程，是以施工合同为基础，结合工程实施中发生的工程变更、现场签证情况，确定工程的最终结算价。

三、适用范围

（1）地下车站、盾构区间、矿山法区间土建工程。
（2）高架车站、高架区间土建工程。
（3）地面车站、地面区间、明挖区间土建工程。
（4）停车场、车辆段土石方、房建工程土建工程。
（5）配套设施房建工程土建工程。
（6）接地网、人防门、轨道、道路恢复工程。

四、竣工结算的依据

（1）施工合同及其补充文件。
（2）工程竣工图纸及相关资料。
（3）双方确认的工程量。
（4）双方确认追加（减）的工程价款。
（5）双方确认的索赔、现场签证事项及价款。
（6）投标文件。
（7）招标文件。
（8）其他依据。

五、竣工结算费用

1. 分部分项工程费

（1）工程量应依据双方确认的工程量计算。
（2）项目单价，合同清单中已有的项目按合同清单单价执行；变更项目单价按双方确认调整后的综合单价（经审批后的单价）执行。

2. 措施项目费

（1）采用综合单价计价的措施项目，应依据双方确认的工程量和综合单价计算。

（2）采用"项"计价的措施项目，应依据合同约定的措施项目和金额或双方确认调整后的措施项目金额计算。

（3）暂定项目应依据建设单位批准的金额计算，余额归建设单位；建设单位单独和第三方签订合同的暂定项目，应在结算时核减该暂定项目金额。

3. 甲供材价差

（1）根据综合单价表将钢筋、混凝土、水泥、防水材料等甲供材料含量和实际完成工程数量，计算理论用量和实际领用量填入甲供材价差计算表（JS-5），凡涉及甲供材料的项目都必须列入，对于以下项目按照以下方法计算：

① 临时支撑中混凝土和钢筋及盾构管片中钢筋按照施工图设计含量计算甲供材含量。

② 盾构管片混凝土中水泥含量按照批复的配合比计算水泥理论用量。

③ 临时设施不计算甲供材。

④ 盾构掘进项目中的注浆用水泥理论用量按照各承包商经批复的施工组织设计中注浆量及水泥用量计算。

（2）轨道交通土建工程中甲供材实际领用量超出或少于工程结算理论用量时，应扣除甲供材价差，具体按以下办法处理：

① 甲供材料理论用量确定原则：

合同内工程量部分按承包商投标时单价分析表中材料含量计算理论用量。

变更增加工程量部分按承包商投标时单价分析表中材料含量计算理论用量，但不得超出投标时采用的定额含量。

② 当甲供材料实际领用量大于理论用量，且合同暂定价小于建设单位实际采购价时，在结算时扣回价差，甲供材价差=（实际领用量–理论用量）×（建设单位采购价–合同暂定价）。

③ 当甲供材料实际领用量小于理论用量但大于等于设计净用量时，节约归承包商。当甲供材料实际领用量小于设计净用量时，按以下办法扣回相关费用：

甲供材价差=（设计净用量–实际领用量）×甲供材合同暂定价×规费×税金

设计净用量：对于钢筋、混凝土、防水材料（固体），设计净用量指根据竣工图纸及有关资料计算出的各项目结算工程量；对于水泥、防水材料（液体），设计净用量指根据竣工图纸及有关资料计算出的各项目工程量中的水泥、防水材料（液体）含量。

④ 其他情况下的甲供材价差不计算。

（3）建设单位采购价的确定原则：

① 钢筋的实际采购价以建设单位采购过程中所有标段及所有钢筋品种中的最高价为准。

② 混凝土的实际采购价以建设单位采购过程中所有标段中的 C35 混凝土最高价为准。

③ 现场水泥的实际采购价以建设单位采购过程中所有标段中的 42.5 级散装水泥最高价为准；管片水泥的实际采购价以建设单位采购过程中所有标段中的 52.5 级散装水泥最高价为准。

④ 防水材料的实际采购价以供货合同价为准。

4. 人工调差

（1）人工价格按省级或行业建设主管部门或其授权的工程造价管理结构发布的指导价执行，价差为施工期指导价与投标截止日前 28 天（非招标工程以合同签订前 28 天）指导价的差额。

（2）人工消耗量按照承包商实际完成、经监理工程师计量并经建设单位批准的月计量以及投标文件单价分析表中人工消耗量计算，机械工不参与人工调差，当月的人工消耗量按当月工程计量的数量计算。

（3）超出合同清单工程量所含人工的消耗量按照投标文件单价分析表中人工的消耗量计算，但不得超出投标时采用的定额含量。

（4）部分项目无定额参照，直接采用市场价测算，在人工调差时不予计算人工费差价。

（5）调差金额计列规费及税金，管理费及利润不予计算。

5. 柴油调差

（1）调差范围为土石方开挖、余方弃置清单项目中的柴油。

（2）调差价格采用《**市工程造价管理》公布的**市工程建设材料指导价格中的柴油价格。

（3）柴油基准价为递交投标文件截止日期前 28 天（非招标工程以合同签订前 28 天）《**市工程造价管理》公布的**市工程建设材料指导价格中的柴油价格，柴油基准价上涨幅度在 10%以内的部分由承包商承担，超过部分由建设单位承担。

（4）以承包商实际完成、经监理工程师计量并经建设单位批准的月度计量工程量的定额机械台班中的柴油消耗量为准，当月的调差柴油数量按当月工程计量的柴油数量计算。

（5）超出合同清单工程量所含柴油的消耗量按照投标文件单价分析表中的柴油消耗量计算，但不得超出投标时采用的定额含量。

6. 除柴油外其他乙供材料不参与调差

7. 自发电电价补差的确定原则

经建设单位同意，轨道交通土建工程中承包商施工用电需采取自发电时，可对合同中施工用电电价进行补差。补差工程量按实际完成的工程项目计算，补差用电量根据实际完成工程项目的投标单价分析表中用电量或由建设单位审定的用电量计算。自发电差价按照以下公式计算。

（1）采用自发电的电价算式：

$$Y_{自} = \frac{y}{w(1-c)} + S + f_1$$

式中　$Y_{自}$——自发电的电价[元/（kW·h）]；

　　　y——发电机的台班费（元）；

　　　w——发电机的台班产量（kW·h）；

　　　c——自发电的线路和变配电设备的损耗率，取7%；

　　　S——发电机的冷却水费，取0.02元/（kW·h）；

　　　f_1——变配电设备的修理、安装、拆除、设备和线路的运行维修的摊销费等，取0.04元/（kW·h）。

（2）发电机的台班产量：

$$W = N \times 8 \times B \times M$$

式中　N——发电机的额定能力（发电机容量）（kW）；

　　　B——台班小时的利用系数，取0.8；

　　　M——发电机的出力系数，取0.8。

（3）电价补差只计取规费及税金。

8. 奖罚金范畴的确定

立功竞赛、百日大干评比、优质优价奖金（优质优价奖金 = 考核奖金 – 合同约定扣减费用）等所有以建设单位文件形式发出的奖罚金均纳入竣工结算。

9. 现场安全文明施工措施费

（1）合同中对获得省、市文明工地有约定的，对符合规定的，措施费在结算中给予调增。

（2）相对于原招标范围（里程）发生变化，且变化后的工程形成新的工作面，相应的安全文明施工措施费予以调整。

10. 工程保险理赔费用不纳入结算

六、竣工结算文件编制格式及要求

1. 竣工结算文件封面、说明及表格

（1）工程竣工结算封面。

（2）工程竣工结算说明（其内容包括：一、工程概况，二、编制依据、编制原则，三、工程结算总价、合同价、变更价及有关变更分析）。

（3）工程竣工结算审批表（JS-1），工程竣工结算审核单（JS-1-1）。

（4）工程竣工期终支付证书（JS-2）：按表中括号或备注要求填写。

（5）工程竣工结算汇总表（JS-3）：按表中括号或备注要求填写。

（6）工程竣工结算表（JS-4）：按表中备注要求填写。

（7）甲供材差价计算表（JS-5）：表中含量为承包商投标书单价分析表中甲供材料含量。

（8）主要材料调差计算表（JS-6系列表）：用于施工期材料调差计算。

（9）工程奖罚费用表（JS-7）：用于施工期各类奖罚金额的统计，承包商要实事求是填写，每项奖罚费用均需提供依据。

（10）工程数量计算表（JS-8系列表）：JS-8-1表，用于桩、地基处理及围护结构工程数量计算；JS-8-2表，用于板、墙等混凝土数量计算，按板柱梁的工程数量计算按墙→板→柱→梁的先后顺序计算；JS-8-3表，用于矿山法区间工程数量计算；JS-8-4表，用于钢材数量计算。

（11）**轨道交通_____线房屋、建筑物交接表（JS-9）。

（12）所有变更均需按照车站和区间分列清单，清单中要列出各项变更的详细内容、工程数量及相应金额。

2. 工程数量计算书

（1）竣工结算分部分项清单中的工程量应是根据合同清单的开项原则和计算规则，按照竣工图纸图示尺寸和规定的计量单位计算的工程量，工程量计算应列出详细计算式，并注明所用图纸的名称和图纸号，有必要的还要附计算示意图。

（2）竣工图不能明确表明工程量的项目，应根据已签证的现场资料计算工程量，需列出详细计算式及附上该项目的立项报审及变更报审资料。

（3）凡是涉及钢筋用量的，必须列出本项目钢筋用量表，其内容包括钢筋号、单根长度、每延米质量、数量、总长度、总质量。

（4）工程量计算书中各项目的编号必须与JS-4表中的项目编号一致。

（5）工程计算书相关格式可参照工程量计算表（JS-8）编制。

3. 工程计量表

任何项目发生的工程数量必须有已签证的有效"工程计量表"，各项目在此表中的工程数量累计不得大于工程量计算书中的工程数量值，如有超出在结算中如数扣除，并扣除已支付部分的费用。承包商必须按计算书中工程名称顺序，把所有已签证的有效"工程计量表"装订成册。

4. 工程变更指令

任何合理有效的变更项目都必须办理变更指令，且资料必须完整，其中必须有变更指令表，工程变更立项报审表，工程变更完成报审表，新增项目单价申报表及有关协议、纪要、报批的施工方案和与计量计价有关的辅助性资料等。承包商按指令编号顺序装订成册。

5. 竣工图纸

承包商必须整理一套本标段完整的竣工图，竣工图的要求严格按照指挥部颁发的《竣工资料编制办法》有关规定。

6. 竣工结算文件份数

承包商申报竣工结算文件中上述 1~4 项中相关资料一式三份（一份原件两份复印件），竣工图纸一份，以上资料承包商在竣工验收合格后随竣工验收报告同时递交，待结算审批完毕后返还承包商一份（竣工图不返还）。

七、竣工结算的报批程序

（1）竣工结算文件应在工程竣工验收合格后随竣工验收报告同时递交给监理单位，监理单位对所有表格中填列的数量、价格、费用及有关书面资料的完整性、准确性和真实性进行审核，不合格的结算文件退还承包商重新修正，审核合格后签署意见。

（2）结算文件经监理单位审核后递交给建设单位现场项目部，现场项目部审核后交由合约预算处组织相关人员会审后提出综合审查意见，并形成审查报告。

（3）合约预算处将承包商的结算文件和审查报告报送**轨道交通建设公司分管领导、主管领导审批后执行。

八、竣工结算费用支付

竣工结算办理完毕，在 56 天内支付扣除合同约定款项（工程质保金和审计保证金）后的余款。

九、代建项目竣工结算原则

（1）**轨道交通公司作为代建方的代建项目，结算按本办法执行。
（2）**轨道交通公司作为投资方的代建项目，结算按代建方结算办法执行。

十、附 件

（1）人工费指导价格汇总表（略）。
（2）建设单位甲供材采购价格统计表（略）。
（3）燃油调差基准价格明细表（略）。
（4）竣工决算文件格式表（略）。

第二部分 全员造价管理

本部分分两个章节,第七章重点阐述建设单位内部人员如何进行造价管理,第八章重点阐述建设单位与主要参与单位之间的造价管理,基本覆盖了建设单位的全员造价管理。

第七章　建设单位内部如何进行造价管理工作

目前轨道交通行业建设单位管理模式主要有两类：建设单位自行组建建设公司、建设单位与外部管理公司（如 PPP 公司）合作进行项目管理。建设单位可根据自身的管理水平和项目的需要，选择适合本公司的项目管理模式。

建设单位自行组建建设公司的管理模式最为常见，因此本章以建设单位自行组建建设公司为例，阐述建设单位内部全员造价管理。

建设单位针对建设目标组建起自己的管理机构，与 PPP 公司相比具有两大优点：一是方便协调与组织；二是机构内部人员较为稳定，在实施过程中能激发团队成员的积极性，为项目出谋划策。

第一节　建设单位管理的目的与主要任务

建设单位对工程项目的管理，是指建设单位为实现投资目标，运用所有者的权力组织或委托有关单位，对建设项目进行筹划和实施的有关计划、组织、指挥、协调等过程。

一、建设单位管理的目的

（1）实现投资主体的投资目标和期望。投资主体将资金投入工程项目中，期望通过项目管理保证工程项目能按预定计划建成和投入使用，实现投资的经济效益与社会效益。

（2）将工程项目投资控制在预定或可接受的范围之内。城市轨道交通工程项目建设需要较长的时间和较大的投入，建设过程中不确定因素很多，如果控制不好，很容易突破投资的预算。为了保证投资者的预期收益，必须对工程项目投资进行有效的控制。

（3）保证工程项目建成后在项目功能和质量上达到设计标准。不同的工程建设项目都有其各自的功能和质量要求，这是保证工程项目在运营期内有效、安全和高质量运行，实现项目建设目标与业主的投资目标的基本前提，因此也是建设单位对工程项目进行管理的重要目的。

二、建设单位管理的主要任务

1. 项目决策阶段的主要任务

建设单位在工程项目决策阶段的主要工作任务是围绕项目策划、项目建议书、项目可行性研究、资金申请及相关报批工作开展项目的管理工作,主要有:

(1)对投资方向和内容作初步构想,择优聘请有资质、信誉好的专业咨询机构对企业或行业、地区等进行深入分析,开展专题研究及投资机会研究工作,并编制企业发展战略或规划。

(2)选择好咨询机构。在上述工作的基础上,正式选择合格的咨询机构开展项目前期工作,包括对项目的建设规模、工程技术方案等进行研究、比选,根据需要进行项目财务评价、社会评价、国民经济评价和风险评价,编制项目建议书和可行性研究报告,为投资决策提供科学依据。

(3)组织对项目建议书和可行性研究报告进行评审,与有关投资者和贷款方进行沟通,并落实项目资金、建设用地、技术设备、配套设施等建设相关条件。

2. 实施准备阶段的主要任务

(1)备齐项目选址、资源利用、环境保护等方面的批准文件。

(2)明确勘察设计的范围和设计深度,选择有信誉和资质合格的勘察、设计单位进行勘察、设计,签订合同,并进行合同管理。

(3)及时办理有关设计文件的审批工作。

(4)组织落实项目建设用地,办理土地征用、拆迁补偿及施工场地的平整等工作。

(5)组织开展设备采购与工程施工招标及评标工作,择优选定合格的承包商,并签订合同。

(6)选派合格的现场代表,并选定适宜的工程监理单位。

3. 项目实施阶段的主要任务

在项目实施阶段,建设单位的主要工作是按合同规定为项目实施提供必要的条件,并在实施过程中督促检查并协调有关各方的工作,定期对项目进展情况进行研究分析。主要有:

(1)需由建设单位出面办理的各项批准手续,如施工许可证。施工过程中可能损坏道路、管线、电力、通信等公共设施等方面,需取得法律、法规规定的申请批准手续等。

(2)协商解决施工所需的水、电、通信线路等必备条件。

(3)解决施工现场与城乡公共道路的通道,以及专用条款约定的应由建设单位解决的施工场地内主要交通干道,满足施工运输的需要。

(4)向承包方提供施工现场及毗邻区域的工程地质和地下管线、相邻建筑物和构筑物、地下工程、气象和水文观测等资料,保证数据真实。

（5）督促咨询、监理工程师及时到位，履行职责。

（6）协调设计与施工、监理与施工等方面的关系，组织承包方和咨询设计单位进行图纸会审和设计交底。

（7）确定水准点和坐标控制点，以书面形式交给承包方，并进行现场交验。

（8）组织或者委托咨询监理工程师对施工组织设计进行审查。

（9）协调处理施工现场周围地下管线和邻近建筑物、构筑物及有关文物、古树等的保护工作，并承担相应费用。

（10）督促设备制造商按合同要求及时提供质量合格的设备，并组织运到现场。

（11）督促检查合同执行情况，按合同规定及时支付各项款项，并协调好报告中出现的新问题和矛盾冲突。

4．竣工验收阶段的主要任务

（1）组织进行试运行、试运营。

（2）组织有关方面对施工单位拟交付的工程进行竣工验收和结算。

（3）办理工程移交手续。

（4）做好项目有关资料的收集和接收与管理工作。

（5）安排有关管理与技术人员的培训，并及时接管。

第二节　建设单位领导层造价管理

建设单位领导层具有较高的政策水平、分析判断能力和组织能力，主要考虑全局的、重大问题。本节从以下四个方面阐述建设单位领导层的造价管理工作。

第一，建设单位领导层充分利用自身的行政资源优势，处理同组织外各单位的协调配合工作，从外部为项目实施创造良好的外围环境。

第二，致力于组织内部的管理工作，充分发挥下属各部门的专业优势。

第三，项目决策。重大工程项目决策主体在立项前是政府，立项后是项目建设单位。

在管理学中，决策有狭义和广义之分。狭义的决策是指"抉择方案"，即在几种备选方案中作出抉择。广义的决策是指狭义决策和支持狭义决策的相关各种活动，这包括发现问题、收集信息、确定目标、拟定方案、评选方案和给出决策支持信息等各项工作的总和。

决策的核心要点可以归纳如下：

（1）决策是人们在认识客观世界的基础上为了能动地改造世界所开展的一种思维和选择活动。

（2）决策是包括确定行动目标，分析相关环境条件与约束，选择满意行动方案的管理活动。

（3）决策是一个由一系列阶段组成的管理过程，其中最主要的阶段有：数据收集与加工阶段，备选方案设计阶段和评价与选择满意方案阶段。

陈伟（2005）在《重大工程项目决策机制研究》中提出："合理的决策组织结构应该是：目标一致性和决策管理的统一性相结合；管理幅度与管理层次相协调，责任和权利相对等；分工合理和密切协作；集权与分权相结合。"

第四，制度保证。根据自身的管理水平和项目需要，组建适合具体项目的造价管理体系。

以华东某城市轨道交通为例。该市正在建设的轨道交通1号线、2号线、地铁大厦采用了3种不同的审计模式，建设单位领导层因地制宜，作出了3种不同的造价管理模式。

（1）轨道交通1号线。当地审计局采用全过程跟踪审计模式，即审计局采购全过程造价咨询单位对建设单位造价管理进行全过程跟踪审计。

该城市建设单位领导层通过了以征地征收处为征地、征收与补偿资金的牵头管理部门，总工办为概算编制、设计变更的牵头管理部门，计划合同处为招投标阶段造价管理牵头部门，工程管理处、机电设备处为计量与支付牵头管理部门，造价监督处为结算阶段造价管理牵头部门，财务处为竣工决算牵头管理部门的造价管理体系。

（2）轨道交通2号线。该市审计局不再委托第三方造价咨询单位进行全过程跟踪审计，但派驻审计组跟踪审计。

公司领导层决定在2号线造价管理体系中充分利用第三方专业造价咨询单位的力量。在1号线造价管理的基础上，按项目建设流程划分征收、管线迁改及配套、正线工程三个阶段进行工程造价管理，每个阶段均选择了3家造价咨询单位为轨道交通服务。

（3）地铁大厦建设项目。由当地财政局进行全过程跟踪审计。

建设单位领导层经过与财政局协商沟通决定共同委托一家第三方审计单位进行全过程跟踪审计，同时建设单位领导层在公司内部成立控制中心建设项目组来推进项目实施。

建设单位领导层的造价管理还可参考本书第二章第二节决策阶段造价控制的"五大原则"。

第三节　设计管理部门造价管理

能否保障工程建设的进度、质量、节约投资，主要取决于设计质量的好与坏。决策正确的前提下，设计阶段对工程造价的影响最大。本节从城市轨道交通设计阶段划分、设计阶段突出问题、设计管理部门造价工作要点三个方面阐述设计管理部门的造价管理工作。

一、城市轨道交通行业设计阶段划分

根据我国目前的实际情况,城市轨道交通项目的设计阶段可分为四大阶段,即"总体规划设计阶段""方案设计阶段""初步设计阶段""施工图设计阶段"。各设计阶段造价管理主要内容如图 7.3-1 所示。

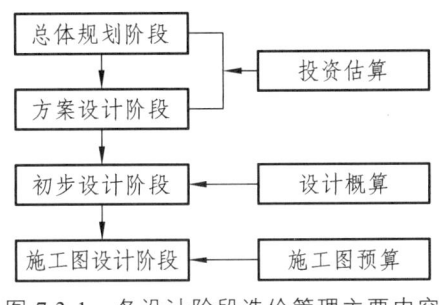

图 7.3-1 各设计阶段造价管理主要内容

二、城市轨道交通行业设计阶段存在的突出问题

1. 三边工程仍然存在

城市轨道交通工程由于受到多重条件的约束,在停车场及车辆段等项目中很容易产生三边工程,具体而言就是在工程项目设计过程中,同时进行施工和设计。因此,在施工过程中,变更项目比较多。除此以外,有些设计人员设计经验不足、专业知识匮乏,在工程设计过程中无法掌握重要的设计节点,对于工程量也没有进行认真审核,忽视了工程造价控制的重要性。

2. 项目设计招标、评标方案和相关标准不合理

建设单位在工程项目造价管理方面,可以通过落实有效的设计招标制度,提升项目设计水平和造价控制水平。但是我国设计招标结果并不理想。在对工程项目进行设计评标时,往往追求多功能以及高标准,而忽视了设计方案造价影响因素。在设计单位招标过程中,往往会选择报价较低的设计单位,与此同时,由于评标因素缺乏合理性,容易出现投资失控的问题。

三、建设单位设计管理部门造价工作要点

建设单位设计管理部门造价工作的主要目标是:牵头完成投资估算价、概算价的编制,牵头设计变更管理。

建设单位设计管理部门造价工作要点如下。

1. 以设计阶段造价管理为重点

建设单位应想方设法吸引更多优秀的设计单位参与到设计招标与方案竞选的活动中来,建设单位可以从中获取到更多、更好的投资设计方案。再邀请一些业内的专家对技术的先进、功能、经济等方面进行综合的点评与评定,在这其中选择出一个最好、最合适的设计方案。

2. 主动控制

要在设计阶段对投资进行有效的控制,就需要从整体上加强对项目投资的控制,由被动反应变成主动控制,由事后核算变成事前控制,而限额设计就是根据上述要求提出的一种投资控制方法。所谓限额设计是指:"按照批准的设计任务书及投资估算控制初步设计,按照批准的初步设计总概算控制施工图设计,同时各专业在保证达到使用功能的前提下,按分配的投资限额控制设计,严格控制技术设计和施工图设计的不合理变更,保证总投资限额不被突破。"

限额设计的第一步是合理确定限额设计总值。由于可行性研究报告是确定总投资额的重要依据,所以应以批准的投资估算作为限额设计总值。在实施限额设计过程中,则依据纵向和横向两方面的手段加以控制。其中纵向控制即从可行性研究、初步勘察、初步设计、详细勘察、技术设计直到施工图和设计变更整个过程中,将限额设计贯穿到各个阶段,而在每一阶段又贯穿于各专业的每一道工序,步步为营,层层控制,改变和克服各个环节相互脱节的现象,最终保证限额设计目标的实施。横向控制即健全和加强设计单位对建设单位以及设计单位内部的经济责任制,而经济责任制的核心则是正确处理责、权、利三者之间的有机联系。

3. 技术与经济相结合

利用价值工程进行设计方案优化。价值工程的主要内容是以功能分析为核心,研究功能与成本的关系。通过功能分析可以摆脱传统习惯的约束,客观地确定项目功能,找出实现所需功能的最优方案,从而有助于方案的优化。

设计管理部门的造价管理还可参考本书第三章第二节设计阶段造价控制的"五大措施"。

四、某市轨道交通工程概算编制办法

1. 概算的含义

本办法所称概算是指在投资估算控制下,由设计单位根据初步设计或扩大初步设计图纸、概算指标、概算定额、其他各项费用定额或取费标准、建设地区自然和经济条件、材料和设备预算价格等资料,编制的从建设项目筹建至竣工交付使用所需全部预期费用的计算文件。

2. 概算编制管理基本要求

（1）编制概算的定额、指标、价格、取费标准、深度应符合轨道交通项目的相关规定，有关人工、材料、机械台班单价等应符合属地计价原则。

（2）依据初步设计图纸、概算定额、计价规范和施工现场情况等要求计算确定分部分项工程量和综合单价，防止发生多算、重算和漏算等情况。

（3）设备的规格、数量和配置应符合设计要求，引进设备应符合国家的产业政策。

（4）工程建设其他费用及计取标准应按国家、地方及行业有关部门规定执行。

（5）单位工程概算、单项工程综合概算、项目总概算必须内容完整、准确，能满足立项审批部门的基本要求。

3. 概算编制管理流程

（1）总工程师办公室（前期规划处）为概算编制管理的责任部门，负责组织设计单位编制概算，解决概算编制过程中涉及的技术问题，组织概算评审，并对概算质量进行考核。

（2）造价监督处负责对概算的编制依据、定额使用、计费标准进行审核。

（3）概算编制管理流程图如图 7.3-2 所示。

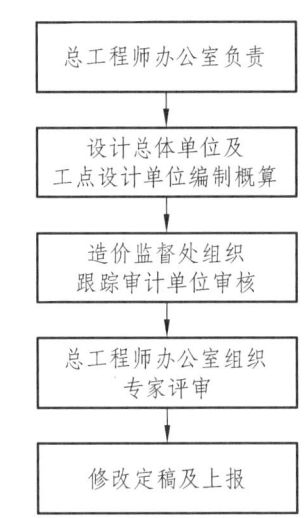

图 7.3-2　概算编制管理流程图

五、某市轨道交通工程设计变更管理办法

1. 含　义

本办法所称设计变更造价是指已履行设计变更程序，而对设计图纸及相关建设内容价款所做出的修改、调整、变动等经济活动。

2. 程　序

设计变更造价必须按规定程序办理，即参建单位按轨道公司设计变更管理流程，以书面形式上报设计变更理由、内容、工程量及预估造价等（附详细图文、电子资料），并经审核批准的过程。

3. 设计变更造价管理基本要求

（1）设计变更必须办理相应的变更审批手续。

（2）审核设计变更项目的工程数量。

（3）审核设计变更项目单价。

4. 设计变更管理流程

(1) 建设分公司为设计变更造价管理的责任部门,负责按变更工程的规模、标准、技术条件、金额大小等确认变更类型(轨道交通工程分Ⅰ、Ⅱ、Ⅲ、Ⅳ种类型,市政配套工程分Ⅰ、Ⅱ、Ⅲ种类型),监督检查工程变更程序,下达设计变更指令。

(2) 设计变更提出单位应填报设计变更申请报告、设计变更估算表等资料,并提交建设分公司审核(若承包商提出,则先经监理单位审核)。

(3) 建设分公司、计划合同处、造价监督处同时对申请单位的变更估算进行审核。

(4) 建设分公司按照不同类型的设计变更,组织相应的设计变更审查会,并形成审查会议纪要。

(5) 设计变更造价管理流程如图 7.3-3 所示。

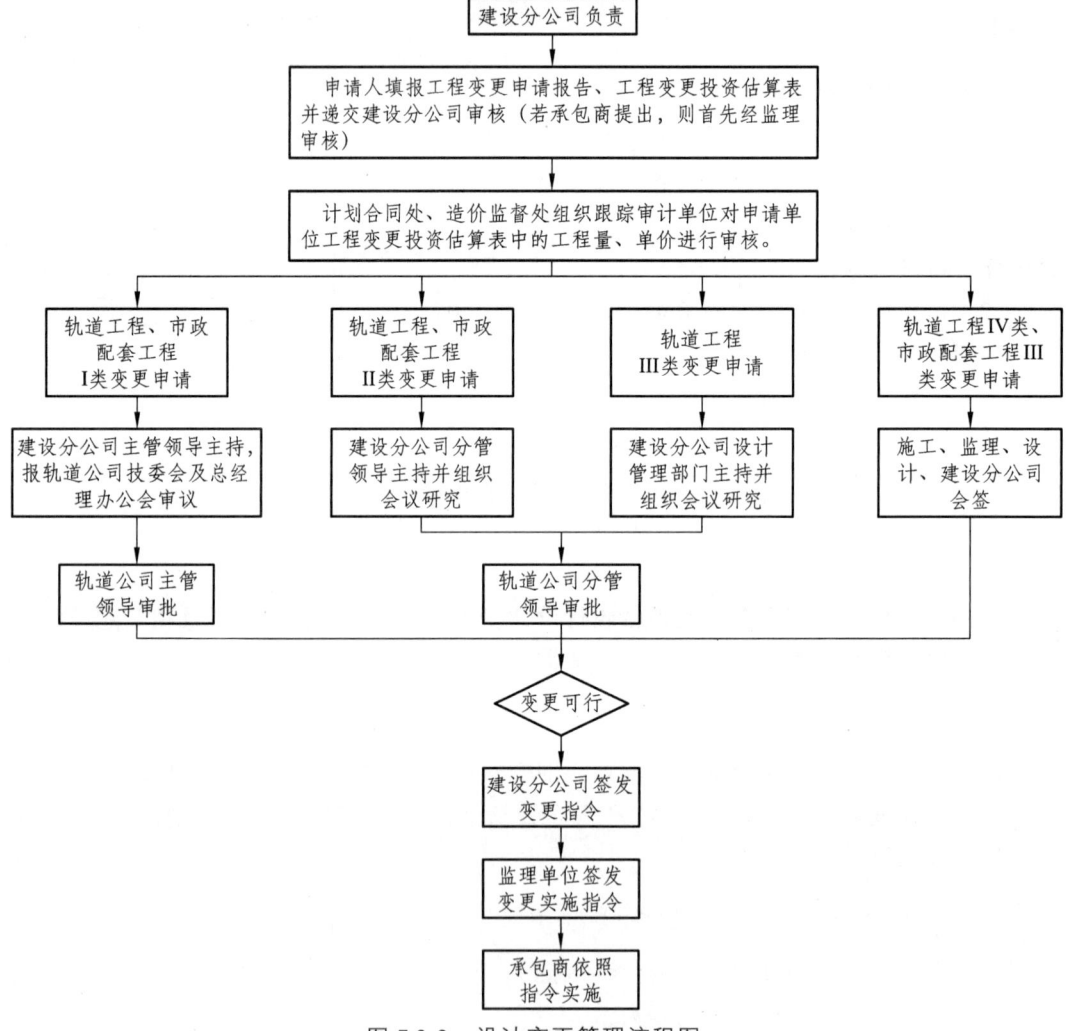

图 7.3-3　设计变更管理流程图

第四节 招标部门造价管理

本节从招标部门造价工作的主要任务、招标控制价编制存在的突出问题、建设单位招标部门造价工作要点三个方面阐述建设单位招标部门的造价管理工作。

一、招标部门造价工作的主要任务

招标部门造价工作的主要任务有两方面：

1. 牵头完成招标控制价的编制与审查工作

审查质量直接决定了招标控制价的水平，因此建设单位招标部门应加强重视审查工作。

城市轨道交通工程的招标控制价审查是一项全面而又具体、综合而又细致的重要工作，因此建设单位招标部门造价管理人员要对工程现场进行事前、事中、事后的踏勘和走访，明确轨道交通工程项目概况、界面，了解工程现场自然地理条件、运输和弃置、机械设备进退场及施工技术方案的选定和完善、施工措施方案，从而有效控制工程量及技术组织措施费，确保工程造价符合实际。

2. 合同中涉价条款的编制

涉价条款主要有预付款、计量与支付、变更、调差、结算等的约定。

二、城市轨道交通行业招标控制价编制存在的突出问题

1. 缺乏审核技术力量

建设单位招标部门的造价工程师数量有限，既懂城市轨道交通技术又懂轨道交通造价的工程师更是凤毛麟角，从而导致建设单位招标部门对一些复杂的技术问题或一些特殊专业难以适从，这就为招标控制价编制成果质量和对工程造价进行有效控制带来潜在隐患和风险。

2. 审核抽查内容存在自由裁量过大

建设单位招标部门对招标控制价的审核有时全凭审核人员的个人专业知识结构主观决定，导致抽查内容有时不能准确反映出工程造价的实际特点，轨道交通工程项目工

程造价的个性部分和共性部分无法有效结合起来，不能将关键重点部位和易出差错部分抽查进去，导致招标控制价审核流于形式。

3. 材料报价不准

城市轨道交通工程项目招标控制价审核人员主要依靠政府发布的材料信息价进行审查，有时也会采用询价及市场调查等方式来查询材料单价。由于市场信息不对称或材料行业相互间的保护，一些新工艺、新技术工程造价的确定采取套用相近定额或进行定额换算，导致报价许多时候不符合工程造价实际。

三、建设单位招标部门造价工作要点

建设单位招标部门按照轨道交通工程量计价规则要求、通过对项目的招标控制价审查，可以调整不合理的工程量、剔除不合理项目，从而堵塞管理上的漏洞。同时还要尽量完善涉价条款，加强合同执行中的过程管理，才能有效避免价款纠纷、确保工程结算顺利实施。

1. 重点审核投资比例较大的分项工程

由于清单项目多且烦琐、招标图纸所示不够详细，容易造成工程量漏算或工程量不准，直接影响工程造价。因此要重点审核投资比例较大的分项工程。加强该分项工程综合单价、措施费、专业工程暂估价的审查。

审核人员要根据人工、材料设备及施工机械的市场价格信息及政策性文件进行人工费、主要材料费、机械台班审查，根据轨道交通工程平均利润率及项目管理费叠加综合单价。同时措施费及专业工程暂估价要结合拟建项目的条件和技术特点。

2. 涉价条款既要写明确又要有可操作性

招标合同里关于双方的风险承担范围、工程量、综合单价、措施费用和材料价格风险等调整幅度与办法要在合同中写明。否则会给今后工程实施中的造价协调及工程结算留下很多隐患。

3. 评标办法中重视施工方案及投标不平衡报价的限定

不平衡报价就是有意识地改变工程的正常价格，通过不正常的单价调整来达到获取更大利益的目的，有违诚实信用原则。因此建设单位招标部门在发布招标文件及签订施工合同时，应对施工单位在清单投标时的不平衡报价加以限定，确保中标单价在合理的幅度范围内。

招标部门的造价管理还可参考本书第四章第三节招投标阶段造价控制的"五大指南"。

四、某市轨道交通工程招投标阶段造价管理办法

1. 管理的含义

本办法所称招投标阶段工程造价管理是指对轨道交通建设项目工程量清单编制、招标控制价编制、投标报价、商务谈判及合同金额（含设计、监理、检测等咨询服务类及前期工程）等经济活动进行管理。

2. 招标投标阶段（含商务谈判）工程造价管理基本要求

1）工程量清单编制管理

（1）工程量清单的编制应符合《建设工程工程量清单计价规范》和省、市有关工程造价计价规定。

（2）清单中的工程量计算应当准确、完整，分部分项工程量清单子目应避免漏项、重复，计算底稿、答疑、澄清和调整等相关资料必须齐全。

（3）工程量清单内容、项目特征描述必须完整、准确、科学合理，应达到编制投标报价的质量要求。

（4）措施项目清单、其他项目清单、规费和税金项目清单等必须合理、全面和准确。

2）招标控制价编制管理

（1）招标控制价的编制应以项目投资计划、设计图纸、施工现场条件、工期和质量要求、市场供求关系、清单计价规范和国家、省、市有关部门确定的计价文件为依据，符合招标文件（含招标答疑）的质量要求。

（2）招标控制价必须准确、完整。包括招标控制价编制总说明、建设项目招标控制价汇总表、单项工程招标控制价汇总表、单位工程招标控制价汇总表、分部分项工程和单价措施项目清单与计价表、总价措施项目清单与计价表、综合单价分析表、其他项目清单与计价表、规费和税金项目清单与计价表以及招标文件要求的其他资料等。

（3）分部分项工程综合单价的组成必须合理、合规，及时发现和调整明显偏离市场行情等问题。

（4）项目措施费用、规费等的计取范围、金额必须符合相关规定。

（5）招标文件、施工设计图纸等发生调整时，应及时调整工程量清单、调整招标控制价，并按照程序及时变更招标相关事宜。

3）商务谈判价格管理

（1）商务谈判价格的构成、报价依据、取费标准或费率、计算方法应符合商务谈判精神及相关规定。

（2）商务谈判过程中应履行对潜在中标人的报价方案进行综合比较、从中选优等相关程序。

（3）防止和纠正报价方案中的矛盾、瑕疵和漏洞。

4）合同价格管理

（1）合同中的价格条款应全面落实招投标文件或商务谈判会议精神。

（2）合同价格应与评标结果或商务谈判结果相一致。

（3）合同中应体现被建设单位接受的投标承诺。

3. 工程量清单修编的含义

工程量清单修编是指在招标工程量清单基础上，根据合同约定对已有施工图纸的工程及其工程量进行重新计算和确定，分阶段对招标工程量清单进行调整，形成施工图工程量清单，并作为期中支付与工程结算的依据。

4. 招标投标阶段工程造价管理流程

（1）计划合同处为工程量清单及招标控制价编制管理的责任部门，协调制定编制进度计划和质量标准，定期组织召开编制工作协调会议，并对编制质量进行考核。

（2）建设分公司负责设计技术方案，使之达到工程量清单及招标控制价编制的深度要求，并按编制进度要求，督促设计单位及时完成和提交深化设计资料。

（3）建设分公司负责拟定工程实施方案、现场措施标准、作业界面、工期要求等。

（4）造价监督处负责对工程量清单及招标控制价的计价办法、编制依据、定额执行、取费标准及税费等进行审核。

（5）招标投标阶段工程造价管理流程如图 7.4-1 所示。

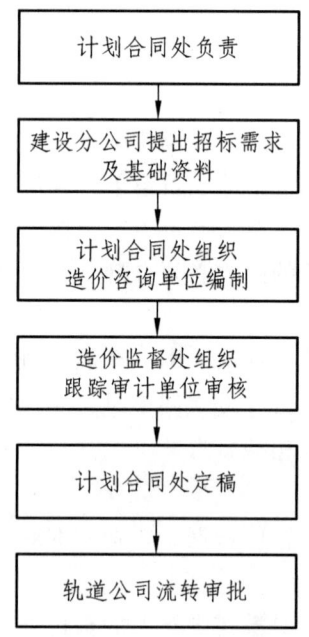

图 7.4-1　招投标阶段造价管理流程图

第五节　工程管理部门造价管理

在工程项目建设过程中，不可避免地会出现工程变更的问题，但是如果对于工程变更监控不到位，就会出现工程造价控制失控的问题。例如市场提供材料规格标准与施工图不相符、建设单位提供的工程量清单质量不高、施工单位在施工过程中故意不按要求施工等等原因。为了有效避免在工程项目施工过程中出现工程变更失控的问题，可以建立"分级控制，限额签证"制度，同时建设单位代表及监理工程师也应该常驻施工现场、加强监督管理。本节从工程管理部门主要造价工作、工程管理部门造价工作常见的问题、工程管理部门造价工作要点三个方面阐述工程管理部门的造价工作。

一、工程管理部门主要造价工作

工程管理部门造价工作主要有：负责承包合同价的执行，牵头工程签证管理及工程变更的实施，负责甲供材管理。

1. 负责承包合同价的执行

合同价在执行过程中，一般发生如下几方面款项：

（1）工程预付款。该项费用是建设单位拨付给施工单位的预支款，主要用于施工单位满足开工而发生的设备与人员调遣、材料准备等所需的费用。

（2）期中支付。随着工程的进展，根据合同条款约定的时间、方式及实际完成工程量，支付给施工单位工程价款。

（3）价差调整。市场经济条件下，价格的变化是必然的，因此价差问题应作为合同价的重要内容。

（4）工程变更与现场签证。工程管理部门牵头工程变更及工程签证管理的实施。工程变更包括设计变更、进度计划变更、施工条件变更等。现场签证主要是对建设单位要求完成的合同外工程量及费用进行确认的过程。

2. 甲供材管理

建设单位在工程招投标阶段选定一些对工程质量、造价等有重大影响的材料、设备作为甲供材。甲供材起到保障工程质量、降低工程造价的作用。建设单位工程管理部门如何科学管理甲供材，直接反映建设单位工程建设的能力和水平。在工程建设中，建设单位和施工单位应各自做好资料的交接、归档手续，为以后的工程竣工结算留存详细账目，维护双方应得的利益。

二、工程管理部门造价工作常见的问题

施工阶段做好工程价款审查与管理的意识不够，是工程管理部门造价工作中比较突出的问题。

工程价款的审查与管理贯彻于施工的全过程。但不少建设单位急于项目的进展而忽视了造价管理的重要性，从而导致对一些现场签证及变更的必要性和合理性缺乏监督、对变更方案的经济合理性缺乏比较，导致后期结算时存在纠纷隐患。

三、工程管理部门造价工作要点

1. 做好工程进度款的控制与审核

正确计算工程预付款、起扣点，是正确支付进度款的依据。编制资金使用计划，是正确支付进度款的基础。加强实物计量，严格现场签证，是正确支付工程进度款的重中之重。

2. 做好工程价款调整的控制工作

在施工过程中常因工程变更及材料、人工、设备价格变动等因素影响到工程价款的增加，应按照相关规定和合同规定的方法来进行控制。

3. 做好隐蔽工程验收

隐蔽工程验收记录既是质量保证的重要文件，又是竣工技术资料的重要组成部分，其对工程交工前后安全质量事故的原因分析、责任分析及事故处理及工程结算都可以提供详细准确的技术数据。因此对隐蔽工程验收记录内容的真实性进行审核具有很重要的意义。

建设单位工程管理部门对隐蔽工程验收记录的审核必须坚持准确性，这是在对整个隐蔽工程验收记录完整性审核的基础上进行的。

首先对隐蔽工程验收记录内容的审核，这是整个审核工作的重要一环。如基础方面的隐蔽工程验收记录审核，主要包括基槽开挖、基础打桩、回填土等。具体审核时，可

查其隐蔽工程验收记录中是否对基础断面尺寸，标高，打桩的规格、数量、位置，基础施工中井、坑、塘的处理，回填土工程的施工，地质土质情况等做一定的说明，有关部门是否签署隐蔽验收意见，施工、设计、建设三方是否都签字盖章。

再次，对隐蔽工程验收记录内容真实性的审核。基建工程的规范表明，隐蔽工程验收手续应及时办理，在基建工程隐蔽项目隐蔽之前进行隐蔽验收，不可以后补。

工程管理部门的造价管理还可参考本书第五章第二节施工阶段造价控制的"五大手段"。

四、某市轨道交通工程签证造价管理办法

1. 含　义

本办法所称工程签证造价是指设计文件已包括但需由现场签证确认的工程项目等非承包商原因所发生的合同外费用。

2. 程　序

签证按照申请、审批、实施、费用审定、计量的程序进行。

3. 工程签证造价管理基本要求

（1）工程签证必须办理相应的审批手续。

（2）审核工程签证项目的工程数量。

（3）审核工程签证项目单价。

4. 工程签证造价管理流程

（1）建设分公司为工程签证造价管理的责任部门，负责按工程签证的金额大小确认签证类型（Ⅰ、Ⅱ、Ⅲ种类型），监督检查工程签证程序，下达签证指令。

（2）工程签证提出单位应填报"工程签证申请表"，经监理单位审核后提交建设分公司主管业务部门审核。Ⅲ类工程签证由轨道公司分管领导审批；Ⅱ类工程签证由轨道公司主管领导审批；Ⅰ类工程签证由轨道公司总经理办公会议审定，轨道公司主管领导审批。

（3）工程签证审批完成后，工程签证提出单位应填报"工程签证费用审批表"，建设分公司、计划合同处、造价监督处对申请单位的签证费用进行审核。

（4）工程签证造价管理流程如图7.5-1所示。

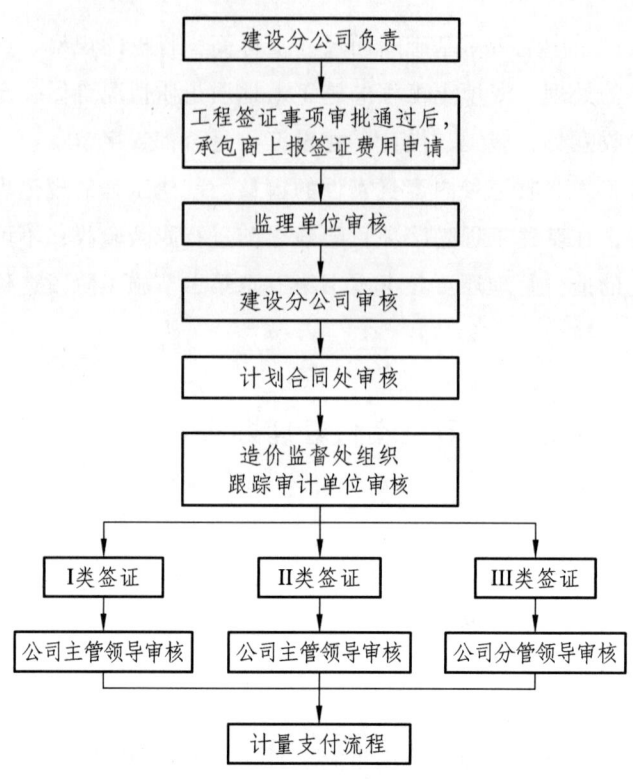

图 7.5-1　工程签证造价管理流程图

五、某市轨道交通工程甲供材价格管理办法

1. 含　义

本办法所称甲供材料、设备是指由建设单位统一进行招标、采购、供应，并按建设单位指定的交货地点和交货方式准时办理交接和检验手续的材料、设备等物资。

2. 甲供材料、设备价格管理基本要求

（1）按设计要求，制订轨道公司材料、设备采购计划，实行总量控制；依据设计图纸、规范及采购计划，对进场材料、设备（包括规格、型号、大小、尺寸、性能、数量等）进行抽样检查；工程竣工后，及时审核甲供材料、设备总量，并做好预算数量、供货数量、实际结算数量的分析统计工作，按程序及时处置结余物资。

（2）审核甲供材料、设备的招标控制价、商务谈判价格和合同金额。

（3）审核甲供材料和设备的预付款、计量款及结算价款。

3. 甲供材料、设备价格管理流程

（1）建设分公司为甲供材料和设备价格管理的责任部门，遵循"谁采购，谁负责"

的原则，负责对甲供材料和设备实行分类管理、分级负责、统一计划、统一采购、统一供应、统一调度、统一核算。

（2）计划合同处负责组织甲供材料和设备的招标投标，组织合同谈判、签约、变更、解除和纠纷处理等相关会议，负责合同交底、合同执行、合同变更管理。

（3）造价监督处负责甲供材料和设备招标控制价的审核工作。

（4）甲供材料、设备价格管理流程如图 7.5-2 所示。

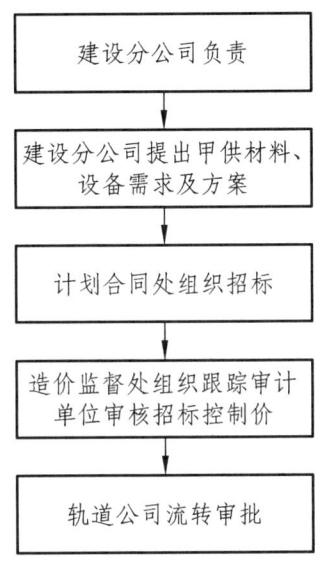

图 7.5-2　甲供材料、设备价格管理流程图

第六节　造价管理部门造价管理

　　轨道交通项目工程造价管理和控制的专业性比较强，建设单位对于工程造价的管理工作应该贯穿项目建设全过程，合理确定工程造价，加强设计阶段造价控制，加强施工管理，严防工程变更，同时加强工程结算阶段的造价管理，这样才能够有效提升工程项目管理和控制水平，提升工程项目建设经济效益。

　　根据建设单位需要，有的建设单位单独成立了造价管理部门，有的造价管理部门与合约部门合并，有的造价管理部门与财务部门合并，有的将造价管理分散于各个主管部门。虽然达成目标的方式不一，但建设单位的造价管理目标基本都是一致的。本节从造价管理目标、造价管理模式、造价管理部门工作要点三个方面展开造价管理部门的工作。

一、造价管理目标

造价管理的目标是利用科学的管理理论和管理手段将工程造价控制在建设投资范围内，并随时纠正发生的偏差，保证项目动态投资管理目标的实现。

二、造价管理模式

1. 建设单位+第三方造价咨询单位

建设单位依据需要，可以在投资估算审核、设计概算审核、招标控制价编制与审核、施工阶段全过程造价控制、结算审核等阶段单独委托第三方造价咨询单位，也可以委托造价咨询单位进行全程造价管理或部分阶段造价管理。

这一模式在城市轨道交通建设单位普遍采用。

2. "总体+工点"造价管理模式

青岛地铁最先提出"总体+工点"造价管理模式并付诸实施。"总体+工点"造价管理模式是在城市轨道交通工程造价管理中，委托熟悉工程所在地造价管理规定的造价咨询单位作为工点造价咨询单位，负责分标段的造价咨询工作，委托有城市轨道交通建设经验的造价咨询单位作为造价总体管理、统一模式、专业指导、技术培训，并解决造价疑难问题等，将造价总体单位的城市轨道交通造价管理经验与工程当地的造价管理经验有机地结合起来，共同完成城市轨道交通工程的造价管理工作。

3. "投资监理"模式

"投资监理"模式在上海城市轨道交通建设中得到了广泛采用。投资监理接受建设单位委托，参与城市轨道交通项目的可行性研究；投资监理以工程批准的总概算为依据，切块分解总概算，细化控制目标；运用控制论的基本原理，采用动态控制方法，及时估算工程费用；结合现场具体情况，定期分析并预测最终结算投资；跟踪概算执行情况，严格估算并审查各类费用；依据概算执行情况及时向建设单位提供控制投资方面的报告和建议，达到协助建设单位对本工程项目投资有效运行并发挥最大效益，使投资控制在批准的概算内并力争节约投资，最终通过项目竣工决算审计。

三、造价管理部门工作要点

1. 策划、完善公司造价管理体系

造价管理体系的制定与完善一般可分为如下阶段：调研；建设单位内部造价工作细分；建设单位内部造价工作定位；体系评审；执行与调整。如图7.6-1所示。

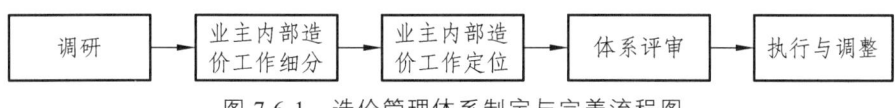

图 7.6-1 造价管理体系制定与完善流程图

（1）调研。调研是第一个环节，通过调研摸清行业内造价管理最新动态、管理理念。

（2）建设单位内部造价工作细分。结合项目的投资目标，按照建设单位内部实际及需求出发，划分各部门的主要造价工作。

（3）建设单位内部造价工作定位。经过研究行业内造价管理理念、本地建筑市场状况、建设单位内部架构体系等前提条件，利用科学方法构思出各部门工作定位，从而保证各部门在管理管理活动中责、权统一。

（4）体系评审。制度的设计要遵循一定的原则和程序，体现集体智慧和意志。有些制度在制定的初始就违背了制度制定原则，不是内容违法、违规，就是显失公平、公正，或者是集体、个人利益冲突等，这样的制度从诞生之日起就已经丧失了制度执行的意义和积极性。

（5）执行与调整。执行是实现建设单位造价管理理念的过程。同时还需根据城市轨道交通工程不同的建设阶段，不断完善造价管理体系。

2. 监督各部门造价管理执行情况，牵头解决矛盾突出的造价事项

有些建设单位制定了很多造价管理制度，但最终事与愿违。归根结底不是制度出了问题，关键原因是好的制度没有彻底地、坚决地去执行，执行过程缺乏有效监督，导致建设单位所有努力付诸东流。因此必须狠抓造价管理制度执行、监督检查。

同时由于城市轨道交通的复杂性及轨道交通社会影响大的原因，工程建设中会出现一些矛盾突出的造价事项。由于这些问题涉及多个部门，单靠某个部门的力量无法彻底解决。为进一步保障城市轨道交通工程进展，化解造价矛盾，造价管理部门在经过公司领导层的授权下，应充分发挥专业知识，牵头协调重点突出问题的矛盾化解工作。

3. 把好工程结算关

工程竣工结算审查是竣工结算阶段十分关键的工作项目，经审查拟定的工程竣工结算是核定建设工程造价的重要依据，同时也是建设项目验收后编制竣工决算以及拟定新增固定资产价值的关键依据。因此，建设单位应要求各部门加强竣工结算监督管理，核对合同条款，对隐蔽工程加强检查和验收，严格落实设计变更签证，对工程数量进行仔细核实，严格核实新增单价。在审核竣工结算时，必须坚持公平、公正、正确的原则，确保竣工结算能够准确地反映出工程造价。

结算管理还可参考本书第六章第一节结算阶段造价控制的"五大步骤"。

四、某市轨道交通工程竣工结算造价管理办法

1. 含　义

本办法所称工程结算是指单位工程完工并经验收合格后，发、承包双方根据施工合同的约定，对完成的单位工程进行工程价款的计算、调整和确认。

2. 申　报

单位工程验收合格后，承包方应在合同规定的时间内编制单位工程结算，并按轨道公司相关流程进行申报。

3. 审　核

审核工程结算程序、内容、价格的合理性和准确性。

4. 依　据

工程结算审核依据包括招投标文件、工程合同、施工图纸、现场签证、会议纪要、施工方案、现场验收资料、工程量清单、计价及费用定额、市场行情、相关历史资料、国家、地方、行业及轨道公司的相关文件等。

5. 工程结算管理的基本要求

（1）审核已完工程是否已经验收，并达到合同约定的质量标准，是否存在未验收、返工、待处理等情况。

（2）依据工程竣工图纸、施工组织设计、施工方案、工程量计算规范等，审核工程数量的计算是否准确、合理、完整。

（3）审核现场签证、隐蔽工程、工程变更、工程索赔、价格调整等的合理性和正确性。

（4）审核综合单价或定额执行是否符合合同规定，是否存在错误、重复等情况。

（5）审核工程量清单、计量单位、综合单价、费率、取费基数等与合同规定是否一致，涉及的包干项目是否违背合同约定等。

（6）审核各项暂扣款项目（包括预付款、甲供材料款、质保金、违约金、各类奖罚措施等费用）是否按照合同规定执行。

6. 工程结算造价管理流程

（1）工程结算造价管理纳入轨道公司信息化管理体系。

（2）造价监督处为工程结算造价管理的责任部门，根据合同约定的要求对工程结算的申报与支付进行管理。相关单位或部门按规定时间及格式将已完合格工程计量录入信

息化系统后,及时督促监理单位进行审核(若无监理单位,则由承包商上报至轨道公司主管业务部门)。

(3)监理单位审核后的工程结算资料经轨道公司主管业务部门批准后,提交跟踪审计单位审计。

(4)轨道公司主管业务部门如认为经监理单位审核后的工程结算资料不完整、不准确、不详细时,应责成监理单位落实整改。

(5)工程结算造价管理流程如图 7.6-2 所示。

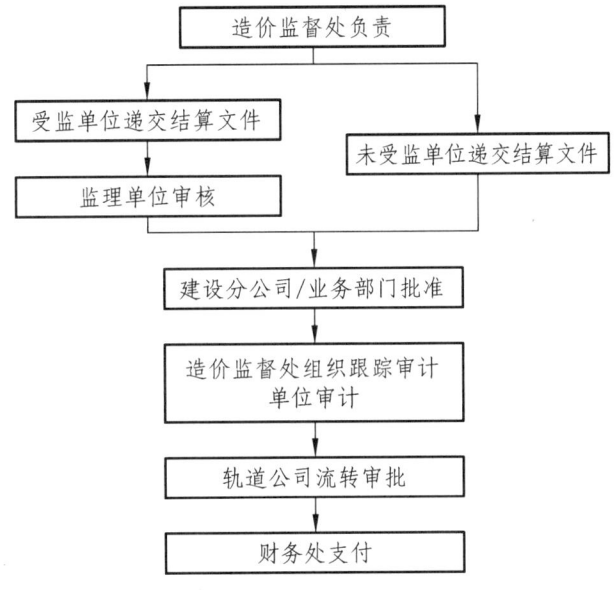

图 7.6-2 竣工结算造价管理流程图

第七节 财务管理部门造价管理

本节从财务管理部门主要造价工作、财务管理部门造价工作常见的问题、财务管理部门造价工作要点三个方面阐述建设单位财务管理部门的造价工作。

一、财务管理部门主要造价工作

1. 牵头竣工决算编制

工程竣工决算是指在工程竣工验收交付使用阶段,由建设单位编制的建设项目从筹建到竣工验收、交付使用全过程中实际支付的全部建设费用。竣工决算是整个建设工程的最终价格,是作为建设单位财务部门汇总固定资产的主要依据。

2. 融资方案比选

城市轨道交通项目建设资金投入大、建设周期长,融资方案优劣是保证项目如期顺利完成、正常运营并还本付息的关键。目前城市轨道交通投融资模式在不断演变,模式趋于多样化,资金来源渠道趋于广泛化。因此,建设单位财务部门应在项目的投资决策阶段对项目融资方案进行优劣性评价,尤其是对项目建设期融资方案进行优劣性评价,以避免项目融资盲目。

3. 资金使用、进度款拨款控制

科学合理制订资金使用计划,确保能够按照合同要求拨付工程款。

二、财务管理部门造价工作常见的问题

财务部门造价工作常见的问题是竣工决算不能及时完成。

目前,城市轨道交通工程建设一般都需要五六年时间,时间跨度长、经办人员更换较多,造成竣工决算的时间较长。竣工决算不能及时完成会对建设公司和运营公司造成较大麻烦,如相关资产明细价格不准确,运营公司只能预估入账,造成资产正式移交后大量的账务调整工作。

三、财务管理部门造价工作要点

财务管理部门造价工作要点主要是进行融资方案比选、做好竣工决算编制。

1. 进行融资方案比选

城市轨道交通项目融资方案的优劣主要由资金结构、融资成本、融资风险及分年度投资计划四个方面,建立评价指标体系主要应从这几个方面考虑。

2. 做好竣工决算编制

加快竣工财务决算,可采取如下措施:

(1)建设单位将竣工决算工作制度化。建设单位领导层的重视与支持是竣工决算的重要前提,建设单位领导层要在关键问题、重要环节上亲自参与,推动最后环节的竣工决算能够顺利开展。同时加强各职能部门的协作关系,提高管理效率。各职能部门的负责人应相互沟通,相互协调,提高部门间相互配合的工作效率,做好各项目材料的基础性搜集工作。

(2)规范的项目管理和合同管理。要建立科学严谨的工程项目管理制度,对工程项

目实行项目责任人负责制，确定"谁负责的项目，谁负责竣工决算"的原则，使工程管理规范化、程序化和科学化。同时加强对合同的管理，避免因合同条款上的不确定造成双方矛盾，影响工程结算。工程完工后尽快办理结算。

（3）加强项目财务管理规范性与前瞻性。轨道交通工程周期长、跨度大，财务部门在工程项目建设开始时，在会计科目体系设计时就考虑竣工决算需求，除按照会计制度要求设立明细科目，还应当考虑到工程概算、固定资产，将会计科目与概算、固定资产结合起来，将竣工决算工作提前到日常会计核算中去。

四、某市轨道交通工程竣工决算造价管理办法

1. 含　义

本办法所称竣工决算是以实物数量和货币指标为计量单位，综合反映竣工项目从筹建开始到竣工交付使用为止的全部建设费用、建设成果和财务情况的总结性文件。

2. 金　额

竣工决算金额包括从项目策划到竣工投产全过程的全部实际费用（含建筑工程费、安装工程费、设备工器具购置费用及预备费等费用），由竣工财务决算说明书、竣工财务决算报表、工程竣工图和工程造价对比分析等部分组成。

3. 竣工决算管理基本要求

（1）按国家有关基本建设财务管理制度编制竣工决算。

（2）"基本建设项目概况表""项目竣工财务决算表""资金情况明细表""交付使用资产总表""交付使用资产明细表""待摊投资明细表""待核销基建支出明细表""转出投资明细表"中填列的内容和数据必须准确、完整。

（3）反映建设项目预算执行及实际投资完成情况，分析超概算及成因。

（4）反映建设项目资金到位和使用情况，包括建设项目实际投资完成额、各投资主体的资金比例及到位情况。

（5）反映结余资金及尾工工程项目。

（6）按规定结转和交付固定资产。

（7）提交竣工决算审计报告。

4. 竣工决算管理流程

（1）财务处为竣工决算管理的责任部门，负责按照国家有关规定在项目竣工验收阶段编制竣工决算报告。

（2）建设分公司及相关业务部门及时提供相关资料，积极配合财务处完成竣工决算报告。

（3）竣工决算管理流程如图 7.7-1 所示。

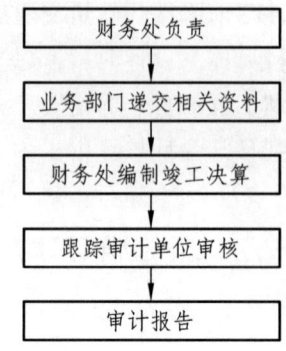

图 7.7-1　竣工决算造价管理流程图

第八章 建设单位如何管理主要参与单位的造价工作

本章针对建设单位与主要参与单位造价管理的关系，以矛盾分析和抓住主要矛盾、解决主要矛盾的原则，提出建设单位的造价管理对象主要为全过程造价咨询单位、监理单位、设计单位和施工单位。以建设单位进行定性分析、造价咨询单位进行定量分析为切入点阐述了如何管理造价咨询单位的造价工作；以监理单位应做好记录、重视第一手资料的搜集为切入点阐述了如何管理监理单位的造价工作；以设计单位是人才高地、必须想方设法引进人才为切入点阐述了如何管理设计单位的造价工作；以抓好工程变更管理为切入点阐述了如何管理施工单位的造价工作。

第一节 如何管理全过程造价咨询单位的造价工作

建设单位采购全过程造价咨询服务是工程造价管理的趋势。针对采购咨询服务中出现的建设单位对采购服务期望过高、出现"以包代管""重包轻管"的问题，以定性定量分析法，分析建设单位与全过程造价咨询单位的造价管理特点，提出建设单位应侧重定性分析、全过程造价咨询单位应侧重定量分析的思路，供同行业者参考。

一、全过程造价咨询服务的意义

建设工程造价咨询单位是建筑市场中介服务体系的重要组成部分。同时，建设单位采购全过程造价咨询服务进行项目造价管理逐渐受到同行业的认可和重视。建设项目全过程造价咨询服务是指在项目的投资决策阶段、设计阶段、招投标阶段、建设实施阶段、竣工结算阶段，将建设项目投资控制在预期投资目标以内，造价咨询单位以独立的身份参与工程项目管理，科学、客观地控制造价，确保建设单位获得较高的投资收益。

但是有些建设单位对采购咨询服务期望过高，视采购咨询服务如灵丹妙药，认为任何造价管理难题均可迎刃而解，从而无须在管理上、宏观调控上再多费神。这种思想无疑对"以包代管""重包轻管"倾向的形成起到催化作用。由于造价咨询单位的管理水平也是参差不齐的，所以有些建设项目出现了"全过程造价咨询单位的水平代表了建设单位的造价管理水平"，这极有可能导致投资控制达不到预期。

这些问题不利于采购咨询服务行业的良性发展，应想方设法予以杜绝。

二、定性定量分析方法与建设单位、全过程造价咨询单位的造价管理特点

定性分析和定量分析只是从不同的角度，在不同的层面，用不同的方法对同一事物的"质"进行研究。由于指导思想和操作手段不同，它们有可能将研究的重点放在"质"的不同侧面上。定性分析是在通过深入、细致、长期的体验、调查和分析对事物获得一个比较全面深刻的认识；而定量分析则依靠对事物可以量化的部分进行测量和计算，并对变量之间的相关关系进行分析以达到对事物的把握。

建设单位项目公司专职工程造价人员有限，造价人员专业技术业务比较窄，宏观工作能力普遍较强但存在微观控制能力不够，能够进行造价分析、提出造价控制问题及建议却不一定能熟练动手编制概预算。所以建设单位项目公司造价管理的特点是宏观工作能力普遍较强，某些阶段投资控制能控制得很好，但全过程造价却可能达不到比较理想的效果。

全过程造价咨询单位在机制上可以解决建设单位因专职人员不足和专业技术面不宽而影响整个项目投资控制的困惑。有资质的造价咨询单位承接全过程造价咨询服务后，其工作方案之一就是配备好派驻现场的专业技术队伍。这支队伍可随着工程建设的不同阶段对工程造价专业人员需要而由造价咨询单位做出调整和选派，既可满足项目建设全过程造价控制的严密性和连续性，又可满足全过程控制中不同层次造价专业技术人员的需要。

造价咨询单位派驻现场的专业技术人员相对建设单位内部工程造价人员具有双重身份、受双重制约，既代表建设单位行使造价管理职责，又代表造价咨询单位履行合同委托职责，既接受建设单位项目公司日常工作的纪律约束，又接受造价咨询单位待遇、分配等人事管理和专业技术职业操行的管理。这种机制客观上就决定了它的优越性。素质高的造价人员在这种双重身份和双重制约中能表现出更高的思想境界，全心全意为建设单位把好投资关的同时也为自己单位争得更好的诚信度。

三、建设单位、全过程造价咨询单位的工作侧重点

由于目前的项目法人制，建设单位是项目成败的第一责任人，理应更能了解项目的来龙去脉，所以建设单位在确定采购咨询服务前，应对自身造价管理特点进行深入分析，利用采购造价咨询服务进行"扬长避短"。选择的造价咨询服务应尽可能地弥补建设单位造价管理的"短板"。同时建设单位应充分发挥宏观工作能力强的优势，在解决工程造价问题时，应侧重通过深入、细致、长期的调查和分析，对造价问题获得一个比较全面深刻的认识，再借助造价咨询单位的专业意见，提出定性的解决方案。对

于建设单位而言，通过引进专业造价咨询服务，能够全面提高建设单位造价管理水平、强化内部管理的目的。

造价咨询单位应履行合同委托职责，利用自身机构的专业优势，弥补建设单位专职造价人员不足等短板，侧重对造价管理中可以量化的部分进行记录和计算，并对相关关系进行分析以达到对造价管理事项的把握。对于造价咨询单位而言，既受建设单位造价管理人员的约束，又受专业技术职业操行的管理。通过这种相互制约、相互促进，才能将造价这一敏感问题透明化，使建筑市场及造价咨询行业在良性的环境中共赢共存。

全过程造价咨询服务是工程造价咨询行业发展的必然趋势。建设单位与造价咨询单位如何找到正确的切入点，行之有效地控制造价，确保工程投资的控制，也为全过程造价咨询服务行业创造更好的发展前景提出了一项重要任务。作者提出建设单位应侧重定性分析、全过程造价咨询单位侧重定量分析的思路，供同行业参考。

四、某城市轨道交通造价咨询招标方案示例

1. 标段划分

某城市轨道交通项目总投资额为 1 486 434.67 万元。建设单位采用全过程造价咨询服务（含竣工结算审核），将全线造价咨询服务划分为 3 个标段，如表 8.1-1。

表 8.1-1　全过程造价咨询服务标段划分

造价咨询	范　围
01 标	（1）土建、风水电安装、装修：5 站 5 区间：青枫公园站、海棠路站、五星站、勤业站、怀德站、青—海区间、海—五区间、五—勤区间、勤—怀区间、怀—南区间的土建工程、装修、风水电安装
	（2）轨道施工：青枫公园站—红梅公园站（含）；供电安装：青枫公园站—红梅公园站（含）
	（3）勘察、设计、监理
02 标	（1）土建、风水电安装、装修：5 站 5 区间：南大街站、红梅公园站、五角场站、三角站、紫云站、南—文区间、文—红区间、红—五区间、五—三区间、三—紫区间土建工程、装修、风水电安装
	（2）轨道施工：红梅公园站（不含）—五一路站；设备系统：供电安装：红梅公园站（不含）—五一路站；
	（3）检测、监测、第三方测量、其他咨询服务
03 标	（1）土建、风水电安装、装修：5 站 5 区间：青洋路站、丁塘河公园站、潞城站、五一路站、丁堰车辆段、紫—青区间、青—丁区间、丁—潞区间、潞—五区间、五—终点区间土建工程、装修、风水电安装、高架区间声屏障
	（2）设备系统：通信、信号、主所、综合监控、防灾报警与设备控制系统、门禁、气体灭火、自动售检票系统、车站辅助设备、人防等
	（3）主材及装修材料等本表中未明确列明的其他造价咨询项目

同时，由于建设单位招标造价咨询单位的时候施工标段尚未划分，建设单位在招标文件了做了如下说明：

（1）待施工标段确定后，为避免造价咨询业务交叉或重叠，建设单位有权按施工标段划分情况对造价咨询业务进行必要调整。

（2）部分造价咨询工作，建设单位有权按专业特点及发包方式进行必要调整。

2. 造价咨询服务内容（包括但不限于下列内容）

（1）设计概算控制（包括咨询对象与设计概算的比对分析、超概风险预警及对策、调概论证等）。

（2）各阶段（土建、安装、装修、设备、材料、非施工类项目等）招标工程量清单及招标控制价、非招标项目预算编制，中标后施工图工程量清单修编审核，招标文件涉价条款审核等。

（3）各阶段合同价格审核（包括合同金额、支付周期及支付比例、合同涉价条款审核等）。

（4）合同执行期间全过程造价控制（预付款、进度款、结算款、独立费、签证及变更工程款等审核，造价动态分析管理等）。

（5）工程竣工结算审核。

（6）甲方要求的询价及造价关联的其他咨询服务。

（7）配合审计、财政（如有）、甲方等单位组织的检查、抽查、复核、考核等。

（8）出具阶段性咨询成果、年度造价咨询报告及最终造价咨询报告。

3. 咨询费用组成

本合同暂定金额人民币（大写） 壹仟零叁拾陆万肆仟玖佰陆拾壹元（RMB：10 364 961元），增值税税率为6%。

咨询费用是指造价咨询单位在合同执行期内完成本合同约定全部造价咨询服务内容所收取的费用，包括但不限于：人员费用、现场费用、交通工具及使用费、设备及相关费用、造价咨询单位取费、税金、利润、延伸服务等与履行本合同有关的一切费用。本合同咨询费用由以下几部分组成：

（1）招标工程工程量清单及控制价编制（设备、材料采购及非施工类招标控制价编制除外）费用按《江苏省建设工程造价咨询服务收费标准》（苏价服（2014）383号）中招标阶段的"工程预算、招标控制价、投标报价（含工程量清单编制）编制"的计费标准，再乘以中标折扣率53%计算确定。计费基数以招标控制价为准，计费费率按差额分档累进方式计算确定后乘以中标折扣率。

（2）设备、材料采购及非施工类（如勘察、设计、监理、检测、监测、第三方测量、其他咨询服务类等项目）招标控制价编制费用为10 000元/次。

（3）施工及结算阶段造价咨询费用（包括中标后工程量清单修编审核、工程进度款支付审核、工程变更及签证审核、钢筋翻样、结算审核、造价动态分析管理等全过程造价管理费用）按《江苏省建设工程造价咨询服务收费标准》（苏价服〔2014〕383号）中招标阶段的"施工阶段全过程造价控制"的计费标准，再乘以中标折扣率53%计算确定。其中：

① 基本收费以最终累计的审定工程造价作为取费基数，计费费率按差额分档累进方式计算确定后乘以中标折扣率53%。

② 效益收费以竣工结算审计核减（增）额作为取费基数，计费费率按固定费率标准3.5%计算（监理人审核签认的工程结算，经乙方审核后，核减或核增绝对值大于5%部分的效益收费，由施工单位、监理单位按7∶3的比例承担并由甲方在施工单位、监理单位结算中扣除）。

③ 钢筋及预埋件质量计算（钢筋翻样）费用=实际钢材使用量×10元/吨（管片钢筋翻样不计费）。

（4）设备材料采购及非施工类（如勘察、设计、监理、检测、监测、第三方测量、其他咨询服务类等项目）结算审计：咨询服务费用为20 000元/次。同一类型项目分为几个标段，在结算审计时仅按一次计算费用。

（5）甲方指定咨询单位对乙方进行复核，结算核减（增）费用的效益收费在乙方结算中扣除。其中：效益收费以结算核减（增）额作为取费基数，计费费率按固定费率标准5%计算。

（6）为鼓励乙方在造价咨询服务过程中及时向甲方提出合理化建议，且其建议对甲方决策产生实质性影响的，经甲方确认同意，其咨询成果可以适当计费，但累计计费不超过20万元。

（7）为便于核算并支付造价咨询费用，在正式签署合同时，甲方有权在合同总额控制（即上述标准）前提下，根据造价咨询服务的具体内容，对应支付咨询费用进行必要的细化和分解。

第二节　如何管理监理单位的造价工作

监理单位对建设项目工程质量的提高发挥了巨大作用，但对项目投资控制方面所起的作用远远没有达到实施工程建设监理制的初衷。针对部分监理单位工程造价管理方面意识和能力较为薄弱的问题，分析了监理单位在工程造价管理方面相对于造价咨询单位的优势与劣势，提出建设单位应在监理人员履约、考核、第一手资料的掌握等方面加强对监理单位的管理。

一、监理单位在工程造价管理方面的优势与劣势

目前，我国多数工程的建设单位采用了监理单位与造价咨询单位两者相结合的造价

管理模式。监理单位相对于造价咨询单位仍有不可替代的优势。从工程承包合同生效开始，到工程竣工验收为止，建设监理活动始终贯穿于其中，所以监理对承包合同的理解、工程施工过程中出现各种情况的了解、责任是非关系的明确及工程造价审核第一手资料的掌握是全过程造价咨询单位所无法比拟的。

但是，监理单位在造价管理方面也存在明显的短板。监理单位造价工程师不仅要具备相关的经济与法律知识，还要有一定的施工技术经验，更需要具备高标准的职业道德。然而现阶段，监理单位自身建设乏力，缺少专业造价人员，导致造价控制力不从心。大多数监理单位造价控制多是作表面文章、流于形式，造价控制不受重视。

二、加强对监理单位造价管理的措施

在施工阶段，监理单位应对施工单位进行规范化管理，严格监督和控制项目的费用、质量和进度。除此之外，监理单位还应针对成本过高、工期延长和质量不合格等状况，及时作出调整方案，并以报告的形式记录工程施工的进度；在竣工结算阶段，监理单位应提高对工程结算审核的重视度，避免审核流程形式化，真正意义上实现对工程结算的审核。可从如下几方面加强管理：

（1）履约严格按照投标承诺，更换专业造价人员的资历不得低于原投标人员资历。

（2）监理工程师应协助建设单位签订好合同。监理工程师应逐条审核合同中的条款，特别是工程价款的结算方法、支付与调整方式、工程变更及变更价款的确定、风险费用的计算方法，承包商的承诺及优惠条款。对合同条款严格审查，为工程竣工结算提供最严密、最基本的保证，也是为了在施工过程中和工程竣工结算时减少索赔创造前提。

（3）建立考核机制，经济手段作保障。建立考核机制，以经济手段倒逼监理单位履行造价管理职责。例如某建设单位在施工合同和监理合同里做了如下约定："承包人编制的工程结算应实事求是，不得故意多估冒算，承包人上报的工程竣工结算经监理审核后，送咨询人审核，若咨询人核减的金额超过送审金额的5%，则超过5%部分的跟踪审计费由承包人承担70%，并由发包人在结算款中扣除。超过部分跟踪审计费其余的30%由监理人承担。"

（4）建设单位避免不规范行为，减少对监理活动的不当干预。工程监理的引入理论上是以专业化管理取代建设单位的部分职能以节约总体投资。但现实中因种种原因，大部分工作仍由建设单位来指导领导，在造价管理上将监理单位作为一种形式或摆设。

（5）保证记录的施工情况与实际进度一致，做到及时签证，并保证签证的数量和质量，杜绝集中签证的现象。监理人员在计量支付项目款时要本着实事求是的态度，严格核实工程进度和竣工成果。没有完好保存现场施工记录导致很难计算变更的影响大小、缺乏变更价格计算的证明资料和参考依据，从而引起纠纷的现象频发。一个好的变更价格计算应附有关的图纸、现场施工记录、建设单位的书面指示和参考的合同文件或引用的条款等。监理单位基础资料收集工作的管理不容小觑。

监理单位必须明确自身在造价控制中的地位，认真履行施工中各个环节的职责和任务，保证在施工过程中规范现场签证和计量支付的管理模式，并抓住竣工环节中对工程结算的审核权；同时建设单位应避免不规范行为并减少对监理活动的不当干预，以便实现有效地控制工程造价。

三、某城市轨道交通监理方案示例

1. 主要人员资历要求

投入的总监理工程师、总监代表要求见表8.2-1。

表8.2-1 主要人员资历表

序号	人员	资历要求
一	总监理工程师	55周岁以下，总监理工程师应具有高级工程师技术职称，10年以上工作经验，从事城市轨道交通工程监理5年以上和担任总监理工程师3年以上，持有国家监理工程师执业资格证书并经注册（注册专业为市政公用工程，注册证书上的单位名称与投标单位名称一致）
二	总监代表	55周岁以下，总监理工程师代表应具有工程师以上（含工程师）技术职称，8年以上工作经验，从事城市轨道交通工程监理5年以上和总监代表3年以上，持有国家监理工程师执业资格证书并经注册（注册专业为市政公用工程，注册证书上的单位名称与投标单位名称一致）
三	专业监理工程师	具有工程类注册执业资格或工程师以上（含工程师）技术职称，并具有5年以上工作经验并经监理业务培训，至少3年从事工程监理经验。其中地质工程师应具有10年以上丰富全面的地质工作经验，具有高级技术职称且至少从事工程监理工作3年以上
四	监理员	具有省级或以上建设行政主管部门颁发的监理员证书，初级职称以上（含）。证书上的单位名称与投标单位名称一致

2. 监理合同范围

工程建设全过程监理，包括但不限于建设工程项目施工图设计过程和施工阶段的质量、进度、费用控制管理和安全、文明施工、环境保护、合同、信息等方面监理服务，并完成施工图审查、设计变更协调、经济签证审核和决算初审等工作。其中，施工监理内容包括但不限于：该标段范围内土建结构及市政道排、绿化等附属工程的施工，包括协助有关各方开展征地、拆迁、管线迁改、恢复、三通一平等工作；防水工程的施工；降水工程；机电设备、市政公用设施、管网等的预埋件和预留孔洞的施工等；临时性工程的施工、安装与拆除、垃圾清运及场地恢复；变电所、通信信号、防雷等综合接地及防迷流工程施工；协调土建施工单位对下步工序进场施工单位的施工场地和临时水电工程的移交；协调土建施工单位与地面建筑、车站装修及设备安装工程等施工单位的配合等；管片生产、进场前验收及进场验收；做好土建工程验收与工程档案资料移交备案工作；对质量保修期内承包商实施的本工程的未完成工作、缺陷修补与缺陷调查工作提供监理服务。工程施工监理具体内容详见施工设计图内容和有关说明。

第三节 如何管理设计单位的造价工作

设计单位是城市轨道交通行业的"人才高地"。设计工作是开创性的工作，其成果质量的优劣对项目的成败影响重大。因此，抓好设计单位的造价管理，首要条件是紧紧抓住"人才"这个抓手。我国城市轨道交通进入大发展阶段，市场对优秀设计服务的需求与优秀设计团队成长周期长的矛盾日益显著。各个城市如何取得人才上的竞争优势，得到优质、高效的设计服务，是本地建设单位始终关注和重点考虑的问题。本节利用波士顿矩阵分析方法来分析设计院设计团队的分类及对建设项目的影响，从而针对不同的设计团队制定有效策略，提高本城市的设计服务能力。

"十三五"时期，我国进入城市轨道交通建设大发展阶段。我国城市轨道交通的快速发展，给各城市带来巨大发展机遇的同时，也为城市轨道建设者和运营者带来前所未有的挑战和压力，这些挑战和压力突出反映在"人"的问题上。行业处于蓬勃发展期，需要大量的专业、技术及技能人才，然而受制于人才成长的周期性长、资源稀缺等客观现实，我国城市轨道行业人才尤其是优秀设计人才成为紧缺人员。

波士顿矩阵（BCG Matrix）是波士顿咨询公司 1960 年为美国米德纸业公司进行经营咨询时提出的分析方法，也称成长-份额矩阵（Growth-share Matrix）、产品（事业）结构分析法（Product Portfolio Management）或事业结构转换矩阵。它以企业经营的全部产品或业务的组合为研究对象，分析企业相关经营业务之间的现金流量的平衡问题，寻求企业资源的最佳组合。

一、波士顿理论在建设单位设计管理中的应用

按照波士顿理论，设计团队按技术水平可分为"明星"团队、"金牛"团队、"问题"团队、"瘦狗"团队。按建设单位期望值及设计成果高低顺序绘制波士顿矩阵，如图 8.3-1。

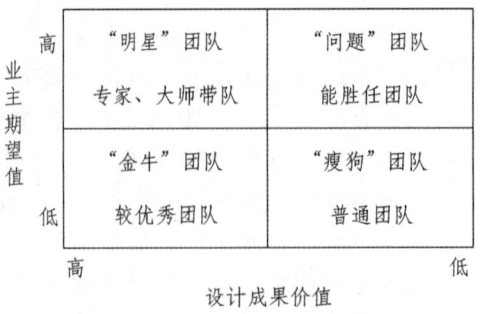

图 8.3-1 设计团队波士顿矩阵

图 8.3-1 中，横坐标表示设计成果价值，纵坐标表示建设单位的期望值。这样便划分出4个象限，分别是：

（1）"明星"团队：处于第二象限，由设计院的专家或行业大师带队，技术水平、创新能力和设计质量都很高，形象称为"明星"团队。这类团队设计服务竞争力强，是城市轨道交通设计市场中的领先者，应是建设单位争取的目标。

（2）"金牛"团队：处于第三象限，由设计院丰富设计经验的高工带队，团队成员以高工为主。该类团队在城市轨道交通设计行业的市场相对占有率较高，设计质量较高，能够给建设单位带来稳定的设计成果，形象称为"金牛"团队。

（3）"问题"团队：处于第一象限，由设计院有设计经验的高工带队，团队成员以工程师为主。该类团队可以胜任常规业务，但应对重大疑难工程能力不足。建设单位往往需要组织专家对其方案进行进一步专项讨论。

（4）"瘦狗"团队：处于第四象限，由有设计经验的工程师带队，团队成员多以参与过设计的助理工程师组成。该类团队技术能力较薄弱，方案不够稳定，市场竞争力弱。由于方案不够稳定，建设单位可能要投入大量资金、人力予以支持后期大量设计变更。

二、战略应用

波士顿矩阵将建设项目的不同设计团队组合到一个矩阵中，可以简单地分析各个设计团队在城市轨道交通设计业务中的地位。建设单位可以针对不同的设计团队制定有效策略，提高本地区的设计服务能力。建设单位可以采取三种不同的策略：

（1）发展策略。采用这种策略的目的是提高设计团队的设计服务能力，建设单位可以要求设计院增派骨干力量进入团队。这一策略特别适用于"问题"团队。

（2）稳定策略。采用这种策略的目的是保持团队的稳定性。这一策略适用于"金牛""明星"团队，因为这类团队能够为建设单位提供方案可靠、稳定的设计成果。

（3）撤退策略。采用这种策略的目的在于清理某些团队，以便把建设单位的管理资源转移到更有潜力的团队上。它适用于"瘦狗"团队和"问题"团队。

目前国内城市轨道交通设计行业市场，设计总体方一般为"明星"团队或者"金牛"团队，工点院以"问题"团队居多。建设单位应在保证总体院设计团队一贯性的基础上，将管理重点放在"问题"团队的升级工作中，力争工点院成为"金牛"团队。

此外，建设单位还可从以下几方面来提高管理能力：

（1）建设单位应对国内城市轨道交通设计行业有较全面了解。了解本城市的设计团队组成情况。

（2）在设计标段划分上做文章，要能够吸引国内地铁行业各大设计院且招标控制价设置合理。放开市场竞争可以吸引更多的设计单位进行竞争并引入更好的团队。

（3）加强设计人员管理，保证团队的稳定性。招标文件中应对主要技术人员的资历、经验有明确要求，并且合同履行期间严格考核人员管理。

（4）多方案经济分析常态化。设计过程中进行多方案技术经济分析，优化设计方案。

（5）标准化设计。应督促总体院牵头本地区的标准化设计，对于第一次修建城市轨道交通的地区，建设单位可以依托科研项目确定地基加固、围护结构、盾构掘进注浆等参数的标准化制定。

（6）建设单位自身进行专业技能培训。设计阶段对工程项目的投资影响最大，是控制投资的关键阶段。因此选好设计单位且选好设计团队对工程投资控制至关重要。建设单位一定要用好设计招标和限额设计两个法宝，不仅挑好的设计单位还要挑好的设计团队。对已经运行的设计团队进行分析，制定有效的发展策略，为本地城市轨道交通的成功打下基础。

第四节 如何管理施工单位的造价工作

工程变更对项目目标能否顺利实现影响很大，也是施工单位获取额外利润的主要手段。建设单位对施工单位的造价管理，工程变更管理是其中的核心内容。本节通过阐述工程变更的三个统计指标，分析工程变更管理的目标，提出优化变更管理的措施。

由于城市轨道交通项目实施的复杂性、长期性和动态性，工程变更不可避免。工程变更对合同价格和合同工期影响很大，建设单位成功的工程变更管理有助于项目投资和工期目标的实现。因此，在城市轨道交通项目实施过程中，建设单位对于工程变更管理加以正确实施具有重要意义。

一、工程变更统计指标与变更管理目标

工程变更中，对合同原始价的影响以及合同变更流程的效率，是最值得建设单位关心的方面。可以通过变更率、单项变更耗时指数、单项变更增额指数三个指标来细化。

1. 变更率

变更率为合同变更金额与合同原始金额的百分比。

$$变更率 = \frac{变更金额}{合同原始金额}$$

2. 单项变更耗时指数

单项变更耗时指数是衡量单项变更从开始（承包方递交变更材料）到最终审核完毕、变更令发布所耗费的时间。

$$单项变更耗时指数 = \frac{变更总费时}{变更项}$$

3. 单项变更增额指数

单项变更增额指数是标段中平均每一项变更增额的程度，定义为标段内的所有变更所造成的合同金额增加额与变更项数的比值。

$$单项变更耗时指数 = \frac{变更金额}{变更项数}$$

三个统计指标数值越小，说明变更管理得越到位。建设单位可以通过对这三个统计指标的分析，在工作中采取措施不断减小三个统计指标的数值，提升工程变更管理。

建设单位变更管理的主要任务是控制变更的发生量和减小它们对项目的影响。工程变更管理的目标主要有如下三方面：

（1）减少合同变更产生数量。
（2）有效控制合同变更金额。
（3）提高合同变更的处理效率。

二、提升工程变更管理的措施

（1）仔细分析合同与中标工程量清单，进行盈亏点分析。

有经验的施工单位在中标后会仔细研究合同与中标工程量清单，并进行盈亏点分析。对利润点较高的分部分项工程，施工单位会想方设法增加此分部分项工程的工程量。对于利润点较低或亏损的分部分项工程，施工单位会千方百计减少或者变更此分部分项工程量。建设单位对中标工程量清单进行盈亏点分析，有助于了解施工单位上报变更的真实意图。

（2）加强项目前期的准备工作，尤其是设计管理。设计质量不高，是产生设计变更的主要原因。因此建设单位应加强与设计单位的沟通，确保在项目招标前设计单位能提交符合质量要求的招标设计图纸。

典型的设计质量不高的情况如下所述：

① 设计图纸的矛盾导致工程变更、签证大量增加。这个问题在实际施工过程中经常碰到，有些是建筑图与结构图尺寸对不上、位置有偏差，有些是平面图与大样图的尺寸偏差，还有些是土建图与安装图标注矛盾，安装方面该预留孔洞的位置在土建图纸中没有标注，或管道预留后混凝土构件就根本无法布筋或浇筑等等。这些问题有些在施工前发现了，通过图纸会审给予明确，但更多则是在结构施工完毕、进行装修或者安装施工时才发现，这时就需要重新剔凿，或补钻孔洞，有的甚至必须拆除重做，既严重影响结构质量又造成工期拖延，同时还增加了大量原本不该发生的费用。

② 设计图纸中的施工要求不明确，造成工程结算扯皮。目前，设计图纸对施工的

要求，特别是建筑装修业的施工要求多是选用各地标准图集，但有些设计人员在索引标准图集编号时不细致明确，这就给后续的工程结算埋下了祸根。

③ 有些设计与施工脱节，造成施工难度加大，相关费用也增加。有些设计人员施工经验贫乏，对实际施工工艺缺乏了解。所以设计出来的施工图纸往往存在难以施工的情况。对此实际施工时不得不因采取特殊措施而增加技术措施费用。

（3）应注意变更金额较大的变更单的控制，建设单位在确认这一部分变更金额时，可以通过会商或会审加快审核效率提高。

（4）建设单位造价管理部门应定期召开会议来协调解决共性问题，形成统一处理机制，为今后项目结算及竣工验收创造有利条件。

（5）变更价格谈判采取适当的策略。

① 应从全局出发，通盘考虑。建设单位同施工单位进行变更价格谈判时必须对已确认的变更和将会发生的变更进行综合分析，从总体上估计变更量对项目目标的影响。

② 注意合同文件的解释顺序。合同正文通常规定合同文件的解释顺序，这个次序是建设单位处理变更时引用资料证明的主要依据。

③ 抓好谈判时机。最好在施工单位处于被动或有求于建设单位时，建设单位组织进行变更谈判。

建设单位对施工单位的造价管理主要精力应放在工程变更管理上。工程变更管理的目标主要是减少合同变更产生数量、有效控制合同变更金额、提高合同变更的处理效率。本节阐述了衡量工程变更管理的三个指标，提出了有助于提升城市轨道交通行业变更管理水平的管理措施。

第三部分 全面造价管理

广义的全面造价管理是由美国造价工程师协会（国际全面造价管理促进会的前身）在20世纪90年代提出的。这个协会对全面造价管理给出了如下定义：全面造价管理就是有效地使用专业知识和专门技术去计划和控制资源、造价、盈利和风险，是全寿命周期的费用管理，工程项目的实现是一种独特的人类生产技术活动过程。

本书建设单位全面造价管理仅从狭义的全面造价管理方面考虑，即：

（1）在建设阶段，建设单位不仅要管好正线工程建设的造价管理，也要管好前期配套工程造价管理。

本部分第九章介绍前期配套工程的造价管理。

（2）从全局来看，建设单位不仅要管好建设阶段的造价管理，也要管好运营阶段的成本管理与资源开发的效益管理。轨道交通工程建设、运营、资源开发是轨道交通企业三大核心业务。随着城市轨道交通建设阶段的不同和管理主体的不同，工程造价呈现出不同的表现形态，或表现为造价（建设阶段），或表现为成本（运营阶段），或表现为效益（经营开发阶段）。所以在本章中随着阶段的不同造价的含义以及名称会有不同的变化，区别在于需求和供给的主体不同，但实质内容是一致的。

本部分第十章、第十一章分别介绍运营阶段的成本管理、资源开发的效益管理。

第九章　前期配套工程造价管理

征地征收、管线迁改是城市轨道交通建设的前置条件，并且造价占比越来越大。征地征收、管线迁改的造价控制应引起专业造价管理人员的重视。本章分别从征地征收、管线迁改工程特点、管线迁改造价管理三个方面展开前期配套工程的造价管理。

第一节　征地征收造价管理

"兵马未动，粮草先行"。征地征收就是轨道交通建设工程的"粮草"，是先头兵。征收费用随着市场经济的不断深入，也在水涨船高。

征地征收对轨道交通工程费用的影响越来越大，已占到以地下为主的轨道交通线路总成本的10%左右。

一、征地征收费用高的原因

（1）轨道交通建设位于城市中心区，土地资源紧张，建筑物密集，车站施工难度大，甚至必须拆除部分建筑物、构筑物，导致费用增加。

（2）城市规划与轨道交通建设结合不紧密。大多数城市未能结合城市规划与城市改造、提前进行轨道交通建设用地预留，从而造成建设时期拆迁成本上升。

（3）房价的大幅上涨导致拆迁费用激增。

二、节约征地拆迁费用的措施

（1）做好轨道交通沿线用地控制规划。在拆迁工程中，属于拓宽道路、城市改造规划中必拆的危旧房屋，尚属合理。但因轨道交通用地未得到控制，而把房屋、桥梁、大型管道等建筑物建在轨道交通用地范围内，若对其搬迁改移，不但增加拆改费用，且会造成不良的社会影响。为了减低征地征收费用，合理地进行用地规划就非常必要。

（2）做好工程预留，搞好周边工程的配合。尤其是换乘车站，如果在未做工程预留的车站修建换乘站，相比考虑预留的情况，附加投资往往在亿元以上。所以应从规划入手,稳定换乘节点,有条件的地方考虑换乘站与相连的第一条线路同步实施,可避免反复开挖,管线反复搬迁。

(3)在新区开发时对土地进行规划预留,使其与轨道交通共同开发,能够更好地实现建设和土地利用的协调发展。

(4)搞好物业开发,将城市轨道交通的出入口与地面建筑相结合。一个城市轨道交通车站出入口成本一般在800万元左右,如果能与周边商业大厦的经营者磋商,将车站出入口引入商场,商场承担出入口的部分或全部费用,也有助于降低建设成本。

(5)建设单位在灵活处理地方政府出台的征收政策的基础上,审核征地安置方案及属地征收管理部门的征收补偿方案,制订资金拨付计划,监督资金使用。

(6)需要政府利用一定的行政手段,适当降低某些收费标准或免收部分费用。

三、某城市轨道征地拆迁方案示例

1. 拆迁及征借地控制原则依据

涉及的工程拆迁主要包括:土地征用、道路破复、桥梁破复、绿化破复及赔偿等。

房屋拆迁主要是对临时用地和永久用地范围内的现状建(构)筑物的拆迁,以"少征地、少拆迁、少扰民"为总体原则。

临时用地是为了满足轨道交通工程施工的需要而征用的临时性土地。临时用地主要包括车站(区间)工程结构占用土地、施工场地、施工临时道路用地、施工材料堆放及加工场地、施工人员的办公和生活场地、周边道路临时疏解用地以及管线迁改用地等。

永久性征占用地是为满足轨道交通建设而需要的永久性质用地。

2. 拆迁依据

(1)某市轨道交通1号线一期工程线路初步设计方案。

(2)某市轨道交通1号线一期工程建筑初步设计方案。

(3)某市轨道交通1号线一期工程施工围挡及交通疏解初步设计方案。

(4)某市轨道交通1号线一期工程沿线地形修测。

(5)相关地块、交通疏解等方面会议纪要。

3. 永久性征地控制原则

永久用地指露出地面的工程结构占用的土地,如控制中心、车辆基地、高架、主变、风亭、出入口(含无障碍电梯)、冷却塔等。

(1)位于市政工程、道路红线内的工程用地(含地下车站、区间等)不纳入永久性征地范围。

(2)地下段及附属结构露出地面的结构物所占土地,均划永久用地红线。永久用地红线范围为地面结构外轮廓线外扩2 m。

（3）工程沿线各站点预留的出入口等附属设施，均不划永久用地红线。

（4）高架车站永久用地红线范围为结构外轮廓线投影面积加四周 5 m 宽消防通道面积。

（5）若高架车站设置过街天桥，则按天桥结构外轮廓线投影面积划永久用地红线，结构落地部分外扩 2 m 划永久用地红线。（扣除规划道路红线内和规划河道红线内的面积。）

（6）高架区间（含 U 形槽）永久用地红线范围为结构外轮廓线投影面积（扣除规划道路红线内的面积）。

（7）工程沿线各站点附属结构与有关地块相结合的部分，均按上述原则办理。

4. 临时性借地控制原则

位于路侧的地下车站主体以及工程施工中交通疏解、管线迁改、施工用地为临时借地范围。

1）交通疏解用地

交通疏解用地应首先保证车站施工必需的施工场地要求，然后考虑非机动车的交通，第三为公交车辆交通要求，最后再考虑社会机动车量交通需求。非机动车道一般宽度为 3~5 m，机动车道单根车道一般为 3~3.5 m。

根据现状道路情况，如可以采取封路施工或周边无社会交通，则施工用地中无须考虑社会道路用地，如周边居民进出有需要可考虑设置非机动车道；如需满足"借一还一"的交通疏解要求，则必须根据现状道路情况，在施工围场外留出满足社会道路宽度的交通疏解用地。

2）施工过程用地

（1）车站施工用地：

① 施工便道布置。

基坑采用明挖法施工，基坑围护结构外尽量布置双侧施工便道，每侧施工便道宽 7~10 m，如布置 7 m 宽车道应布置有车道交错点，以满足吊车通行；如无条件布置双侧施工便道，则一侧应保证车站围护结构边线外至少 2 m 宽，另一侧施工便道宽度 10 m，同时应满足有两个出口，否则需布置大型机械调头场地。

车站端头井端部应保证 20~25 m 宽的施工用地以满足盾构施工要求。

② 施工设施用地。

施工场地内设施用地面积如下：

生活区：20 m×50 m。

钢支撑堆场及拼装用地：20 m×50 m（结构施工期间作为钢筋堆场及加工场、木工场及脚手架堆场）。

其他材料堆场：10 m×10 m。

堆土场：10 m×30 m。

（2）盾构施工用地：

盾构始发施工用地：3 500 m²。
盾构接收场地用地：1 000 m²。
盾构施工用地可结合车站施工用地布置。

（3）车辆段的施工：
全部利用车辆段的规划用地，不再征用其他用地。

（4）铺轨基地用地：
考虑到本期线路较长，工期较紧，因此全线设置3处正线铺轨基地，铺轨基地的面积需要大约5 000 m²，最好呈狭长形状。车辆基地内设车场线铺轨基地。

设备安装施工一般在车站、区间隧道或车辆基地内作业，不需要另征作业场地。为了防止电气设备淋雨潮湿，需要一定面积的临时仓储库房，本工程利用车辆段的先建成库房作为设备的临时存放仓库。

第二节 管线迁改工程特点

城市地下管线是城市赖以生存和发展的物质基础，是维持城市正常运转的大动脉。城市地下管线设计的范围广，主要包括给水、排水、燃气、供电、电信、广电等诸多行业的地下管线建设项目，担负着输送能源、传输物质和传递信息的重要任务。因而在城市轨道交通工程施工前需对有影响的管线进行迁改，既保证市政管线的正常使用，又不影响城市轨道交通工程基坑的开挖。

一、城市管线特点及管线迁改特点

城市地下管线是城市市政基础工程中的重要一环，它们有如下特点。

1. 种类繁多，缺乏统一的综合管理规划

城市地下管线设计广泛，常见的有给水、污水、雨水、电力、通信、燃气。由于管线的权属单位各不相同，管线的建设、维护管理均由相关单位负责。城市地下管线涉及的管线众多，但是普遍存在的问题是缺乏统一的综合管理规划，各个权属部门各自为政。

2. 隐蔽性强、资料不全

全国大多数城市中的管线工程没有统一的基础性城建档案资料，没有全面系统的管线综合图或者数据库资料，这就导致了城市地下管线的定位不清、管线分布形式多样混杂，因而地下管线混淆不清的情况大有存在。

3. 更新快

城市发展迅速,城市基础设施得到重视。但是由于各种各样的原因,新区道路各种管线一般都预先敷设,但是老城区则不断进行扩容、翻新,积水点、排水管网改造等一系列维护善后工作。所以,城市管线是有生命的,它在不断衰老,也不断生长和更新换代。

4. 技术日趋复杂

现今的管道在管材和施工工艺层面都发生了空前的变化。现在普遍适用的各种塑料管、非开挖技术、高压管道系统、超高压输电电缆等都得到了广泛的推行。随着科学技术的发展,管线系统也更具科学性、实用性,同时也越来越复杂。

5. 保护力度不够

我国建设仍然处于现代化建设的初级阶段,许多基础建设长期存在着"重建设、轻养护"的问题。许多管线敷设竣工交付使用后就长年无人养护,甚至无任何资料表明管线的存在。由于缺乏相关资料,许多认为是废气应拆的管线,而实际上仍在继续使用。

地下管线迁改工点分散、产权单位多、协调管理困难。管线迁改工程在实施过程中有以下两个特点:

(1) 前期工程量确认难度大。为了确定迁改费用,需要在前期对管线迁改量进行全面调查。而地下管线均为隐蔽工程,对于大部分施工年限较久的管道,其管线资料往往不齐全,有些管线甚至连产权单位也不能准确确定位置。因此给前期管线迁改量调查带来很大难度。

(2) 施工现场管理难度大。雨污水、燃气管道迁改工作与道路施工单位及其他电力电信迁改单位同时施工,现场施工单位多,而施工场地通常较狭小,给施工现场安全、质量和环境等管理带来较大难度。

二、管线迁改方法

1. 改 迁

管线迁改分永久改迁和临时改迁两种。永久改迁是将影响城市轨道施工的管线按照城市规划一次性改迁到位,不再回迁。临时改迁是在无法满足规划要求时,为城市轨道施工临时将管线改移到施工区外,待城市轨道土建施工完成后,管线再按规划回迁恢复。

2. 原位保护

原位保护是在周边条件无法满足管线改迁要求或改迁成本较高时,为保护地铁施工又不影响管线正常运营,采用支托或悬吊的方式将管线在原管位(或附近)保护起来,对于承插口的管一般需换成钢管才能便于支托或悬吊。

3. 管线加固

管线加固包括两种情况:一种是因为增加了荷载进行的加固。因交通疏解的实施,可能使部分原在绿化带、非机动车道下的管线位于机动车道下,这部分管线的处理方法除改移外还可实施加固措施,使其满足过车的要求。另一种是因为现状管线贴近主体工程基坑开挖线,施工时可能会对管线有扰动,引起不均匀沉降,使管道接口泄露或管裂,这时需要在开挖基坑前对改移的部分管道采取加固措施。

4. 临时废除

临时废除的大致有如下三类:一是重力流在基坑范围内的部分为该条管线的起始端并无上游接入管。二是部分强弱电预排管,近期未穿缆的管线。三是片区管网有其他可替代管线。有的区域管道已连成网,或局部改造即可实现连网,临时阶段某一段,有其他管路维持管线功能。

三、各类管线迁改原则

1. 排水管

包括雨水、污水以及合流管,都以重力流排水为主,受地面坡度、下游管道管底高程的影响较大,管线改迁时在高程上的调整余地较少。排水管道尽量迁移,部分无用户接入的雨污水可考虑临时废除,完工后恢复。

2. 给水管

给水管主要是压力供水,在高程上可上下变化,管道多采用钢管、铸铁管、塑料管等管材,管道连接要求较高。根据城市轨道交通工程施工进度的紧凑性及工程环境的复杂性,临时给水管道一般采用便于施工的焊接钢管或PE给水管。

3. 燃气管

燃气管为压力管,由于气体具有易燃易爆的危险性,虽然在平面、高程上可以调整,但在敷设时尽量做到平直、少弯曲、减少弯头。开挖范围内的现状燃气管全部废除,在开挖范围周边新建燃气管道以保证管网供气,用户用气。燃气管严禁悬吊,需埋地敷设,无迁改路由时,可采取原位保护措施,临时用钢架桥或整体混凝土板支撑。迁改时燃气管道与其他管线、建(构)筑物的间距满足现行国家有关规程、规范的规定。设计中尽量一次改迁到位,避免不必要的多次迁改。

4. 电力管线

电力管线一般敷设在电缆沟内,部分110 kV以上电力管线一般高架敷设;电力管可弯曲,但转弯半径要求较大。不影响地铁施工的电缆尽量绝缘扣管保护后原位支托、悬吊保护或包封加固等原位处理设计,减少工程投资。对地铁施工有影响的管线,应尽可能临时迁移出施工范围,必要时在周边道路绕行。部分没有穿越的预排管可临时废除,主体完工后原样恢复。电力架空杆尽量原位保护,局部电力杆影响临时交通的,可采用局部保护或将电力杆迁改至安全位置。

5. 弱电管

弱电管一般敷设在管道内,埋地设置和电力管线一样具有可弯曲的特点,但转弯半径较大。与地铁站口冲突的弱电管线迁移至围挡外边或采取悬吊保护措施。通信管线迁改含临时和永久迁改两部分,尽量做到管线只搬迁两次(迁出、复位),部分没有穿线的管道可临时废除,主体完工后恢复。

6. 照明和交通信号线

照明和交通信号管线一般较细,埋深较浅。横跨开挖范围的照明和交通信号过路管线采用绝缘扣管保护后原位支托、悬吊保护或包封加固等原位处理设计,保证城市轨道交通施工期间,正常通行道路上照明达到国家标准要求,交通监控设施正常运行。工程竣工后按规划道路要求恢复永久照明和交通监控,并与周边环境相协调。

7. 其他管线

其他管线若为重力流管、压力管或输送有毒有害、易燃易爆气体或液体时,尽量将其临时迁改至施工范围外,否则需原位采用整体钢筋混凝土板支撑。其余可弯曲管道可采用局部保护后原位支托、悬吊保护或包封加固等原位处理设计,近期无使用功能的可临时废除,主体完工后原样恢复。

第三节 管线迁改造价管理

一、迁改费用的编制

1. 现场调查,确保迁改工程数量准确

迁改工作涉及的行业及产权单位非常多,因此组织人员对全线各种需迁改的管线进行摸底调查尤为重要,现场调查时应注意分门别类列条统计。尽早了解迁改与工程建设的详细情况,并主动向产权单位提供相关工程资料,提出方案的建议和意见,以加快迁改工作的推进。

2. 制订经济可行的迁改方案，确保迁改工程概算费用

迁改工作的最初工程数量及迁改方案都由设计单位确定，这就注定和产权单位最终的迁改方案有较大差距。在迁改方案的制订上，实施主体是产权单位，一般产权单位在考虑迁改方案时主要注意两个方面的问题，一是安全系数高，二是维护方便，也就是希望迁改后的管线尽量不会出问题，即使出了问题维修起来也要方便。因此，优化方案称为迁改的主要课题。

由于部分产权单位制订的迁改方案标准较高，编制的施工预算以高估工程数量、提高材料单价和套用较高的取费标准等来提高工程迁改费用。这就需要进行多次协商、沟通，尤其要发挥第三方审价单位的作用，最终以较合理的费用达成迁改协议。

二、迁改工程实施

1. 施工资料管理

资料管理应设立专人负责，统一保管。资料分为两大类：一是合同协议预算及与资金往来有关的资料；二是方案记录纪要及各种签证。这些资料都应与详细的工程量一一对应，在详细的工程量明细下做好台账，能对号入座并保留影像资料。

2. 迁改协调

协调是迁改工作最突出的问题。一是与土建单位的协调。明确土建单位的施工计划，并对现场有足够的了解，知道哪些线路是迫切需要迁改的，要分轻重缓急，根据土建单位的需要不断修改迁改计划。二是与产权单位的协调。积极协调与产权单位的关系和矛盾，为产权单位的迁改营造良好工作环境，协助产权单位保质保量顺利完成迁改工程任务。

3. 工程实施中科学合理组织交通疏解、管线迁移

目前地下各类管线交错，城市轨道交通施工时能遇到大量的管线拆移。这些管线有的超期服役，需要改移，有的管线使用不久，用悬吊等办法，待工程完工后恢复即可。这就需要在作拆迁调查时分清，哪些必须改移，改移的距离有多少，哪些需要悬吊，悬吊的方案既要安全稳妥，又要经济，同时请求管线管理单位共同配合出谋划策，使管线改移或悬吊的费用尽量降低。

三、某轨道交通管线迁改招标方案示例

1. 阶段划分

按建设周期可将管线迁改分为两期施工。阶段划分见表 9.3-1。

表 9.3-1　轨道交通项目管线迁改阶段划分表

阶段	内　　容
一期	车站主体结构处管线迁出、疏解道路施工
二期	车站主体结构处管线回迁与道路恢复、出入口管线改迁

2. 界面划分

1) 承包人与专业管线（包含但不限于燃气、自来水）单位的工作界面

承包人对部分专业管线（包含但不限于燃气、自来水）负责其土建工程部分，安装由各专业管线单位负责实施。承包人负有对各专业管线的安装、割接的配合责任（如承包人负责实施自来水、燃气等工作坑开挖、管线割接过程中抽排水、路面恢复等），确保工程的顺利实施，此费用承包人自行考虑，包含在投标报价中。

对于电力 10 kV 以上的现有运行的电缆井或电缆沟等需要新建、改造的土建工程部分在本次招标范围内，由承包人负责实施，承包人可以委托有资质的专业单位负责施工，但不免除承包人应负有的责任，承包人在报价中综合考虑。

承包人应积极配合路灯、交通设施施工单位现场作业，此配合费用承包人自行考虑，包含在投标报价中。

因承包人原因造成既有管线损坏，由承包人在 1 个月内负责赔偿管线损坏损失及因管线损坏引起的第三方损失；若承包人未按期履行赔偿责任，由发包人从当期计量款中扣除。

2) 承包人与车站土建施工总承包单位的工作界面

车站主体结构顶面以上 500 mm 的土方回填、附属结构全部回填由车站土建施工总承包单位负责，车站主体结构 500 mm 以上的土方回填及道路恢复工作由承包人负责。

承包人应做好与车站土建施工总承包单位的配合工作，承包人需在车站土建施工总承包单位围挡区域内场地作业时，双方须先办理书面场地移交手续并盖章签字确认。场地移交后，相应管理责任和安全责任随即移交，承包人方可进入移交场地施工。

本工程实施过程中，承包人有保护既有地铁车站结构及其防水层的义务，如因承包人自身原因对既有地铁车站结构及其防水层造成破坏，责任由承包人承担。

对于管线、道路等施工影响范围内的车站混凝土顶圈梁、支撑、板撑由车站土建施工总承包单位负责拆除。在施工过程需要破除的车站地连墙、压顶梁等结构，承包人需编制专项方案报监理人、发包人审批，破除的位置、范围需做好标记并经车站结构设计单位及车站土建总承包单位确认后方可破除。

3) 承包人与景观绿化施工承包单位的工作界面

承包人负责对景观绿化未实施前的绿化围护设施范围的裸露处采用密目网覆盖，此费用承包人自行考虑，包含在投标报价中。

3. 招标控制价说明示例

1）工程概况

本标段共 8 个站点，分别为旅游学校站、北站、北郊中学站、龙虎塘站、黄河路站、新区公园站、河海大学站、奥体中心站。实施内容包括道路、雨污水、供电、信息、给水及燃气。

2）工程编制范围

设计图纸及工程量清单范围内的全部工程。

3）编制依据

委托方提供的设计图纸、招标文件、答疑等。

《建设工程工程量清单计价规范》(GB 50500—2103)、《市政工程工程量清单计算规范》(GB 50857—2013)。

2014 版《江苏省市政工程计价定额》、《江苏省安装工程计价定额》、《江苏省建筑与装饰工程计价定额》。

常建〔2014〕279 号文关于贯彻《建设工程工程量清单计价规范》(GB 50500—2103)等国家标准和省 2014 年建筑与装饰、安装、市政等专业工程计价定额及费用定额的通知。

苏建价〔2014〕448 号文 省住房城乡建设厅关于《建设工程工程量清单计价规范》(GB 50500—2013) 及其 9 本工程量计算规范的贯彻意见。

常建〔2016〕94 号关于转发《省住房城乡建设厅关于建筑业实施营改增后江苏省建设工程计价依据调整的通知》的通知。

苏建价〔2016〕154 号文 省住房城乡建设厅关于建筑业实施营改增后江苏省建设工程计价依据调整的通知。

有关工程造价方面的法律法规、办法、规定等。

人工工资单价按苏建函价〔2016〕570 号文《省住房和城乡建设厅关于发布建设工程人工工资指导价的通知》执行。

材料采用 2016 年 11 月份《**工程造价信息》除税指导价，若 11 月份中未标明的材料价格采取逐月前推，信息价中未包括的材料价格按市场询价计算，其中砂石料、生石灰、混凝土管三种材料按除税指导价规定下浮 8%。

凡本清单内容中明确的，按清单的要求编制投标报价；本清单未作说明的，按上述规范、文件和要求，参照设计图纸编制投标报价。

4）其他说明

本清单所列工程数量是根据图纸或现场情况估算和暂定的，仅作为投标的共同基础，不能作为最终结算与支付的依据。结算与支付应以监理工程师认可的、按图纸和规范要求完成的实际工程数量为依据。

挖沟槽、基坑、一般土方因工作面和放坡增加的工程量并入土方工程量中，深度大于 1.5 m 的放坡系数统一按 1：0.33 计算，工作面宽度按《建设工程工程量清单计价规范》(GB 50500—2013) 执行，如承包人施工组织设计中的放坡系数和工作面宽度与规范不同时，在土方综合单价中考虑。

土方平衡原则：所有填方按竣工压实体积考虑；所有挖方、拆除物按原始体积考虑；所有构筑物按实际占用体积考虑；不考虑挖土与填土在体积上的变化；不考虑填土密实度和取土密实度的差异。本工程需考虑土方平衡，如缺土，投标人应自行考虑土源及运距，费用含在回填土单价中。投标单位务必考虑道路挖土、槽坑挖填、取土与回填、灰土含灰、土方或路基结构层密实度等因素中，充分考虑挖土、填土、缺方内运的单价及风险。土方或拆除物的场内运输已包含在各项的综合单价中，今后不作调整。本工程所用灰土均考虑成品灰土，统一在场外拌和运进，拌和场地、土源及运距在灰土综合单价中考虑。

砂浆均采用预拌砂浆，混凝土均采用商品混凝土。浇筑混凝土构筑物清单子目中均包含模板的制作安拆费用，投标单位在报价中综合考虑，不再另行计取模板制作安拆费用。

所有的构造缝设置均包含在相应的基层、面层等项目中，相应费用在报价时综合考虑，结算不再另外计算。

雨污水、供电按设计图纸全部计算，包括挖填方、管道主材、井盖座材料费等全部内容，井盖座材料及形式按设计图纸满足验收要求。

给水、燃气计沟槽挖填方、井的砌筑及井盖座安装，不计井盖座材料费。

燃气管回填需考虑配合铺设 SMC 盖板等相关内容（不含 SMC 盖板材料费），此费用由投标人在回填子目报价时综合考虑，结算时不再另行计算。

信息计沟槽挖填方、管道铺设、井的砌筑及井盖座安装，不计管道主材、井盖座及上覆盖材料费。

本工程雨污水管道须进行竣工管道数字化检测，管道数字化检测采用 GPS、QV、CCTV 技术和设备对管道进行综合检测，具体要求按《关于推进雨污水管道数字化检测的暂行规定》执行，在单价措施项目中以"km"为单位计价，结算按投标单价不调整。

单价措施项目中以"项"为单位的清单项在结算时费用不调整，投标人应充分熟悉现场情况，考虑迁改项目的施工组织设计，现场根据甲方管理要求设置围挡等其他情况也应在报价中予以考虑。

总价措施项目清单中现场安全文明施工费率按清单表中的费率计取不得调整，结算按工程所在地造价部门核定费率计取。

投标人在编制投标报价时应充分熟悉设计图纸、地勘报告等资料，了解并结合现场实际情况，自行考虑管道施工沿线（沉井降水除外）是否需要降排水，并在报价中予以考虑，结算时不做调整。

暂列金额分别计入各站点的道路及雨水管道工程中。

规费、税金项目清单中所列费率均为不可竞争费率，其中工程排污费招标时按 0.1%计算，结算时施工单位凭发包人与审计人员确认后的发票按实结算。

本工程所需水、接电或自行发电等由承包人负责，相关费用在投标报价中考虑，施工过程中不另计量。

本工程施工过程中必须严格执行《**市建筑施工扬尘控制实施细则》，投标单位在投标报价中应充分考虑扬尘控制措施的相关费用，结算时不再另行计算。

投标人应充分考虑过路管道分段开挖施工等复杂情况，为保证临时通行而采用降噪钢板铺设等措施所产生的费用在投标报价中自行考虑，结算不另计算。

投标人有义务保证雨、污水管道在质保期尤其是汛期内的畅通，相关费用在投标报价中考虑，不另计量。

投标人应自行认真勘察现场，根据工程实际与施工组织设计可对清单已列措施项目进行增补（或平衡报价），但不应更改招标人已列措施项目。结算时，除工程变更引起的施工方案改变外，不得以措施项目清单漏项为由要求新增措施项目。

5）结　论

本单项工程招标控制为 122 449 971.09 元。

第十章 运营成本管理

本章从运营成本管理概述、车辆运营成本管理、运营物资管理、设备维护保养成本管理四个方面展开运营成本管理的主要内容。

第一节 运营成本管理概述

本节从运营管理简介、运营管理存在的问题、运营成本的作用、影响运营成本的因素、运营成本控制五个方面展开运营成本管理概述的主要内容。

一、运营管理简介

运营业务是在城市轨道交通建设完成后，转入运营维护期，为乘客提供优质的客运服务、承担多条线路乘务服务于运营组织管理的任务，内部核心职能包括运营组织管理、票务管理、专业设备的运行维护、乘客服务、物资供应、技术与质量管理等。

运营目标首先是要安全可靠，其次是要控制成本（人工、能耗、维修成本），该领域的造价管理基本是为上述目标服务。

二、运营管理存在的问题

中国城市轨道交通发展至今约有 50 年的时间，虽然各城市轨道交通的建设和管理情况各异，但对于轨道交通运营行业都需要面对同样一个课题：如何提高运营企业的经济效益，如何降低运营成本，增加客票收入，实现"减亏"，使各个运营企业走上内涵式发展的道路。目前地铁运营企业的收支平衡，一般是指别除了还本付息、折旧和大修基金后的相对平衡。地铁的"完全成本"，包括建设成本、营业支出、其他支出三项（包括折旧、计提大修基金和利息）。由于一条地铁线每年计提折旧和还本付息额高达 5 亿元以上，如果以完全成本来计算，地铁盈利几乎不可能。因此地铁运营企业提出的"客运收支平衡"是指把建设成本剔除，只计算电费、维修、人工、管理、相关税费等运营成本，与票价收入相冲抵后的平衡。

三、运营成本的作用

运营成本是反映地铁运输生产的一项综合性经济指标，它既是生产经营管理的工具，同时又为政府决策提供参考和依据，具体来说，它有以下几方面作用：

（1）评价地铁运营状况。运营成本是补偿运输生产耗费的基本尺度，它既反映了日常支出情况，同时也反映了地铁运营管理水平。在新线建设、既有线改造中，都需要研究成本，进行成本效益分析，以此评价地铁运营情况。

（2）考核企业经营管理。成本是反映和监督运输劳动耗费的重要工具。企业要获取较高的经济效益，必须监督和控制费用支出。实施成本控制，完善成本管理是实现这一目的最重要的手段。

（3）帮助进行运营决策。对现有运营情况进行研究决策，诸如运行时间表的变更，列车编组的选择，设备修理周期的确定以及运输能力的充分合理利用，都可利用成本进行分析比较。

（4）制定运价的重要依据。根据成本可以确定票价水平。

（5）政府提供财政补贴的依据。当国家对地铁提供补贴时，运营成本又是决定补贴多少的重要依据。

运营成本的这些作用，决定了它在地铁运营管理中的重要地位。

四、影响运营成本的因素

影响运营成本的因素有很多，其中最主要与直接的影响因素有以下几方面：

（1）客流量对运营成本的影响。运营成本会随客流量增加而增加，但客流量增长速度和运营成本的增长速度不尽相同。运营成本的增长小于客流量增长所带来的票务收入的增长。当客流量在短期内增长时，平均可变成本和固定成本都在下降，在短期内能起到降低平均成本的作用。

（2）车辆使用方式对运营成本的影响。根据客流量的时间和空间分布，在客流量变化稳定时，减少车辆使用，可以降低车辆折旧、用电量、维修等成本费用。当客运量上升时，保持车辆数不变，可以降低平均成本。客流量增长较大，需要加开车辆，会导致固定成本和可变成本同时上升。所以在车辆运营初期，运营成本增加额大于客流量增加带来的票务收入增加额。

（3）劳动生产率对运营成本影响。劳动生产率是单位时间内，城市轨道交通企业人均能创造的收益值。要使单位产品中人员费用减少，降低运营成本，就必须提高劳动生产率。

（4）电能和物资消耗对运营成本影响。城市轨道交通运营成本中，能源和材料消耗对成本影响最大，所以降低能源的消耗（电耗和材料消耗）对降低运营成本有重要意义。

（5）建设投资对运营成本的影响。建设投资越高，运营期的折旧成本就越高。由于折旧成本在运营成本中所占比重较大，合理控制建设投资是城市轨道交通可持续健康发展的基础。

五、运营成本控制

运营阶段成本控制主要是对运营和维护费用的确定和控制。可采取的控制措施包括：

（1）以设备为核心的维修维护管理，包括：设备维修维护管理、物资管理、施工调度管理、现场维修管理。实现对运营维护业务规范化、标准化、精细化的管控，有效提高设备维修维护工作效率，降低轨道交通企业运营成本。

维修管理主要涉及轨道交通运营公司综合维修中心、车辆中心、通信信号中心三个部门，其中：综合维修中心负责对供电、工建、机电专业各系统设备的运营维护、故障应急处理及抢修；车辆中心负责地铁车辆及相关设备的维修保养；通信信号中心负责通信专业和信号专业设备的运营维修、故障处理及抢修，确保运营安全正常。

设备物资管理需要重点关注以下方面：

① 设备移交：需要建立完善以及设备移交管理办法，形成标准化的物资及资产编码体系。

② 设备物资采购：建立完善采购物流管理和供应商关系管理体系。

③ 设备物资分析：从全生命周期成本考虑分析物资管理过程。

（2）以人员为核心的综合车务管理，包括：网络运行策划、站务管理、乘务管理、票务管理等。优化车务管理的人力资源配置，降低工作强度，提升工作效率。

（3）采用目标管理，实施动态控制，优化运营成本。由于城市轨道交通运营期较长，所以在运营过程中会有很多不确定性的影响因素。通过制定目标，利用目标管理的思想与PDCA循环的原理，实现运营过程的动态控制。对于运营过程中需要消耗费用的项目，尽量使用适当的优化方法进行方案评选，以保证费用的最优化。

第二节 车辆运营成本管理

王曰凡（2007）在《城市轨道交通网络化建设中的车辆资源共享》一文中提出了"车辆资源共享"的理念。本节分别从车辆资源共享控制列车总量、降低列车牵引电耗、车辆维修模式优化、做好机电设备系统实施经验总结与设计回访四个方面展开车辆运营成本管理的主要内容。

一、车辆资源共享，控制列车总量

城市轨道交通网络化建设有利于实现车辆资源共享。

1. 车辆资源共享的优点

1）合理调配现有车辆，提高车辆的利用率

如果网络中全部或某几条线路采用相同制式的信号系统和采用通用的技术条件，就具备了线路间车辆统一调配，合理使用的条件。特别是不同线路，有时客流高峰不同时出现时，更可通过合理调配车辆，有效疏解高峰时段的客流。

2）减少车辆配置数

通常一条线路车辆的配置数是运用车数、备用车数和检修车数之和。备用车主要用于替补因故障而不得不退勤的车，通常备用车数按运用车数的 5%配置。车辆因故障退出运营不是每天有，每条线有，每条线发生的频率也不一样，通过资源共享，合理调配，至少备用车可统一配备，总体上可减少车辆配置数，降低投资与维修成本。

3）缩短车辆供货周期

如果不同线路工程采用相同制式型号的车辆，有利于缩短车辆招投标和合同谈判过程的时间，车辆的供货周期也由于车辆设计过程和车辆制造工艺准备周期的缩短而缩短。

4）确保新线试运营需要的车辆

有的线路建成时没有车辆试运营，有的为了按计划开通，在车辆未完全调试好就匆匆上马，或采用应急运输措施，赶上预定的开通日期。当实现网络化建设资源共享后，就有可能从已投入运营的线路上调配车辆。

5）减少车辆检修设备的投入，提高设备的利用率

车辆检修设备中不乏一些大型的昂贵的设备，因此减少设备数量是提高设备利用率和减少投资的重要途径。实施网络化建设后，就可实现检修设备资源的共享。

2. 车辆资源共享的基本条件

要实现车辆资源共享，需要创造一个车辆资源共享的基本平台。网络化建设为创造这个基本平台提供了条件。

（1）车辆的制式和型号相同是共享车辆资源的重要条件。对于不同制式或型号的车辆，只要某些部件或子系统相同，同样可实现部分资源共享。

（2）列车的最高允许速度、平均启动加速度、全速度范围内的平均加速度、制动减速度基本一致，这样才有可能满足不同线路的正常运行要求。

（3）列车的动力配置（即动拖比）影响列车的爬坡能力和故障运行能力，也关系到电气传动系统的功率配置。从网络利益出发，各条线路车辆的动拖比应尽可能一致。

（4）列车编组与线路客流要求有密切的关系。相同的编组可适用于客流要求相近的线路，有利于不同线路列车的调配。

（5）车辆与其他相关专业的接口，也是实现网络车辆资源共享的重要条件。车辆

与线路、轨道、土建、供电、信号、通信、环控、屏蔽门、车辆段、车辆限界等均有密切的技术接口关系，从车辆整车资源共享考虑，不同线路工程的上述接口技术参数均应相同。

（6）需要运用检修共享的线路之间必须有联络线，这是共享的必要条件。

3. 车辆资源共享的思路

车辆资源共享包括车辆、车辆运用、维护保养以及管理等方面。

1）技术共享

车辆作为机电一体化的产品，涉及多个专业领域，车辆共享首先是技术共享。在制定城市轨道交通网络规划时，根据线路条件，客流预测将网络中车辆分为一个或一个以上适用的制式。同一制式尽可能选择相同的技术标准、技术参数以及相同的车型、编组和动拖比。这样，从招标文件、技术规格书到制造商的生产文件、工艺技术、试验验证成果直至车辆运用管理、维修技术、维修设备均可实现不同程度的共享。

车辆技术的共享与车辆技术的发展和采用新技术并不矛盾，可以通过采用新材料、新工艺、新设备来达到设备、部件、子系统的机械和电气接口一致或兼容，满足整车的技术要求和列车运行性能的一致。

2）车辆运用共享

在车辆技术共享的前提下，只要与车辆有技术接口的专业制式兼容并且线路间设有联络线，就具备了车辆联调、统一调配使用的条件，就有可能实现车辆运用共享。

3）备品备件共享

车辆维修用的备品备件数量大、品种多，如果每条线各自存储备品备件并且都设有备品备件仓库，将增加车辆的运用成本和维修基地的规模与管理成本。

4）车辆维修工艺共享

从网络规划出发，将不同线路相同制式或型号的车辆集中在同一车辆维修基地，可实现维修工艺和设备的共享。对于不同制式的车辆，有些部件相同也可充分利用既有设备进行维修，这样可提高设备利用率，降低固定资产投资，便于维修管理，提高维修质量。

5）人力资源共享

车辆技术作为专业性很强的技术，要组成一支专业的技术队伍和维修技工队伍需要相当长的时间，特别是计算机技术的发展，自动化程度的不断提高，对技术人员和技术工人的需求越来越高，需要不断地对相关人员进行知识更新、技术培训，这方面的投资是不可忽视的。

二、降低列车牵引电耗

在城市轨道交通运营过程中，电力消耗费用一般占运营总费用的20%左右，而列车的牵引电耗一般占电力消耗的 40%~60%。

降低列车牵引电耗的措施如下所述。

1. 线路设计采用节能坡设计理念

采用"高站位，低区间"的站间区间纵断面设置方案，列车出站时可借助下坡的重力将势能转化为列车动能，缩短列车牵引时间可降低牵引能耗；在进站时列车动能转化为列车势能储存，有利于缩短制动时间进而减少制动动能损失。

2. 列车选型

列车选型应充分考虑后期运营能耗及维护成本，要求制造商提供详细准确的列车运行能耗测试数据。从节能角度出发，应重点考虑列车的电机性能，再生制动转换效率，运行阻力参数和车体自重等因素，对不同车型的价格、可靠性、能耗和维护成本等进行综合比选。

3. 列车节能操纵

国外应用表明平峰时段采用 ATO 节能模式并不影响服务水平。人工驾驶时，应根据列车和线路条件以及计划运行时分，在满足列车运行安全、平稳、正点的前提下，制定节能操纵方案，加强司机培训，提高其节能意识。

4. 能耗监测与管理

建立精细化的地铁能耗监测平台，为节能管理提供坚实的数据支撑。分析监测数据，为运营单位的节能技术和管理措施提供科学客观的评价依据。

三、车辆维修模式优化

1. 国外城市轨道交通车辆检修模式

检修方式是构成检修制度的一个重要组成部门。国外城市轨道交通车辆的检修模式主要有两种：计划预防修，状态修。

计划预防修是指在尚未发生故障之前就对车辆进行修理，消除车辆零部件的缺陷和隐患，预防车辆故障的发生。这种修理制度的修理作业是定期的，修理范围一旦确定也是固定的；其修理所需设备和工装也相对较固定，无须做大的变更或增减；全年的任务是可以计算出来的，可以提前准备检修所需的材料、零件、设备及人力。

状态修是借助于先进的检测与技术诊断设备，在车辆或部件不解体的情况下，检查和测量各主要零部件的技术参数，从而掌握车辆的技术状态，并根据事先掌握的车辆的实际状态，有计划地适时安排适度维修。即在应该进行修理的时机修理，在应该进行修理的部位进行恰到好处的修理，从而快速、经济、有效地消除隐患与故障，确保车辆良好技术状态的目的。

目前世界上大部分国家对车辆实行计划预防修的检修制度，但各国的城市轨道交通部门正在探索、实行状态修的检修制度，以提高城市轨道交通的安全性、经济性。以日本以及我国香港地区为代表的地铁公司，配备了专用故障诊断单元，利用其实时检测运行参数，对车辆重要故障作出预测和诊断，开展了状态修；在大量采用了故障诊断技术后，在保证车辆可靠性的前提下，逐步向按车辆实际状态进行修理的状态修目标改进。

2. 我国城市轨道交通车辆检修模式

我国城市轨道交通车辆目前实行的都是以计划预防修为主的检修制度，这种制度有以下缺点：

（1）检修周期不准确。造成检修周期不准确的原因，在于对车辆可靠度不了解，制定检修周期无合理依据，缺少对检修周期的系统化研究。当计划维修的周期接近车辆发生故障的实际周期时，这种维修计划才是最有效的；当计划维修的周期短于车辆发生故障的实际周期时，将产生过量维修，造成不必要的浪费；当计划维修的周期过长于车辆发生故障的实际周期时，将使得车辆维修不足，影响车辆的运用和安全。

（2）未考虑合理的经济寿命。所谓经济寿命，是以车辆使用费用最经济为原则确定的车辆使用年限，故称之为经济寿命。在车辆长时间的使用过程中，由于车龄增加，设备日益老化，其使用费用也呈增加趋势，依赖于大量的维修费用来维持车辆的自然寿命，在经济上不合理。

3. 车辆维修成本管理措施

车辆维修模式应从"以计划修为主、状态修为辅"向"以状态修为主、计划修为辅"转变。

陆万忠（2007）在《关于城市轨道交通车辆检修制度的改革设想》中提出了对城市轨道交通车辆检修制度的5个设想：

（1）建立辅助维修的车辆管理信息数据库系统。

城市轨道交通车辆的维修由计划修逐步扩大到状态修，其转变的前提条件就是能做到对车辆的技术参数进行检测、积累、分类统计、分析，随时了解其技术性能状况，确定维修时机和维修项目。因此，需要建立辅助维修的车辆管理信息数据库系统。

根据数据库信息分析，车辆维修管理人员可以有理、有据地安排状态最好的列车投入运营，更加合理地安排检修，提高作业效率和检修台位的利用率，并可以追踪车辆维修后的质量状况；通过数据库信息，车辆技术人员可在查找疑难故障、惯性故障时，获得故障车的历史故障表现和故障处理信息，从而加快故障处理速度。

（2）适当延长车辆的检修周期。

随着新技术、新材料的使用，以及车辆制造技术、监控手段和检修水平的提高，只要继续加强车辆的运用维修，逐步对车辆实行状态修，就可适当延长车辆的检修周期，提高车辆的利用率。

应在车辆制造商提供的检修周期要求基础上,对车辆零部件的损坏规律及使用期限进行分析和统计。这也有助于提高车辆质量,延长车辆部件的使用寿命。

(3) 充分利用"维修窗"及换件修的手段。

维修窗,即在非运营时间和非运营高峰时间来做列车维修,以及通过驻站维修和轮值维修,从而确保车辆的技术状态良好以及正常运营。

车辆的检修以直接更换零部件修理为主。车辆零部件不在各车辆段进行修理,而是集中修理,再通过物流的方式运送至各车辆段。这样,在车辆段检修库仅做一些检测和更换零部件的作业,可大大缩短检修的库停时间,提高检修效率。

(4) 实行计划修和状态修相结合的维修模式。

① 对于行车安全有关的主要零部件如电动机、转向架、主牵引电路、制动系统等,实行必修制,以保证车辆质量处于完好状态;对其他部件则分批分期检查修理。这样既保证了重点,又兼顾了全面。

② 实行车辆修理预检制,以及重要部件、故障频繁部件的跟踪制度。这样不仅可消除车辆修理中存在的故障和安全隐患,而且可加强修理的针对性和时效性。

(5) 对关键部件实行寿命管理。

通过可靠性分析方法,尽可能准确地计算出关键部件的寿命。对关键部件实行寿命管理,在其寿命周期末期加强检查,发现问题及时处理;一旦到达寿命周期,立即大修或更换。

四、做好机电设备系统实施经验总结与设计回访

机电设备系统建设竣工后,必须按国家规定的法规办理竣工验收手续,竣工验收通过后机电设备系统交付使用,所有的投资转为城市轨道交通项目的固定资产,从而开始提取折旧。

(1) 机电设备系统建设后所做的科学的、认真的总结是机电设备专业人员的重要财富,其中最重要的是实施经验。它既有技术应用经验总结又有项目管理经验的总结。实施经验包括了以下方面:

① 系统解决方案的优化、落实、实施中的问题及对策,系统的调试与总联调中的技术诀窍,系统验收及总结结论。这些都是以后工程可借鉴的宝贵经验。

② 实施计划、执行计划、里程碑点的管理方法与保证工期的经验。

③ 保证系统重要性能指标实现的措施与经验。

④ 实施团队的经验与经验传承。

(2) 设计回访。

项目竣工移交投入运营后,经过一段时间实际运作,组织设计单位回访。回访过程中听取建设单位向设计单位提出的工艺装置改善措施,以利于完善运营条件,使运营效果或效益得到进一步提高。

第三节　运营物资管理

城市轨道交通运营物资管理的特殊性：响应要及时，物资供应要保证及时响应现场，以满足运营工作的需要。专业范围广，城市轨道交通运营设施系统的专业较多，物资供应所涉及的范围也广，有车辆、轨道、供电、信号、通信、AFC、电扶梯、环控、给排水等十几个系统。空间跨度大，城市轨道交通运营的物资要保证沿线各点的需求，物资供应的空间跨度大。

一、库存控制

物资库存控制的水平高低，一方面关系着轨道交通运营的物资保障能否满足，另一方面对轨道交通运营成本控制的良好与否有着直接的关系。

对轨道交通运营而言，满足必需的物资供应是首要的任务；同时，在满足运营物资保障以后，有效地降低库存，从而减少运营成本，争取更大效益。

1. 对供应物资的分级

城市轨道交通运营中需供应的物资设计的专业多、品种多、规格多。对这些物资库存控制的指标不能一概而论，应根据其影响行车安全等级的程度予以划分。按照 ABC 分类方法，对城市轨道交通运营物资主要可分为三类：关键物资、主要物资和一般性物资。例如那些对行车影响重大、价值大的物资划为 A 类物资，如电客车的动车转向架、辅助逆变器总成、ATP 子系统的 CPU 板等；将那些对行车影响大、价值较大的物资划为 B 类物资，如电客车的踏面制动单元、供电照明系统配电柜等；将一些常规性物资划分为 C 类物资，如螺丝、板材类等。

2. 不同等级物资的不同库存控制方式

对关键物资和主要物资，其库存控制的目的应是侧重于保证较高的现货供应率，以满足运营和维修的现场需要。首先要花相当长的一段时间统计物资的消耗规律，并结合公司的财务制度，制定合理的库存周转期，由此制定出此类物资的安全库存量；在此基础上，根据生产（维修）计划以及库存周转期等多方面数据，编制合理的采购计划，确保安全库存量，从而也确保运营的安全。

对一般性物资，应侧重于经济成本因素方面的考虑，建立良好的供应商网络，基本实现零库存，以减少公司的资金占用。在供应响应时间允许的情况下，库房可不备现货，当现场有需要时，直接从供应商提货；在供应响应时间不允许的情况下，可以将供应商的物资适量储备在库房，根据消耗情况定期和供应商结算实际发生额。

3. 可修复件的循环使用

从成本控制和企业管理水平的提升等方面而言，对那些可以修复的备件要考虑循环使用。为此，应从可修复件的确认、修复质量等技术要求、修复件的价值确认、二次入库和出库、奖励措施等各方面制定相应的管理制度，规定相应的流程，提高员工对可修复件循环使用的认知，促进公司队可修复件的控制，以降低运营成本，提高企业管理水平。

二、基于预算体系的物资采购

物资需求预算属于维保体系这一大的范畴，运营公司及各部门应整体考虑，充分研究运营故障及检修规律，制订完善的检修计划，摸索和制定合理的检修消耗定额，从而编制或分解出相应的年度、季度或月度物资需求预算。

1. 预算内的物资采购

对于预算内的物资采购，先由需求部门直接和物资部门沟通，将部门认可审批的物资需求计划报物资管理部门；而物资管理部门的相关人员在对需求物资的预算项目加以确定以后，编制相应的采购计划。

2. 预算外的物资采购

物资需求计划不会涵盖物资需求的全部，在日常工作中难免会有一些意想不到的情况发生，形成预算外物资需求。对这一部分需求，可以采取一事一议的方式，由需求部门提出请示，经逐级审批后，由物资管理部门加以实施。

第四节　设备维护保养成本管理

城市轨道交通运营管理工作内容十分广泛，包括车辆及车辆基地设备，信号系统、通信系统、供电及电力监控系统、空调系统、给排水及消防系统、环境监控系统、防灾报警系统、自动售检票系统、自动扶梯、电梯系统等多个设备系统。

维护保养（以下简称维保）工作是轨道交通运营管理的重要环节，直接关系到轨道交通运行的安全可靠程度。

一、维保模式划分

（1）根据技术要求，维护频率等因素的不同，城市轨道交通运营管理的维保工作可以分为如下 3 类：

① 日常维护：对一些设备的例行常规性质的维护。其技术要求低，维护频率高。

② 集中维护：对设备进行定期的维护保养，维持正常的运行。其技术要求一般，维护频率根据系统特性有一周（月、年）等。

③ 应急维修：在设备出现故障、无法运作时，迅速组织维修队伍，保证设备在规定时间内恢复正常运作。其技术要求高，机动性强。

（2）根据维保主体的不同，维保模式可以分为完全委外维保、联合维保和独立维保等。

① 完全委外维保：

a. 供货商负责维保。

该模式由供货商提供人员、设备、技术等，负责质保期后的维保工作；它有利于发挥供货商熟悉设备的技术特点和维保规律的优势，能够使设备长期保持高水平运行状态；而运营公司减少了维保设备和人力资源的投入，但要支付供货商的维保费用。

b. 具有竞争力的其他维保商负责维保。

由于供货商的不唯一性和区位条件制约等因素，维保工作也可以由市场上其他具有竞争力的专业维保商完成。

② 联合维保：

在该模式下，运营公司必须配备一定数量的维保人员、设备和材料等，同时还要支付维保商的维修费用、备品备件和材料费等；双方各司其职，有助于实现资源的优势互补。其不利之处在于：维保人员工作量不饱满；由于日常维护与集中维护、应急维修分别由不同的维保主体负责，不利于维保责任的明确界定。

③ 独立维保：

a. 运营公司招聘技术人员完成维保。

该维保模式在一定程度上避免了维保责任界定等问题，但容易造成运营公司机构臃肿，以及人力资源、设备、备品备件与材料等的大量投入，经济性较差。

b. 运营公司成立维保实业公司完成维保。

成立独立运营的维保实业公司是市场化运作的重要手段之一。运营公司按照市场规律支付维保费用，有效保障了自身的经济利益。维保实业公司采用市场化的运营模式，实行自主经营、自负盈亏的运行机制，逐步培养市场竞争意识，在负责系统维保业务的同时，向市场要效益，从而创造更多的维保利润。

二、设备维保优化措施

城市轨道交通设备的维护、维修和保养是轨道交通服务连续性和高效性的必要保证，因此设备维保成本管理对降低运营成本至关重要。

（1）设备维保优化，应分别从经济性、安全性、风险性和应急反应能力等四个方面探讨委外维保和联合维保作业的可能性，目标是尽可能地降低维修费用和运营风险，提高维保人员的效率。

（2）全员生产维护模式，这是一种以现有设备为中心、以生产现场为核心、由全员参加的管理法，追求系统效率的提高和成本的降低。

（3）以可靠性为中心的维保，关注的重点由故障本身转向对轨道交通系统运营安全、环境、风险和对维修费用影响最大的那部分故障所带来的后果。

（4）电力消耗是城市轨道交通设备费用的重要构成部分之一，所以应多使用节能型设备，达到降低电力消耗的目的。

三、上海地铁维保模式

上海地铁采取自主集中维修与系统性委外相结合的维修模式。

（1）自主集中维修管理：对于专业化程度较高和运营安全关联度最高，同时又体现企业核心竞争力的设施，如车辆、信号、触网、线路等，采取自主集中维修管理。

（2）委外维修管理：对经常性、可社会化且不涉及公司核心技术的通用业务，能从公司整个体系与管理链分离的业务，比公司自我实施的综合成本更低的业务，具有市场技术优势并形成一定竞争态势的业务，如自动售检票系统（AFC）、变电站、通信、电梯、清洁、车站服务等，都可选择委外维修管理。

第十一章　资源开发效益管理

随着经济和社会发展，如何解决城市轨道交通的盈利问题已经成为国内外学者广泛关注的课题。本章从资源开发管理概述、TOD与城市地铁房地产资源开发、城市轨道交通地下商业资源开发、城市轨道交通广告资源开发四个方面展开城市轨道交通资源开发管理的主要内容。

第一节　资源开发管理概述

本节从资源开发管理简介、经营开发管理面临的难题、典型经营模式简介、建立资源开发效益管理体系四个方面展开城市轨道交通资源开发管理的主要内容。

一、资源开发管理简介

城市轨道交通资源开发管理业务围绕城市轨道交通沿线上盖和地下空间附属资源开发，对经营资源资产行使"管理权"与"经营权"，包括对物业、广告资源、电信网络等附属资源的管理，以及房地产开发管理。目前通过广告、通信和商铺以及物业开发、公交接驳业务资源的开发，以"经济效益"为目标，为企业创造利润，同时通过引入灵活的市场运行机制，保证经营活动的灵活性。

现阶段物业、广告资源是轨道交通企业资源的主要收入增长点，成熟轨道交通企业造价管理的重点也在这两块业务。

二、资源开发管理面临的难题

在轨道交通刚刚发展的初始阶段，其经营模式以单一的国有垄断经营为主。但由于国家垄断经营下政府干扰太多，缺乏市场自主能力对资源的优化配置，容易出现轨道交通建设成本和运营成本耗费高、效益低、竞争力不足、财政赤字越来越大的问题。另外，由于我国的轨道交通建设正处于高速发展时期，人才资源配置相对不足，特别对于二三线城市的轨道建设。城市轨道交通经营开发面临的难题主要如下：

如何通过市场化运作，充分吸收私人和社会资本、提高轨道交通的运营效率、增强市场参与和竞争能力？

如何解决好巨量资产的运营、维修维护，以实现资产运营效益的最大化？

如何及时获取企业的资源开发经营信息，提升资源（物业管理、土地一级开发、房地产开发、广告、商业、通信）的开发利用价值，确保企业的资源经营收益？

三、典型经营模式简介

1. 上海轨道交通模式

1）资源经营模式

上海申通资产公司作为上海申通地铁集团公司资源经营机构是独立法人，具有法人财产权，对公司拥有的资产享有经营、收益权。对于物业开发项目，由公司自主融资，投资建设后形成公司自有资产，其经营收益由公司所有；对于广告、通信、商铺等建设项目形成的资产和资源采用受托经营的方式，所有权属于相关项目公司，由项目公司统一委托资产公司经营管理，资产公司上交资产使用费。

2）上盖物业开发模式

申通资产公司上盖物业的开发不是简单地在政府划拨的轨道交通建设用地上进行开发，而是通过土地市场的公开运作，以合理价格取得具有商业开发性质的用地。上海市政府根据轨道交通发展的实际情况，在轨道交通上盖用地的出让方面设置了相关条件，由于此举介于土地整理的一级开发与房产开发的二级开发之间，被称为一级半开发，同时也在深圳、西安等地相继成功运作。申通资产公司产权式物业的持续开发，一方面来自出租物业的租金保障，另外一方面来自产权物业的价值增值和部分销售，从而实现资源、资产、资本、资金的循环，进而形成完整的物业开发资金链，实现启动资金的撬动效应，为物业开发提供了持续发展的资金保障。

2. 北京轨道交通模式

北京轨道交通采用三分开，由运营公司下设资源事业总部对广告、零星商贸、通信、文化等资源进行统一经营管理，资源收益与票务收入合并冲抵运营公司成本。物业开发由京投公司运作，收益滚入轨道交通投资。

第二节　TOD与城市轨道交通房地产资源开发

本节从TOD理论简介、最佳开发经营方式的选择、城市轨道交通房地产估价方法、城市轨道交通房地产估价报告审核四个方面展开TOD与城市轨道交通房地产资源开发的内容。

一、TOD理论

1. TOD理论阐述

TOD（Transit Oriented Development）是指"以公共交通为导向的发展模式"。这个概念最早由美国建筑师哈里森·费雷克提出，是为了解决第二次世界大战后美国城市的无限制蔓延而采取的一种以公共交通为中枢，综合发展的步行化城区。其中公共交通主要是指城市轨道交通及巴士干线，然后以公共交通站点为中心，以100～800 m（5～10 min步行路程）为半径建立中心广场或城市中心。

TOD提供了一种有别于传统发展模式的一种新的土地利用模式，在紧凑的土地上为多种层次的人群提供多样性的服务，在区域规划、城市化地区、新建地区、改建地区等多个层面上都具有广泛的适用性。一个典型的"TOD"由以下几种用地功能结构组成：公交站点、核心商业区（Commercial Core）、办公区、开敞空间（Open Space）、居住区、次级区域（Secondary Area）组成。

区域内每个"TOD"由于现状条件和地理位置的不同体现出不同的特点，承担不同的作用，主要分为"城市型TOD"和"社区型TOD"两种类型。

"城市型TOD"是指位于区域公共交通网络中主干线，将成为区域中较大型的交通枢纽和商业、就业中心，具有更高的发展密度，同时规模也更大，一般以步行10 min的距离或600 m的半径来界定它的空间尺度。不是布置在区域公交主干线上的"TOD"称之为"社区型TOD"。

2. TOD与城市轨道交通房地产资源的开发

在城市轨道交通房地产资源的开发模式方面，可以采用TOD的思想。我国香港轨道交通和广州轨道交通的经验值得借鉴。

香港轨道交通能够盈利的一个重要原因就是政府在发展轨道交通的同时结合周边物业共同发展。具体做法是在为建设轨道交通集资时采取出售周边物业的方式，将轨道交通站点附近的土地出售给开发商进行开发。公共交通的发展必然导致人们出行方式的"步行化"，而步行化又必然要求开发商在打造TOD的时候注重广场、花园、天桥等公共设施的建设，以吸引和方便居民搭乘轨道交通，所以在一定程度上开发商代替政府进行了城市公共设施的建设。

从广州轨道交通的实践来看，轨道交通开通带旺了沿线商业的开发，提高了沿线房地产的竞争力，形成了独特的"轨道交通经济带"，而高密度的土地利用反过来又为城市轨道交通的正常运营提供了坚实的客源保证。

由此可见，在轨道交通规划建设中采用 TOD 开发模式，可以很好地解决轨道交通运营的外部性问题。

二、最佳开发经营方式的选择

选择最佳开发经营方式之前，应调查、分析待开发房地产状况和当地房地产市场状况，然后选取最佳开发经营方式并确定未来开发完成后的房地产状况。下面以评估政府有偿出让建设用地使用权的价格为例予以说明。

在中国现行土地使用制度下，政府有偿出让建设用地使用权的土地，主要是房地产开发用地，它可能是熟地，也可能是毛地或生地。政府出让建设用地使用权的方式主要有招标、拍卖、挂牌和协议四种。无论是采取哪种出让方式，政府都需要对这类房地产开发用地进行估价，以确定其招标低价、拍卖底价（保留价）、挂牌底价、协议出让最低价或者做到心中有数；投标人、竞买人、土地使用者也需要对这类房地产开发用地进行估价，以确定其报价或出价。这类房地产开发用地的用途、容积率、建筑密度、绿地率、建筑高度、使用期限等限制条件，通常政府在事先已明确，投标人、竞买人、土地使用者如果取得了该类土地，只能在政府的这些限制条件下开发利用。因此，政府的这些限制条件，也是评估这类房地产开发用地的价值时必须遵守的前提条件。

调查、分析该类房地产开发用地的状况主要包括下列方面：

（1）搞清楚土地的区位状况。包括 3 个层次：①土地所在城市的性质；②土地所在城市内的区域的性质；③具体的区位状况。搞清楚这些，主要是为选择最佳的用途服务。

（2）搞清楚土地的实物状况。包括面积、形状、地形、地势、地质、开发程度等。搞清楚这些，主要是为测算后续开发的必要支出服务。

（3）搞清楚土地的权益状况。包括搞清楚规划条件（如土地用途、容积率、建筑密度、绿地率等）和将拥有的土地权利（如土地权利类型、使用期限、能否续期，以及对该房地产开发项目及建成后的房地产转让、租赁、价格等的有关规定等）。搞清楚规划条件主要是为选择最佳的开发利用方式、确定未来开发完成后的房地产状况服务，搞清楚将拥有的土地权利主要是为预测开发完成后的房地产市场价格、租金等服务。

在调查、分析了房地产开发用地的状况和当地房地产市场状况后，便可以选取最佳的开发利用方式，包括选取最佳的用途、建筑规模、档次等。这些都要在规划允许的范围内选取，也就是说在规划条件给定的范围内的最佳。在选取最佳的开发利用方式中，最重要的是选取最佳的用途。选取最佳的用途要考虑该土地位置的可接受性及这种用途的现实社会需要程度和未来发展趋势，或者说，要分析当地市场的接受能力，即在项目建成后市场上究竟需要什么类型的房地产。例如，某宗土地的规划用途为宾馆或公寓、写字楼，但在实际估价中究竟应选择哪种用途。这首先要调查、分析该土地所在城市和区域宾馆、公寓、写字楼的供求关系及其走向。如果对宾馆、写字楼的需求开始趋于饱和，表现为客房入住率、写字楼出租率呈下降趋势，但希望能租到或买到公寓住房的人逐渐增加，而在未来几年内能提供的数量又较少时，则应选择该土地的用途为公寓。

三、城市轨道交通房地产估价方法

本段介绍城市轨道交通房地产估价的常用方法：假设开发法。

假设开发法简要地说，是根据估价对象预期开发完成后的价值来求取估价对象价值或价格的方法。

1. 假设开发法估价思路

其估价的基本思路可以用如下的例子反映出来：

假如有一块房地产开发用地要出让或转让，同时有许多房地产开发企业想得到它，作为其中一个房地产开发企业将愿意出价多少？

首先，该房地产开发企业要深入调查、分析该块土地的内外部状况和当地房地产市场状况，如该块土地的位置、四至、面积（包括规划总用地面积、建设用地面积和代征地面积）、形状、地形、地势、地质、开发程度、交通、外部配套设施、周围环境、规划条件（如土地用途、容积率，以及配套建设保障性住房、公共服务设施等要求）和将拥有的土地权利等。

其次，该房地产开发企业要根据调查、分析得到的该块土地的内外部状况和当地房地产市场状况，研究、判断该块土地的最高最佳利用，即在规划允许的范围内最适宜做何种用途、建筑规模多大、什么档次。例如，是建住宅还是建写字楼或商场、宾馆，如果建住宅，是建普通住宅还是建高档公寓或别墅。

接下来，该房地产开发企业要预测在未来适当的时候预售或销售开发完成后的房地产，价格将是多少；在取得该块房地产开发用地时作为买方需要缴纳的契税等"取得税费"将是多少；为了开发和售出开发完成后的房地产，支出将是多少，包括建设成本、管理费用、销售费用、投资利息（该房地产开发企业投入的资金有些是自己的，有些是向银行借贷的，有些还可能是通过其他融资渠道取得的，但都要计算利息，因为借入的资金要支付利息，自有资金要考虑其机会成本）、销售税费。此外，还不能忘了要获取开发利润。但期望所获取的开发利润既不能过高也不能过低。因为过高就会导致报价较高，从而在取得该块房地产开发用地的竞争中失去中标的机会；过低（如低于相同或相似的房地产开发活动的正常利润，或者低于将有关资金、时间和精力投到其他方面所能获得的利润）还不如将有关资金、时间和精力投到其他方面，这是基于机会成本的考虑。

在做出上述预测后，便可知愿意为该块房地产开发用地支付的最高价格等于预测的开发完成后的房地产价格，减去预测的该块房地产开发用地的取得税费以及未来开发经营中必须付出的各项成本、费用、税金和应获得的开发利润后的余额。

由上可以看出，假设开发法在形式上是评估新开发建设的房地产（如新建商品房）价值的成本法的"倒算法"。两者的主要区别是：成本法中的土地价值为已知，需要求取的是开发完成后的房地产价值；而在假设开发法中，开发完成后的房地产价值已事先通过预测得到，需要求取的是土地价值。

2. 假设开发法的估价对象

假设开发法可为房地产投资者提供下列 3 种数值：

（1）测算待开发房地产的最高价格。如果房地产投资者有意向取得某宗待开发房地产，其必须事先测算出可以承受的最高价格，实际购置价格应低于或等于此价格，否则就不值得取得该房地产。

（2）测算房地产开发项目的预期利润。在测算房地产开发项目的预期利润时，是假定待开发房地产已经按照某个价格购置，即待开发房地产的取得成本被视为已知。预计可取得的总收入减去待开发房地产的取得成本以及建设成本等成本、费用、税金后的余额，为该房地产开发项目所能产生的利润。此利润或利润率如果高于房地产投资者期望的利润或利润率，则认为该房地产开发项目可行；否则，应推迟开发，甚至取消投资。

（3）测算房地产开发中可能的最高费用。在测算最高费用时，待开发房地产的取得成本也被视为已知。测算最高费用的目的是使开发利润保持在一个合理的范围内，同时使建设成本等成本、费用、税金在开发过程的各个阶段得到有效控制，不至于在开发过程中出现成本失控。

3. 假设开发法估价需要具备的条件

在实际估价中，假设开发法测算结果的可靠程度主要取决于以下两个预测：① 是否根据房地产估价的合法原则和最高最佳利用原则，正确判断了估价对象的最佳开发利用方式（包括用途、建筑规模、档次等）；② 是否根据当地房地产市场状况，正确预测了估价对象开发完成后的价值。

假设开发法测算结果的准确与否，除了取决于对假设开发法本身掌握得如何，还要求有一个良好的社会经济环境，包括：① 要有一套统一、严谨及健全的房地产法规；② 要有一个稳定、具可预见性及透明的房地产政策，包括有一个长远、公开的土地供应计划；③ 要有一个有较长历史、连续、全面及开放的房地产信息资料库，包括有一个清晰、全面的有关房地产开发和交易的税费清单或目录。

4. 假设开发法估价的操作步骤

运用最佳假设开发法估价一般分为以下 8 个步骤：① 选择具体估价方法；② 选择

估价前提；③ 选择最佳开发经营方式；④ 测算后续开发经营期；⑤ 测算后续开发的必要支出；⑥ 测算开发完成后的价值；⑦ 确定折现率或测算后续开发的应得利润；⑧ 计算开发价值。

5. 假设开发法估价的关键

运用假设开发法估价的关键，首先是要把握住两头：一是待开发房地产状况，二是未来开发完成后的房地产状况。然后假设将待开发房地产状况"变成"未来开发完成后的房地产状况，需要做哪些工作，完成这些工作需要多长时间，需要哪些必要支出，相应要获得多少利润。

四、城市轨道交通房地产估价报告审核

对估价报告进行审核，是城市轨道交通行业建设单位保证估价报告质量和防范估价风险的最后一道防线。城市轨道交通行业建设单位应确认估价结果是否正确合理，并提出审核意见和结论。

审核意见应具体指出估价报告存在的问题，审核结论可为下列之一：① 可以出具；② 修改后出具；③ 应重新撰写；④ 应重新估价。对审核认为需要修改的估价报告，应进行修改；对审核认为不合格的估价报告，应重新撰写，甚至需要重新估价。经修改、重新撰写和重新估价后的估价报告，还应再次进行审核。为避免返工量过大，估价报告审核工作可适当提前介入。

五、某市轨道交通房地产资源开发展望

某市轨道交通 1、2 号线采用 "TOD" 理念建设，同时该市配套了 $3.33 \times 10^6 \text{ m}^2$ 轨道交通沿线周边用地的开发。

该市轨道交通房地产资源开发按如下三阶段开展前期工作，如图 11.2-1 所示。

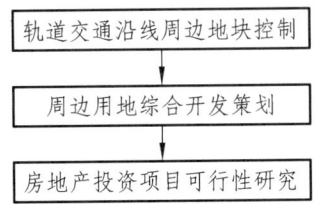

图 11.2-1 城市轨道交通房地产资源开发前期流程图

1. 轨道交通沿线周边地块控制

轨道交通沿线周边地块控制是开展城市轨道交通房地产资源开发的前提。

2. 轨道交通沿线周边用地综合开发策划

用地综合开发策划是房地产开发工作的关键。建设单位这阶段的主要任务要对房地产市场进行调查分析，并对地块范围内的房地产开发项目进行策划。

房地产开发项目策划从获得土地使用权开始，到市场调查、目标市场的选择与定位，再到物业管理全过程的策划。由于房地产市场的风险很大，建设单位往往会委托中介机构进行开发项目的策划。

综合开发项目策划的理念、创意、手段应着重超前性、预见性。房地产项目完成的周期少则二三年，多则四五年，如果没有超前的眼光和预见的能力，只投入不产出，那么企业的损失是巨大的。

3. 房地产投资项目可行性研究

进行房地产投资是建设单位进行城市轨道交通房地产资源开发的目的。房地产投资项目可行性研究是房地产投资项目开发前期工作中非常重要的一部分。

房地产投资项目可行性研究一般应包括以下主要内容。

1）可行性研究结论及建议

可行性研究结论及建议主要包括：宏观投资环境分析、项目市场前景预测、投资估算和资金筹措、项目经济效益、社会效益及其环境效益评价、项目综合评价结论及建议。

2）项目概况

项目概况主要包括：项目位置、项目地块现状及地块分析、项目 SWOT 分析等。

3）项目投资环境分析

项目投资环境分析主要针对宏观经济环境、政策环境、人口环境、城市发展环境等进行分析。

4）项目区域环境分析

项目区域环境分析主要针对项目所在区域的基本状况、区域规划及重点发展区域、交通规划及重大交通建设项目、区域基础及公共配套设施状况等进行分析。

5）房地产市场分析

（1）城市总体房地产市场分析：主要针对城市总体市场供应、需求的数量及结构、价格分布及趋势进行分析。

（2）项目所在区域房地产市场分析：主要针对区域市场供需的数量及结构、产品价格、客户分布及结构、项目竞争状况等进行分析。

（3）房地产市场分析总结。

6）项目市场定位

项目市场定位主要包括：产品定位、客户定位、价格定位、物业管理定位等。

7）项目规划与建筑设计方案

项目规划与建筑设计方案主要包括：项目总体规划、环境景观规划、建筑设计方案及布局、道路规划等。

8）项目开发建设进度安排

项目开发建设进度安排主要包括：有关工程计划说明、前期开发计划、工程建设计划、项目实施安排、建设场地布置等。

9）投资估算与资金筹措

10）项目经济效益分析

11）项目风险分析

12）项目社会效益分析

第三节　城市轨道交通地下商业资源开发

本节从城市轨道交通地下商业分类、城市轨道交通地下商业资源开发的特点、商业资源开发的最高最佳利用原则、影响城市轨道地下商业资源价格的因素、城市轨道地下商业资源估价的常用方法、上海城市轨道交通地下商业资源开发经营与管理等六个方面展开城市轨道交通地下商业资源开发内容。

一、城市轨道交通地下商业分类

城市轨道交通地下商业可以分为如下三类。

1. 轨道交通商铺

布置在轨道交通出入口与站厅之间的人行通道上以及布置在轨道交通站厅层的商业资源。

2. 地下商业街或者地下商场

依附于轨道交通站，在站点地下空间以外的地下空间增加布置的商业，如与轨道交通站相连通的地下商业街、地下商场等。

3. 其　他

如城市轨道交通通信资源等。城市轨道交通的运营使得每天有大量的客流滞留地下，因此产生了巨大的通信需求，轨道交通通信资源的开发对于轨道交通企业和通信运营商而言商机巨大。

二、城市轨道交通地下商业资源开发的特点

1. 明显的交通优势

城市轨道交通作为一种快捷、准时的城市交通工具，能够聚集巨大的客流，而客流在乘坐轨道交通时对某些类别的消费潜力巨大，为轨道交通地下商业资源的开发带来了巨大的市场机会。因此城市轨道交通地下商业资源的开发具有明显的交通优势。

2. 市场独占优势

城市轨道交通地下商业可以说是城市轨道交通建设运营的衍生和商业化产物，受空间、环境等因素的制约。城市轨道交通站内的商业对于巨大的客流资源具有市场独占性。

3. 与地面商业发展状况密切相关

地面各商圈具有聚集人气的磁场效应，而城市轨道交通的运营犹如动脉，能加速客流，二者相互支持。因此城市轨道交通地下商业与地面商业的发展密切相关，地上地下各商业设施之间相互补充，能更大方面满足顾客需求。

4. 特定的局限性

从属于轨道交通建设和运营的城市轨道交通地下商业的经验受到城市轨道交通运营法规、地下空间建设技术和消费习惯等方面的限制。

（1）乘客安全是城市轨道交通建设和运营考虑的首要因素，城市轨道交通在通风、防火、排水以及紧急情况时的客流疏散等方面都有严格的要求。城市轨道交通地下商业要求客流滞留与城市轨道交通本身要求的客流疏散功能相背离，因此需要城市轨道交通地下商业开发经营者要兼顾客流疏散和滞留要求，经营业态的选择也要以此为出发点。

（2）城市轨道交通建设与城市轨道交通地下商业空间均属地下构筑物，其结构和技术条件一旦形成就很难进行改造，即使能够改造也存在工程难度大、投资成本高等问题，具有较大的不可逆性，因此该类项目的前期规划尤为重要。

（3）城市轨道交通地下商业资源的开发要奉行消费者导向观念，城市轨道交通地下商业环境会不太符合消费者长期形成的消费习惯、消费心理；低可视性使消费者产生压抑感；封闭环境影响消费者在时间等方面的判断；地下空间的封闭性与商业空间要求的开放性的矛盾等。这就在客观上要求城市轨道交通地下商业经营进行创新，要突破习惯障碍，强化地下消费吸引力，把消费力引入和留在地下。

三、城市轨道交通地下商业资源开发的最高最佳利用原则

最高最佳利用原则是指城市轨道交通地下商业资源开发在法律上允许、技术上可能、财务上可行并使价值最大地合理、可能地利用，包括最佳的用途、规模、档次等。

1. 法律上是否允许

对于每种潜在的利用，首先检查它是否为法律法规、城市规划和出让合同等所允许。如果不是允许的，则应被淘汰。

2. 技术上是否可能

对于法律上允许的每种利用，要检查它在技术上是否能够实现，包括建筑材料性能、施工技术手段等能否满足要求。如果是不能实现的，则应被淘汰。

3. 财务上是否可行

对于法律上允许且技术上可能的每种利用，还要进行经济可行性检验。经济可行性检验的一般做法，是针对每种利用，首先预测它未来的收入和支出流量，然后将未来的收入和支出流量用现值表示，再将这两者进行比较。只有收入现值大于或等于支出现值的利用才具有经济可行性，否则应被淘汰。具体的经济可行性评价指标有财务净现值、财务内部收益率、投资回收期等。

4. 价值是否最大化

在所有财务上可行的利用中，能够使估价对象的价值达到最大的利用，便是最高最佳利用。

四、影响城市轨道地下商业资源价格的因素

1. 地段繁华程度

影响商业资源价格的首要因素是所处地段的繁华程度，繁华程度越高，商业房地产的价值越高。

商业繁华程度首先可用该地段是否处于商业中心区来考虑。每个城市一般都有一个或几个市一级的商业中心区，它们的辐射力遍及全市，吸引着全市的购买力（特别是大宗商品的购买力，如家用电器、家具等耐用消费品），这类市一级的商业中心区属于全市最繁华的地段。另外，在每个行政区或住宅聚集区也会有一个或更多的区级商业中心区，它们的辐射力低于市级商业区，一般限于本区域内，繁华程度也低于市级商业区。在每个居住小区通常还会有一个商业服务集中地带，其繁华程度又低一些。

对于城市轨道地下商业资源，首先要确定的就是它处于哪一级商业中心区，从而可知其所处地段的商业繁华程度。

2. 净 高

轨道交通商铺的室内净高应适宜。净高偏低则难免产生压抑感，不利于经营；若净高超过合适的高度，建筑成本会提高，也无助于轨道交通商铺价值的提高。

3. 建筑品质及内部格局

轨道交通商铺自身的建筑品质包括建筑结构、装饰装修、设施、建筑面积或空间利用的难易、可改造程度、外观乃至建筑物的临街门面宽窄等，它们对于轨道交通商铺的经营有重要的影响。此外，轨道交通商铺的内部格局是否有利于柜台、货架等的布置和购物人流的组织也对轨道交通商铺的经营产生影响。

4. 无形价值

在注重品牌、文化品位的时代，很多轨道交通城市重塑了各具特色的轨道交通文化，轨道交通商铺价值中无形价值所占的比重越来越大。

五、城市轨道地下商业资源估价的常用方法及租金求取注意问题

1. 估价的常用方法

城市轨道地下商业资源估价可以选择收益法、比较法等。

1）收益法

由于城市轨道地下商业资源通常采用出租经营，因此收益法是城市轨道地下商业资源估价最为常见的方法之一，其主要的工作是测算城市轨道地下商业资源的净租金和收益率。

2）比较法

比较法通过拟出租的商业与实例进行比较，适用于租金的估算。

2. 租金求取注意问题

城市轨道地下商业资源主要以租赁经营为主，因此租金的求取是非常重要的工作。租金的求取应注意以下方面。

1）租约问题

租金的测算要区分租约期内和租约期结束两种情况。在租期内（毁约除外）应根据租赁合同中有关租金、费用等的约定计算净收益。租期结束后，应根据市场客观租金水平、管理费用、税金等利用比较法及根据市场租金变化趋势判断未来租金水平。但如果合同租金明显高于或低于市场租金的，应关注租赁合同的真实性、解除租赁合同的可能性及其对收益价值的影响。

2）租金构成内涵问题

城市轨道地下商业资源租金构成往往存在差异，主要表现为：① 租金中包含物业管理费；② 租金中包含物业管理费、水电费；③ 租金中不包含物业管理费、水电费；④ 计租面积按建筑面积计，含分摊建筑面积；⑤ 计租面积按套内建筑面积计，不含分摊建筑面积。此外，还包括租约中有无免租期、租赁期限长短与租赁面积的大小、是否

为续租等。显然租金构成内涵的差异必然导致租金水平的差异，因此在用比较法求取商业资源租金时，应详细了解可比实例租金的构成内涵，最好选择具有同一租金构成内涵的实例，否则应该进行适当的修正。

3）租金支付方式问题

租金支付方式的不同，体现出资金时间价值的差异，必然导致租赁价格的差异。支付方式一般有：① 按月分期支付；② 按季度分期支付；③ 按年支付；④ 按租约期限一次性支付。

六、上海城市轨道交通地下商业资源开发经营与管理

上海城市轨道交通商业招商方式的选择是根据地下商业物业的具体特点来进行的，主要有三种：

（1）委托商业公司（中介）负责招商。
（2）招标商业投资公司总承包方式。
（3）公司自己负责招商，负责管理。

上海城市轨道交通地下商业资源开发的主要经验有如下几方面：

（1）轨道交通商铺开发主要采用招商方式。
（2）特色化经验。
（3）连锁经营。
（4）注重轨道交通站、地下商场以及商业的衔接。

虽然上海城市轨道交通地下商铺的开发取得了比较好的成绩，但是依然存在很多的问题，如商场规划欠合理、功能定位不明确等。

第四节　城市轨道交通广告资源开发

城市轨道交通广告资源的商业价值随着客流增长而不断提升，日益成为反哺城市轨道交通后期建设与运营的重要力量。本节从城市轨道交通广告的特点、城市轨道交通广告的分类、城市轨道交通广告资源开发的方式三个方面展开城市轨道交通广告资源开发的内容。

一、城市轨道交通广告的特点

城市轨道交通广告是公共交通工具广告的一种，属于户外广告的范畴。城市轨道交通广告资源具有如下几方面的特征。

1. 目标受众明确清晰

城市轨道交通作为特殊的运输工具,每天乘坐的人群基本上是固定的。职业分布方面以公司职员、大学生和管理人员居多。

2. 广告效应可以通过大量及稳定的客流量来衡量

从进入站点开始,目标受众群体即在这种封闭的环境中无选择地浏览广告,同时由于乘坐的乘客比较固定,反复阅读的可能性很大,容易加深印象,因此广告效果较好。

3. 广告载体形式多样

城市轨道交通可以制作画面独特、新奇和易于接受的广告作品。城市轨道交通地下空间内可设置多种类型的广告,厂家可以根据需要恰当选择。

二、城市轨道交通广告的分类

对于城市轨道交通空间而言,广告资源的形式表现为很多的方面,按照广告传播的媒介,可以分为车站内广告、车站外广告、列车内广告、电视媒体等。如果运营良好,还可以设置城市轨道交通报纸广告、杂志广告、电台广告等。

根据广告的载体不同,城市轨道交通广告可以分为平面广告、视频广告和其他广告三种。

1. 平面广告

平面广告主要是指灯箱、广告牌、轨道交通杂志、报纸广告等,具体包括车站内扶手电梯、轨道旁的广告板,通道两旁的广告板、广告牌,灯箱,橱窗,外墙广告,列车内外车体、玻璃、扶手广告,印刷品广告等。

2. 视频广告

视频广告是指以多媒体形式播放的广告,包括:候车区电子显示屏、隧道内广告、列车内电子显示屏、轨道交通广播、电视广告等。

3. 其他广告

车站、列车冠名权广告等。

三、城市轨道交通广告资源开发经营模式分析

1. 自主经营模式

自主经营模式是指建设单位成立专门的广告资源经营机构,对城市轨道交通广告资

源进行统筹策划、包装，以及负责后期的广告运营、维护和管理工作。在这种开发运营模式下，建设单位为使广告资源真正发挥效益，必须组建专门的广告项目管理公司，针对沿线不同载体的广告资源分别成立专门管理部门，独立经营、独立核算，创立轨道交通自主的广告管理品牌，在多路网融合后形成规模效应。在国内城市轨道媒体行业中，仅有广州轨道交通的广告开发运营采取该模式。

自主经营模式能够充分保证建设单位对经营管理的全程掌控，利润较高。但是建设单位在进行广告资源规划及运营管理的初期阶段缺乏经验，专业能力不足，广告资源的合理运用缺乏效率。因此，形成完善的广告资源设计、规划、投入运作整体服务，需要较长的培育期及较大的人力资源投入和培训。

2. 经营代理权外包模式

在该种模式下，建设单位将轨道交通广告资源一定期限内的经营代理权进行招标拍卖、委托广告公司进行广告的制作、投放和相关设备的维护等工作，依据合同协议进行经营收益结算。这种模式的基本规则是建设单位委托广告公司提供从前期的广告筹划、销售到后期的维护、管理服务，主要表现为由专业化程度较高的广告公司为主导进行管理。

这种模式能够降低管理费用，提高经营效益，加强资产的专业化运作与管理，从而弥补建设单位自身广告资源专业开发能力的不足。但是，随着轨道交通线网的完善及周边商圈的发展，客流量的增加及前期广告效应的出现都将影响轨道交通广告本身的价值。因此，对于轨道交通广告价值的评估及代理权外包过程，都需要有更科学严谨的决策，防止因低估广告资源价值导致经济利益流失。

3. 合资经营模式

合资经营模式是指建设单位与其他媒体广告公司成立合资公司，利用合资方的广告资源和管理能力，对轨道交通广告进行筹划、销售、维护管理，共负盈亏，双方按协议规定分项增值利益，属于股权式合营。这种经营模式既考虑了轨道交通广告开发的复杂性、专业性等特点，也能够保证建设单位利益的实现。公司由轨道公司和广告公司各派董事，新公司的控股权由各自的入股资金比例来确定，而广告开发的利润所得根据各自实际的出资比例进行分配。

合资经营模式的优点是可以引进部分资金与广告专业开发经验，提高经营效率，利用专业化经营手段弥补轨道公司的不足，同时可以培养轨道交通自身的广告商业开发人才，为日后成熟线网商业资源的整合开发提供基础保障，缺点是合资双方具有文化冲突，为维护各自利益，会对经营效果产生负面影响。

四、某市轨道交通广告资源开发策略

1. 经营模式选择

选择经合资经营模式。

2. 发挥广告资源在周边商业资源整合中的联动作用

轨道交通站点区域商业资源较多,轨道交通商业资源包括上盖物业、地下商业、广告传媒等,各业务在其自身经营过程中,主要以自身利益最大化为原则,难以发挥规模效应和轨道交通整体品牌效应。然而,借助轨道交通广告的媒介属性,依据各业务之间的商业属性,逐步形成相互交叉、汇流、互补的一致性,可以将广告资源与各商业业务进行有效联动,充分整合各商业资源,以提升资源的整体价值。

3. 发挥广告资源在不同载体表现下的协同效应

轨道交通广告以其独特的多种载体形式而区别于其他类型广告,不同载体的表现形式能够呈现广告主体不同的特性,不同载体系统之间存在着相互影响、相互作用的关系。这样的关系使系统共同应用所产生的作用大于各系统单独应用时的总和,使广告主体能够以不同形式、多方面呈现在公众面前,产生相互强化的效果,并能够使广告信息接受者产生更多的思考,形成更强烈清晰的产品和品牌信息,改进消费者对广告的态度,帮助消费者建立与品牌的正向关系。投放不同载体形式的广告对企业品牌资产的影响具有协同效应,可提升广告资源整体价值。

4. 发挥广告资源在网络经营期的聚合效应

在轨道交通建设初期,其线路一般贯穿城市的各大黄金商圈及人流拥挤路段,从区位及庞大受众上使轨道交通广告具有巨大商业价值。但在轨道交通广告开发初期,其真实价值并未得到市场的完全认可,包括广告商户、市场反应等各方面的反馈信息也未形成。这就要求建设单位在广告开发初期的资源规划设计应配合线路建设,高度重视单线至多线网络整合后的广告资源有序衔接问题,若前期未对广告资源开发进行统筹科学规划,当线路增加后,将不利于资源的有效整合及规模效应的充分发挥,而且重新招商或商务谈判也会增加相应成本。

参考文献

[1] 王曰凡. 城市轨道交通网络化建设中的车辆资源共享[J]. 机车电传动, 2007(5).

[2] 黄卫, 张宁, 陈晖, 等. 基于收入成本比的城市轨道交通运营理念[J]. 城市轨道交通研究, 2009（2）.

[3] 周淮, 朱效洁, 吴强. 上海轨道交通网络化运营管理问题研究[J]. 城市轨道交通研究, 2006（6）.

[4] 顾振华, 李旭宏, 朱彦东, 等. 地铁运营设备管理维护保养模式的综合评价[J]. 城市轨道交通研究, 2004（4）.

[5] 许玲, 杨磊. 南京地铁运营物资管理中一些问题的思考[J]. 城市轨道交通研究, 2005（6）.

[6] 胡涛. 高速铁路运营商组织模式、成本效益研究[D]. 北京交通大学, 2006.

[7] 高超. 城市轨道交通运营管理综合评价模型研究[D]. 浙江大学, 2016.

[8] 鲁放. 城市轨道交通网络系统运输效率理论[D]. 北京交通大学, 2016.

[9] 王栋. 城市轨道交通运营模式及运营方案评价研究[D]. 西南交通大学, 2008.

[10] 许进. 城市轨道交通运营成本分析与控制[J]. 城市轨道交通研究, 2013（5）.

[11] 宋平, 徐立奇, 邱实, 等. 城市轨道交通广告资源开发经营的探讨[J]. 铁道运输与经济, 2014（6）.

[12] 樊晓峰. 城市地铁开发的房地产增值效益与周边土地开发模式研究：以深圳为例[D]. 北京交通大学, 2008.

[13] 王文静. 城市轨道交通站点内商业物业租赁价格评估[D]. 西南交通大学, 2013.

[14] 陈进杰. 城市轨道交通项目广义全寿命周期成本理论与应用研究[D]. 北京交通大学, 2011.

[15] 吴华庆. 基于价值管理的轨道交通项目全生命周期造价管理应用研究[D]. 天津大学, 2008.

[16] 油新华. 城市轨道交通工程造价的全过程控制[J]. 都市轨道交通, 2008（4）.

[17] 文娟. 国际工程管理造价控制：FIDIC 合同条件的理解和应用[D]. 北方工业大学，2010.

[18] 韩志国. 城市地铁资源开发[D]. 天津理工大学，2008.

[19] 张俊，白玲玲. 地铁资源商业化开发探讨[J]. 科学之友，2013（7）.

[20] 魏熙媛. 轨道交通资源一体化开发战略内涵与模式[J]. 市场周刊，2013（11）.

[21] 曹永，朱慧. 南京地铁可持续发展的资源开发研究[J]. 都市快轨交通，2014(3).

[22] 李晓杰. 我国城市地铁资源开发中的问题分析与对策研究[J]. 青岛行政学院学报，2014（3）.

[23] 张晓婷，刘燕. 工程设计阶段的全面造价管理[J]. 重庆交通大学学报，2008(1).

[24] 李丹. 工程项目全面造价管理存在问题及对策研究[D]. 西安科技大学，2009.

[25] 王彬，范洪顺. 城市轨道交通建设的投资监理[J]. 城市轨道交通研究，2007(2).

[26] 贾俊峰，侯希宝，彭召辉. "总体+工点"造价管理模式在青岛地铁中的应用[J]. 都市快轨交通，2012（6）.

[27] 陈伟. 重大工程项目决策机制研究[D]. 武汉理工大学，2005.

[28] 蒋莉. 新形势背景下从业主的角度如何对工程造价进行管理和控制[J]. 建材装饰，2016（7）.

[29] 陈福贵. 地铁不同场段分布对其规模分配和运营成本的影响[J]. 铁道标准设计，2013（8）.

[30] 孙胜阳，王江燕. 轨道交通沿线土地利用分析及建议：以北京地铁1号线为例[J]. 交通运输系统工程与信息，2009（12）.

[31] 丁建隆. 城市轨道交通线网资源共享规划[J]. 都市快轨交通，2004（5）.

[32] 田俊芹. 城市轨道交通线网车辆基地资源共享研究[J]. 铁道工程学报，2015(12).

[33] 沈晖. 合理确定我国城市轨道交通建设的规模和标准[J]. 世界标准信息，2006(1).

[34] 李海川. 城轨交通工程系统总联调及运营演练的探讨[J]. 都市快轨交通，2005(4).

[35] 牛志平，朱嬿，何孝贵. 城市轨道交通项目后评价体系研究[J]. 都市快轨交通，2006（6）.

[36] 唐琳. 世界轨道交通发展[J]. 科学新闻，2012.

[37] 孔令洋. 城市轨道交通系统型式选择研究[D]. 北京交通大学，2009.

[38] 刘丹. 城市轨道交通工程造价控制分析[J]. 铁道工程学报，2014（6）.

[39] 住房和城乡建设部标准定额研究所，中铁第五勘察设计院集团有限公司. 城市轨道交通工程设计概算编制办法[M]. 北京：中国计划出版社，2017.

[40] 柴强. 房地产估价理论与方法[M]. 北京：中国建筑工业出版社，2017.

[41] 中华人民共和国住房和城乡建设部. GB 50861—2013 城市轨道交通工程工程量计算规范[S]. 北京：中国计划出版社，2013.

[42] 宗传苓，覃矞，林群. 深圳市轨道交通规划设计管理实践[J]. 城市交通，2011（3）.

[43] 仵冰. 铁路工程施工阶段造价管理存在的问题及对策[J]. 价值工程，2016（17）.